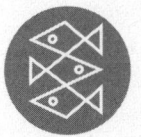

KERSTIN HÖCKEL

WIE WIR DAMALS AUF DEM BAUERNHOF GEHEIRATET HABEN, UND DER ALOIS AM TAG DRAUF FAST DEN HUND ERSCHOSSEN HAT, WEIL ER WAS GEGEN DIE STADTMENSCHEN HAT UND DAS GLÜCK ÜBERHAUPT

FISCHER
TASCHENBUCH
VERLAG

Originalausgabe
Veröffentlicht im Fischer Taschenbuch Verlag,
einem Unternehmen der S. Fischer Verlag GmbH,
Frankfurt am Main, April 2011

ISBN 978-3-596-19032-4

Für Agnes

BIG LOVE

Franz behauptet, ich sei ausgeflippt, ich hätte den Ausschlag gegeben, ich hätte ihn angefleht. Nachdem ich den großen Ofen in der Bauernstube entdeckt hatte, hätte ich gebettelt, Frommholz zu kaufen, Komm wir kaufen au ja bittebitte komm schon komm, und dann machen wir ein Baby, hätte ich ihm zugeflüstert. Obwohl ich nie ein Hausbesitzer hatte werden wollen noch eine Kleinfamilie, nie, all die Verpflichtungen, Risiken, Zahlungsaufforderungen, nein danke. Ich hätte den Ottmar noch während der Besichtigung um den Finger gewickelt, auf dem Dachboden, oben im Gebälk, hätte ich von null auf hundert angefangen, mit dem zu flirten, als ginge es um Leben und Tod, und den Preis um fünfzehntausend Euro runtergehandelt, dabei war der so schon ein Witz. Dabei war ich noch nicht mal dreißig, dabei war es noch nicht allzu lange her, dass ich aus der Provinz in die Stadt geflohen war.

Mit siebzehn damals in meinem ersten Leben, da musste es nämlich unbedingt die große Stadt sein, so Stadt wie möglich, eine riesige Stadt, unübersichtlich, unabsehbar, Stadtstadt musste es sein. Mit siebzehn soll dich auf der Straße keiner kennen, niemand soll sich Gedanken machen, was die Tochter vom Soundso und die Nichte von der Soundso und die Schwester vom Bruder treibt, und alles das mit der Schwägerin vom Soundso durchhecheln, Die Tochter vom

Dings hat vier Bier getrunken und kaum noch den Weg nach Hause gefunden, dabei ist die doch erst siebzehn, Die Schwester vom Dongs weiß nicht, was das Wort Fut bedeutet, das an den Stromkasten geschmiert wurde, dabei ist sie doch schon siebzehn, das hat ihr dann ihr Freund erklärt, der, mit dem sie ausgeht, ohne mit ihm zu gehen, na so was, Die Nichte vom Doktor Soundso hat sich mit einem Kumpel und einer heißen Kartoffel eigenhändig Ohrlöcher gestochen, stellen Sie sich das mal vor, Frau Schwägerin, und der ihre Mutter hat neulich vier Paletten Kiwis gekauft, vier Paletten Sonderangebot beim Aldi, ich bin ja nicht neugierig, aber wer bitte soll die denn alle essen schnatter schnatter lechz.

Die Großstadt war gewesen, was ich brauchte, das Leben am Überangebot vorbei, möglichst weit entfernt von der Frau Schwägerin vom Doktor Soundso, bei dem ja auch der Neffe vom Dings in Behandlung ist mit diesem Furunkel am Kinn schlimme Sache der arme Bub wie will der denn mit dem Ei im Gesicht eine Freundin finden. Der Studienplatz war Vorwand genug, endlich ihrem Wirkungskreis zu entkommen, jedem ihrer Kreise, ich wollte weg sein, gänzlich entbunden, ein winziges Zimmer in einer billigen Wohnung behausen, Schallplatten hören in jeder Lautstärke, Kassetten, Radio. Mitbringen, wen ich wollte und wann, rauchen auf der Fensterbank. Ich nahm die stundenlangen Wege zur Hochschule in Kauf, das Warten vor der Telefonzelle, vor der sich am Wochenende endlose Schlangen bildeten, den Abstieg in den Keller zum Kohleholen Abend für Abend im kontinentalen Winter der Stadt der Städte. Gesund war das nicht, aber es war, was ich wollte. Ich wollte auf den Gehwegen, in den Untergrundbahnen nichts als fremde Gestalten mit ihren

Leben und Tätowierungen auf den Schultern, mit ihrer Musik, ihren unbekannten Sehnsüchten und Leiden. Und ich mitten unter ihnen, leidend auch, leidenschaftlich, eine Fremde, sich selbst fremd, doch hartnäckig an einer Liebe festhaltend zu ihrer großen Stadt, beschützt von deren Anonymität, eure Ignoranz war mein Deodorant.

Ich hätte das im Grunde ohne ihn entschieden, behauptet der Franz im Nachhinein gerne, insbesondere wenn es Probleme mit Frommholz gegeben hat und ich mich aus der Affäre ziehen wollte mit Geldsorgen und Zeitnot, erinnerte der Franz mich, dass ich es so gewollt hätte, dass er keine andere Wahl gehabt habe. Wegen meines Jobs waren wir überhaupt in der Gegend unterwegs gewesen, ich sollte Drehorte scouten in Sachen *Wald der Märchen*, einer dieser aufwendigen Mehrteiler fürs Privatfernsehen, Fördermittel aus Baden-Württemberg, ein bisschen Mystik und deutsches Kulturgut ins Heute übersetzt. Hänsel und Gretel verirren sich auf der Flucht vor dem bösen Wolf, werfen Schneewittchens Stiefschwestern in den Hochofen, wobei im friendly fire die sieben Geißlein draufgehen, eines dieser aufwendigen Projekte, von denen die Cafés in den großen Städten überquellen, Hirngespinste, die eine ganze Generation Praktikum auf Trab hielten, mich inbegriffen, und die es meist haarscharf und dann doch nicht ganz bis zur Realisierung schafften, da einem da oben plötzlich der Mut schwand, oder das Geld, oder das Sagen, was ja gewissermaßen ein und dasselbe ist. Die Produktionsfirma hatte keinen Firmenwagen angeboten, worüber wir großzügig hinwegsahen, der Franz und ich, weil wir mal wieder ziemlich frisch verliebt waren und nach dem Abgeklappere magischer Szenerien des Schwarzwaldes in meinem alten Passat weiterdüsen wollten ans Mittelmeer.

Bloß, dass wir es nicht mal bis an den Alpenrand schafften, weil der Franz eigenmächtig dem Stau auf der Autobahn Richtung Basel und kurz darauf dem Feierabendverkehr am Hirschsprung ausgewichen war. Weil der Franz Schlangestehen hasst wie kaum einen Zweiten und eine kleine Abzweigung zuvor quer in die Hügel geheizt und an Traktoren und Holztransportern vorbeigeschossen war, dass mir schwindelig wurde in den Serpentinen und ich restlos die Orientierung auf der Karte verlor. Die Namen der Ortschaften wurden immer eigentümlicher und nicht mehr verzeichnet, und nach drei Stunden querfeldein Richtung gefühltem Süden schmerzte Franz sein Knie mörderisch, und unsere Mägen knurrten, und unsere Launen sanken tief und tiefer ins Reich der Unterzuckerung, und wir vergaßen, dass wir frisch verliebt waren, und ein Wort gab das andere, und bald stritten wir ohne Sinn und Verstand und keiften und schoben uns die Schuld zu wie einen faulen Fliegenpilz, keiner wollte sie bei sich behalten, die arme. Und der Franz brüllte, ich sei schuld, da ich ihn überhaupt erst in diesen Wald verschleppt hätte, in dem es seit Tagen ohne Unterlass regnete, mit meinem beknackten Übereifer, als hätte das eine mit dem anderen zu tun, und ich antwortete irgendwas ausnehmend Arrogantes, das ich zum Glück vergessen habe, das ihn allerdings restlos in Rage brachte und das Steuer rumreißen ließ und in einen Waldweg einbiegen und viel zu temporeich über das Gewurzel poltern, bis uns der Auspuff vom Katalysator riss.

Wir stiegen aus und begutachteten den Salat, und mir kam diese Mär in den Sinn, an die mein Cousin mich neulich wieder erinnert hat, diese Gruselgeschichte aus Kindertagen, wo zwei in der Pampa eine Panne haben, und er geht Hilfe holen und sie bleibt allein zurück, bis dann ein Verrückter bibber bibber schlotter if you know what I mean, und ich wollte um keinen Preis beim Auto bleiben, während der Franz sich aufmachte zur nächsten Tankstelle oder einem Gasthof oder überhaupt einer menschlichen Behausung, denn es wurde bereits duster und auch so bitterkalt, daher schlug ich einen versöhnlicheren Ton an, nannte ihn Big Love und so und nahm alle Schuld auf mich, auch das mit dem Regen, der applaudierend einsetzte. Wozu streiten, mir war sowieso eher nach Lachen zumute, solch ein hungriges hysterisches, während ich fieberhaft auf der Karte nach unserem Unfallort suchte, und der Franz unterdrückte den Impuls, mir irgendwas ins Gesicht zu stopfen, damit das Gegacker aufhörte, und stapfte einfach drauflos, und zwar statt zurück zur Straße und in die Zivilisation noch tiefer ins Gehölz hinein. Und ich erst mitsamt Landkarte hinterher durch den Regen, und dann blitzartig kehrtgemacht, Wagentüren verschließen, damit der Typ aus der Irrenanstalt aus dieser Mär unsere Laptops nicht mitgehen ließ, und stolperte ihm nach und rief, er solle bitte warten, Jetzt warte doch mal, Mann, Big Love, was willst du bei dem Wetter mitten im Wald, Mann.

Statt einer Antwort begann der Boden zu beben, die Bäume erzitterten, und ein tiefes Brummen näherte sich, der Franz bog trotzig vom letzten halbwegs vernünftigen Weg ab und hetzte, sich in Farn und Tannensetzlingen verfangend, den Hang runter, ich sage nur, Zuckerabfall, und ich stampfte auf der Stelle und versuchte gleichzeitig zu orten, woher das Markerschütternde kam, und schrie, er solle warten, Mann, verdammte Scheiße, und fluchte und fluchte, und der Lärm übertönte aber alles, rückte um die Biegung ins Blickfeld, und zwar als rostgelbes Ungetüm, ein Laster, der den Pfad entlang über Stock und Stein, Felsbrocken und Wurzelwerk getaumelt kam, als wolle er Fahrer mitsamt Lenkung seitlich aus einem der Fenster spucken.

Ich wich in die Böschung aus, das Fuhrwerk hielt vor meiner Nase, ein Mann rief mir etwas zu, was ich nicht verstand, erst nach dreimaliger Wiederholung begriff ich, dass es an seinem Dialekt lag und dass es sich nicht um den Bösen Wolf ins Heute übersetzt handelte, und kletterte mit rotem Kopf aus dem Dickicht und sagte, Wie bitte, und der Fahrer fragte geduldig zum vierten Mal, ob der Mann, der da hinten den Abhang runtergerannt sei, ob der zu mir gehöre, er mutmaßte, dass wir nicht von hier seien, und warnte, dass der Ortsfremde, mein Mann, der in Wirklichkeit mein Freund war, damals noch jedenfalls, unterwegs sei ins Moor, was nicht ganz ohne sei. Er sagte, Besser wir holen den da raus, und ich nickte erschrocken, und stolperte gleich los und rief Franz Franz, und schon sprang der Mann aus dem Führerhaus des Lasters und stürzte sich kopfüber in die dunklen Fluten des Waldes, und ich hätte es ihm zu gerne gleichgetan, seitlich den Berg runter, Franz schreiend und He und Warte, und verhedderte mich aber in einem Brombeerstrauch und brauchte eine halbe Ewigkeit, bis ich die Widerhaken seiner Stacheln aus meiner Haut und dem Pullover und wieder aus dem Fleisch und dann aus dem Hosenbein entfernt hatte, da kamen die Männer schon zurück, der Lasterfahrer vorneweg und der Franz bis an die Fußknöchel voller Schlamm, sie waren derart ins Gespräch vertieft, dass sie mich gar nicht bemerkten, auch die Brombeerstriemen nicht, sie hatten bereits verabredet, dass Ottmar unseren Wagen abschleppen werde, nachdem er seine lächerliche Ladung Holz abgeladen habe, Ottmar wusste auch ein Ferienzimmer für die Nacht, das von seinem Nachbarn, kein Problem, das stehe das ganze Jahr über leer, taha, und Ottmar bot an, sich morgen unseren

Auspuff vorzunehmen, Kein Problem, wenn er den nicht selbst anschweißen könne, würde er den Neffen seiner Frau anrufen, der sei in Ausbildung zum Automechaniker und hätte bestimmt am Abend Zeit.

Der Ottmar von der Freiwilligen Feuerwehr, Trainer der F-Jugend, der Ottmar, für den auf fast alle Fragen die Antwort Kei Problem lautete, Sell isch gar kei Problem, Ottmar, der seine Sätze gegen Ende alemannisch an die Decke zog, als müsse man die dort zum Trocknen aufhängen, der sich fast genauso torkelnd fortbewegte wie sein Laster auf felsgesäumten Waldwegen, wegen seines verflixten Knies, Ottmar der Große mit dem Stierschädel, dem markanten Kinn und dem luschdige Mund, der unser Auto anders als verabredet gleich an seinen beladenen Unimog kettete und aus dem Wald zerrte, schepper schepper klong, der Ottmar, der mir die ganze Fahrt bis zu seinem Haus von seinem Ärger mit der Maklerin erzählte, während der Franz den Passat steuerte, da habe er extra das Fußballtraining sausen lassen, weil die ihm einen Termin mit Interessenten vorgeschlagen hatte, die nur zu demunddem Zeitfenster in der Gegend seien, Zeitfenster, wenn er das schon höre, Und dann sagt die fünf Minuten vorher ab, weil sie sich angeblich erkältet habe, als könne man sich innerhalb von fünf Minuten erkälten, da stecke irgendwas anderes dahinter, die habe denen bestimmt einen anderen Hof, ein attraktiveres Objekt, wo für sie mehr bei rausspringt, habe die denen andrehen wollen, da sei er ganz sicher, den Hof habe er halt sehr preiswert angeboten, vielleicht zu günschdik, bestimmt sogar, damit sie ihn endlich loswerden, diesen Leuten gehe es doch nur um den eigenen Profit, so sehe er das jedenfalls, da denke doch keiner mehr mit für den anderen, da denke doch jeder nur noch an sich selbst, bei ihnen im Ort, da greife das auch um sich, die Jungen, die hätten doch heutzutage alles Mögliche im Kopf, nur keine Lust, was fürs Gemeinwohl zu tun, den Hang vor der Kirche sensen oder das Weiherfest organisieren, da müssten immer noch er und seine Kumpels von der Landjugend ran, die alle mittlerweile wacker auf die vierzig zugingen, fünf Minuten vorher hätte die sich gemeldet, da habe er doch längst am Hof gewartet auf die Kundschaft, er sei nämlich ein pünktlicher Mensch, und seine Frau, die Regina, die habe extra den Vater anrufen müssen, weil die nicht wegkonnte, da stand doch das Abendessen auf dem Herd, die habe extra seinen Vater gebeten, dass der rüberlaufe und ihm, dem Ottmar, Bescheid gebe, dass die Besichtigung wegen Krankheit ausfalle, von wegen Krankheit, von wegen Erkältung innerhalb von fünf Minuten, wo gebe es denn so was, eine Unverschämtheit sei das, an Training war da nicht mehr zu denken gewesen, da habe er sich dermaßen geärgert über die, diese.

Die blöde Kuh, schlug ich vor, und er schaute prüfend rüber, ob ich das jetzt ernst meinte, und ich grinste und sagte todernst, Warten ist scheiße, ich hasse Warten, und meinte das auch so, ich hasse das wirklich, auch wenn ich wahrscheinlich nicht so ein pünktlicher Mensch bin wie der Ottmar, jedenfalls wirft mir das der Franz immer vor, warf mir das der Franz immer vor, früher, und der Ottmar beschloss, glaube ich, in diesem Moment, dass ich in Ordnung sei, auch wenn ich ewig brauche, um mich aus einem Brombeerstrauch zu befreien, Ich auch, schnaubte er erleichtert und direkt konspirativ, Und wie ich Warten hasse, aber bei euch Frauen, da bleibt einem ja manchmal nichts anderes übrig, taha, seine Regina, wenn sie mal wo eingeladen seien, da sage die immer, sie sei gleich so weit, gleich sei bei der aber ein dehnbarer Begriff, denn dann dauere das und dauere und dauere, da wäscht sie sich die Haare und föhnen muss sie auch und die Pracht in Form bringen, er, der Ottmar, verstehe ja davon nichts, er merke nicht mal, wenn die frisch vom Friseur komme, ha taha, ein regelrechter Scheidungsgrund werde das noch, und bis sie die richtige Hose ausgesucht habe und die passende Handtasche dazu, sagte er und seufzte und schielte rüber, ob ich begriff, was er meinte, So eine blöde Kuh, nicht die Regina, betonte er, diese Maklerin, eine Unverschämtheit sei das, Fünfzehn Prozent will die Kuh kassieren, und dann kann sie nicht mal rechtzeitig absagen, man habe aber hier oben nicht groß die Wahl, ihr Vorgänger sei auch so ein windiger Typ gewesen, und ich staunte, wie viele Agenten dieses Objekt schon verschlissen hatte, jedenfalls habe er, der Ottmar, sich dermaßen geärgert über die Maklerin, eine richtige Wut hatte er, dass seine Regina ihn ohne Abendessen in den Wald geschickt habe zum Holzmachen, und da habe es dann prompt wieder angefangen zu regnen, so eine blöde Kuh, das sei heute nicht sein Tag.

Der Höflichkeit halber und da der Ottmar sich so in Fahrt geredet hatte, stellte ich Fragen zu diesem Ladenhüter von einem Bauernhof, der mich nicht im Geringsten interessierte, schon allein, da zwei Jahre zuvor ein älterer Mann darin gestorben war, ganz übles Karma, seither stand das Ding leer, unter anderem, weil die Erben sich nicht einigen konnten, wie denn nun was denn, und das sei nix für einen Hof, wenn da niemand drin wohne, da verkomme so ein alter Hof, da gebe es doch ständig was dran zu schaffen, ewig habe sich das ja bereits hingezogen mit dem Pfunder Eugen, dem Ottmar seinem Onkel, der konnte am Schluss ja nicht mal mehr für sich selbst sorgen, geschweige denn das Haus in Schuss halten, fast täglich habe die Regina bei dem vorbeischauen müssen, sonst wäre der an seinen offenen Wunden regelrecht verfault, das habe der dann auch irgendwann zum Hals rausgehangen, der Regina, sie sei doch keine Krankenschwester, habe sie geschimpft, und das stimmte ja, die Regina habe auch das Haus nie besonders gemocht, grausig wie das da roch und überall der Staub und die Mäuse, deren wirst du ja in so einem Kasten nicht Herr, sonst hätte er, der Ottmar, sogar überlegt, ob er ihn der Erbengemeinschaft abkaufe und mit der Familie da einziehe, das sei jedenfalls besser, als wenn der Klotz leer stehe, Familienbesitz sei nun mal Familienbesitz, ihm, dem Ottmar, bedeute das schon was, in dem Haus sei sein Ururgroßvater groß geworden, und sein Vater, der jüngere Bruder vom Eugen, der habe noch dort auf der Ofenbank seine Schulaufgaben gemacht. Aber die Regina, die wollte eben lieber im Neubau wohnen bleiben, der habe er eine nagelneue Küche versprochen, wenn das mit dem Verkaufen eines Tages doch noch klappe, kein Problem, eine Kleinigkeit solle da schließlich auch für ihn bei rausspringen, das haben die Erben ihm zugesagt, sonst hätte er sich auch nicht bereit erklärt, sich drum zu kümmern, lästig sei das, viel mehr Arbeit als erwartet, die Regina schimpfe schon immer deswegen, ausnutzen ließe er sich, der Ottmar, sage sie, aber eines Tages, da würde er ihr eine Küche einbauen, dass sie aus dem Staunen gar nicht mehr rauskomme.

Der Ottmar hielt vor dem Haus seines Nachbarn und erklärte dem Manfred die Sachlage, dass da zwei Berliner eine Panne hatten und ein Dach überm Kopf für eine Nacht suchen, der Nachbar schaute unfreundlich rüber und murrte, dass er erst seine Frau fragen müsse, ob sie so kurzfristig Gäste aufnehmen können, die Betten seien nicht gemacht, geputzt sei nicht, und verschwand wieder im Haus und knallte uns die Tür vor der Nase zu, und der Ottmar schüttelte lachend den Kopf, nickte und schüttelte nochmal den Kopf und sagte, Ha ja, Manieren hat der keine, aber kein Problem, der sei schon in Ordnung, der Manfred. Worauf kurz Manfreds Frau mit einem Kopf voller Locken in der Tür erschien und uns feindselig den unglaublich niedrigen Preis für die Nacht mitteilte und sagte, dass wir aber erst in einer Dreiviertelstunde in die Wohnung dürften, da sie putzen müsse, und zeigte uns, wo es nachher langgehe, neben dem Hauseingang die Treppe runter, sie sperre später den Zugang zum Souterrain auf, und knallte uns wieder die Tür vor der Nase zu, und der Ottmar lachte entschuldigend und zog die Schultern hoch, schüttelte den Kopf, nickte, schüttelte den Kopf und sagte, Ha ja, so sind sie hier oben, und lud uns zu sich zum Abendessen ein, und feixte, aber erst müsse er seine Frau fragen, die Regina, und lachte wieder sehr sehr laut und rief, Neinein taha, das sei nur ein Spaß gewesen, bei ihm zu Hause, da habe schon er manchmal noch die Hosen an, nicht immer, aber immer öfter, tahahaha, und schloss seine Tür auf und rief, Regina, Besuch aus Berlin, stell zwei Teller mehr auf den Tisch.

Wir waren so ausgehungert, der Franz und ich, dass wir uns beim Abendbrot kaum beherrschen konnten und den Kindern vom Ottmar und der Regina alles wegfraßen, die kriegten sowieso vor Staunen den Mund kaum zu, die glotzten uns an wie Wesen aus einer fernen Galaxie, dabei war ihre Mutter die mit den lila Strähnchen im Haar und vier Ohrringen auf einer Seite, glotzten und liefen rot an, wenn der Franz ihnen eine Frage stellte, so eine NaundihrzweiMonsterfrage, und kriegten dann wieder den Mund nicht auf, sondern grinsten und schielten beiseite, auch wenn ihr Vater sehrsehrlaut lachte und sich schüttelte und regelrecht den Bauch hielt vor Lachen über unsere Blödeleien und unsere zur Schau gestellte Coolness aus der Stadt Berlin. Unsere Laune stieg direkt proportional zur Menge, die wir verschlangen, also schier ins Übermütige, da Regina Brot nachreichte und den letzten Käse, und die Kinder glotzten und verschluckten sich beim Limonadetrinken und versteckten sich unter dem Wachstischtuch.

Als ich nach dem dritten Glas Bier sagte, dass ich irrsinnig gern Ottmars Bauernhof angucken würde morgen früh, bevor wir fuhren, aus reiner Höflichkeit log ich dem Ottmar und seiner Frau das vor, weil die sich solch eine Mühe mit uns gegeben hatten und auch schon den Neffen von der Regina verständigt hatten wegen unseres Auspuffs, da trat mir der Franz so fest gegen das Schienbein, dass ich aufjaulte und mir nichts anderes übrig blieb, als mich direkt an ihn zu wenden, den Franz, Spinnste, du brauchst ja nicht mitkommen, und sonst sei er doch der, der vor den Schaufenstern der Immobilienfirmen weiche Knie kriege, das muss nämlich zu meiner Entlastung festgehalten werden, ich wollte nie eine Hausbesitzerin werden, der Franz dagegen immer schon, der hatte das im Blut, egal, welchen Zipfel Europas wir bereisten, England, Italien, Korsika, Griechenland, der Franz brachte Stunden auf den Bürgersteigen vor den Auslagen der Makler zu mit dem Vergleichen von Fotos und Preisen, Grundrissen, Quadratmetern und geschätzten Sonnenlagen, mit dem Notieren von Telefonnummern und dem Gegenrechnen seiner Finanzlage, manchmal ließ er sich sogar ein paar dieser Häuser zeigen, die wir uns nicht leisten konnten, der Franz war der, der bei jeder Ruine am Straßenrand den Mietwagen anhielt, der für einen Haufen Steine mit Meerblick jeden

Umweg in Kauf nahm, der mich überredete, über Mauern und Zäune und durch verrammelte Fenster zu klettern, um im Innern der Bruchbuden die Position seines Zeichentisches zu imaginieren, da hockte er sich breitbeinig in die Luft wie zum Kacken und legte die Hände flach auf die durchsichtige Tischplatte, stets die Wand im Rücken und die Tür im Blick.

Lange bevor wir uns tags drauf heimlich aus dem Staub machen konnten, klopfte tatsächlich der Ottmar an die Tür zum Souterrain, er hätte sich extra zwei Stunden später zum Dienst angemeldet, da wir doch den Bauernhof angucken wollten, und nachher würde er uns bis zur B Soundso Richtung Schweiz vorausfahren, dass wir nicht wieder mitten im Wald stecken blieben oder gar im Moor tahaha, ob die Regina Franzens Schuhe schnell noch in die Waschmaschine werfen solle, sell sei gaa kai Problem, wenn wir Hunger hätten, seien wir auch herzlich, da man ja hier im Ort nichts bekomme, aber auch gar nichts, nicht mal einen Zigarettenautomaten hätten sie mehr, seit der Gasthof letztes Jahr dichtgemacht hatte. Ich übernahm die Konversation, der Franz folgte uns widerstrebend um den Teich, in dem sich der Himmel sonnte, ein paar Flugzeuge hatten Streifen aus Fernweh ins Blau geritzt, es war überraschend warm für Ende Oktober, direkt spätsommerlich und sehrsehrstill, ich zog den Anorak über dem Pullover aus, Ottmar schritt pfeifend im T-Shirt voraus, der Franz schwitzte grimmig in seiner Lederjacke. Wir kamen an prächtigen alten Schwarzwaldhöfen und weniger prächtigen Neubauten vorbei, Kühe wandten den Kopf, Katzen nahmen keine Notiz, neben der Kapelle blieb Ottmar stehen, deutete rüber auf eine gigantische cremefarbene Eternitwand und sagte, Taha, da haben wir das Sorgenkind.

Nach Westen hatte unser Hof sage und schreibe kein einziges Fenster, die der Straße und der Bushaltestelle zugewandte Nordseite machte seiner Bezeichnung als Ladenhüter ebenfalls alle Ehre, hier hatte der Pfunder Eugen in den Siebziger Jahren die Außenwand mit neuen Ziegelsteinen verstärkt und Doppelglasfenster mit integrierten Gardinen eingebaut, ohne jeglichen Charme, scheußlich im Quadrat, genau wie das kackbraune Tor zur Garage, die zugleich den Vordereingang des Ladenhüters darstellte und an die sich die Güllegrube des Nachbarn schmiegte wie ein olfaktorischer Frontalangriff, zu allem Überfluss handelte es sich nämlich bei dem Gebäude um eine Doppelhaushälfte, man hatte sich hinten die Einfahrt zum Wirtschaftsbereich mit dem Nachbarn zu teilen, na danke prost Mahlzeit, am Ende darfst du den um Erlaubnis fragen, wenn du auf dem fußballfeldgroßen Dach mal einen Ziegel austauschen musst, und dieser Anrainer war laut Ottmar auch nicht gerade, was man einen umgänglichen Menschen nennt.

Vielleicht war das Ottmars Trick, er gab sich nämlich nicht die geringste Mühe, uns das Objekt schmackhaft zu machen, im Gegenteil, er wies uns ausdrücklich auf jeden Mangel hin, und so gaben wir uns irgendwann auch keine Mühe mehr, die Katastrophenblicke hinter seinem Rücken auszutauschen, wir bissen uns nicht auf die Zungen, um unser Lachen zu unterdrücken, Ottmar schien es geradezu darauf abgesehen zu haben, er schnaubte dankbar dazu, nickte, schüttelte den Kopf, nickte, er brauchte neutrale Zeugen aus der Hauptstadt, die ihm ein für alle Mal bestätigten, dass der alte Kasten unverkäuflich war, vielleicht konnte er so die uneinige Erbengemeinschaft von der Notwendigkeit eines Abrisses überzeugen und mit einem Neubau einen anständigen Preis erzielen, auch wenn ihm das selbst gegen den Strich ging.

Die vollgemüllte Garage, das rosa marmorierte Wannenbad aus den Siebzigern, der stockdunkle, achtzehn Meter lange, mit Nut und Feder verunstaltete Flur, in der dusteren Küche stank es nach den Henkersmahlzeiten und Geschwüren vom Pfunder Eugen, der enge Nebenraum, wo er bis zuletzt auf der schmalen Pritsche gelegen haben musste, war schwarz verrußt vom schlechten Abzug des Küchenherdes, Feuchtigkeit kroch Tischbeine, Kühltruhen und Schranktüren hoch, selbst die handbeschriebenen Medikamentenfläschchen auf der Anrichte, die dem Pfunder Eugen seine Pein in die Länge gezogen haben mochten, starrten vor fetter Patina, das Haus schwitzte die Verwesung des kranken Mannes aus, als hätten sie seine Leiche seit zwei Jahren im Naturkeller aufgebahrt. Der Franz drängte von Kammer zu Kammer, an keinem der klebrigen Tische ließ er sich nieder, um seinen imaginären Laptop aufzustellen, er wollte den Albtraum hinter sich lassen und so schnell wie möglich ans Mittelmeer.

Ich folgte benommen und zugleich mehrundmehr fasziniert, der marode letzte Lebenshauch vom Pfunder Eugen hatte mich angefasst, noch nie hatte ich einen Ort betreten, in dem die Zeit auf so geheimnisvolle Weise stehengeblieben war und ihrem liebsten Schauspiel beiwohnte, dem aussichtslosen Kampf des Lebens gegen den Tod. Das Haus schien mir in Aufruhr, es rebellierte still gegen den eigenen Verfall wie wir alle eines Tages, der innere Tumult war fühlbar, wie er sich in staubigen Ecken, unter den antiken Kommoden und Betten, in den ranzigen Schubladen und Regalen gesammelt hatte, zwischen den Schnapsgläsern und Bierhumpen, und jählings ekelte mich das alles nicht mehr die Spur, nicht mal das rostige Brotmesser in der Spüle, an dem noch dunkelgelb die letzte Butter fürs Brot vom Pfunder Eugen klebte, das große Haus, Das Monstrum, wie Ottmar und der Franz es kopfschüttelnd betitelten und sich dabei kumpanenhaft auf die Schultern klopften, rührte mich in seiner Hilflosigkeit, ich lauschte seinem traurigen Lied, im Lauf der Jahrhunderte mögen etliche hier gestorben sein, der alte Schnitter Tod war dem Hause vertraut und willkommen, denn stets hatten neue Menschen die Räume mit Leben erfüllt, mit ihrem Alltag, ihren Kindern und Großeltern, Haustieren, Träumen und Nöten, bis vor zwei Jahren.

Ich nehme an, das war der Grund, dessentwegen für mich allmählich das Pendel umschlug, nicht so sehr die harten Fakten auf der Habenseite wie der große, notdürftig gepflegte Garten mit Birke, herrlichem Birnbaum und Hühnerhaus, das reichliche zum Hof gehörige Land mit angeblich Alpenblick an der Grundgrenze, die vielen Quadratmeter Wohnbereich, wo konnte man sich sonst dermaßen aus dem Weg gehen, nicht die unter zwei Schichten PVC und Kleister hervorlugenden Holzdielen auf allen Fußböden, nicht die einmaligen Holzkassetten an den Wänden, auch unter der Nut und der Feder, nicht mal der wunderschöne, flaschengrüne Kachelofen, die sogenannte Kunscht, mit den beheizbaren Sitzbänken in der original erhaltenen Bauernstube, durch deren Vorhänge die Morgensonne Muster in die dicke Luft malte, Verlängerungen der Kondensstreifen am Himmel, die hier herinnen zum Bleiben einluden. Die Unendlichkeit der Ausbaumöglichkeiten im Schweinestall, Scheunenbereich, Heuschober, das vom Pfunder Eugen gehortete Holz für haufenweise Winter, das museumsreife Werkzeug in seiner Werkstatt im ersten Stock, wo Seilwinden, Sägemotoren, Zaumzeug und Zaunrollen von der Decke baumelten, das hübsche Ensemble der Schlafzimmermöbel, der unverstellbare Blick, die Südterrasse, das makellose Wetter heute, das makellose Dach mit Bestnoten vom Amt, der makellose Preis. Es war die bittere Melancholie des verlassenen Hofes, die zu mir sprach, Sentimentalitäten, und gefeilscht hab ich schon immer gerne, woraufhin der Franz anfing zu rechnen, am Abend desselben Tages waren wir handelseinig.

STUNDE NULL

Zeitsprung,
etwa zehn Jahre später oder elf,
sprich, heute.

Ich seh dem Franz lieber nicht lange in die Augen, dieser zur Schau getragene Ernst, die Schicksalsergebenheit mit hängenden Schultern und lauter Knitterfalten um die dunkel betonten Tränensäcke, als würde der Franz gar nicht mehr schlafen, noch magerer ist er geworden seit dem letzten Mal, schafskäsig vom Winter obendrein, seine Nase sticht monströs aus dem geschrumpften Gesicht, die Wangenhaut bohrt Löcher unter die Jochbeine und zerrt an den Mundwinkeln, das Grau an den Schläfen hat den Kranz um den Schädel geschlossen, okay, ich übertreibe maßlos, aber der Franz neigt auch in der Krise zum Bombast, wählt neuerdings seine Worte mit Bedacht, spricht leise, als wollte er die Geister, die er rief, nicht aufstören, der Franz, der noch nie halbe Sachen ausstehen konnte oder Zaghaftigkeiten, hat sich eine ehrwürdige Aura der Tragik verpasst, wenn schon Mittlebenskrise, dann richtig, Du siehst gut aus, murmelt er vorsichtig, Küsschen rechts, Küsschen links, dann drückt er meinem Cousin die Hand und flüstert, Danke nochmal.

Wir wechseln einen besorgten Blick, mein Cousin und ich, wir kennen den Franz als strahlenden Egozentriker, als zynischen Witzbold, mit allen Wassern gewaschen, Franz, den brutalen Problemlöser, den Fels in der Brandung, den überzeugten Misanthropen und Einsiedlerkrebs, zugleich den

24

Leidenschaftler, Charmeur und Überrumpler, Franz, den Hasser von Autostaus und Schlangen an der Lidlkasse oder bei der Post, wie er da nach dreißig ihm endlos erscheinenden Sekunden vorprescht an den Schalter, Zitat, An all diesen erbärmlichen Kreaturen vorbei, die nichts Besseres mit ihrer Zeit anzufangen wissen, um lautstark die Beamten in der Mittagspause anzupfeifen und so sehr in Verlegenheit zu bringen vor versammelter Mannschaft, dass sie ihre Zigaretten mit Füßen treten und ihm zu Diensten sind, der Franz, den Corinna irgendwann *Die Zwei Atomkraftwerke* getauft hat, so machte er sie staunen mit seiner Energie, seinem festgefügten Stundenplan, seiner manischen Produktivität. Klar mag, mochte ich auch den verzweifelten Franz, den müden, enttäuschten, verletzten, anlehnungsbedürftigen, den sogar besonders, klar, selbst den Franz unter Tränen, klarklar, in zwölf Jahren haben auch Atommeiler mal eine Unregelmäßigkeit im Betriebswerk zu melden, aber Franzens Schwachheiten haben nie lange durchgehalten gegen seinen Tatenzorn. Diesmal schon, seit Monaten geht das jetzt so, die Krise hält meinen Franz im Würgegriff und quetscht die Lebenssäfte aus ihm heraus.

Franz hat angerufen, hat mein Cousin am Telefon geflötet, und dann mit einer großen Portion Stolz, typisch mein Cousin, Franz habe ihn, meinen Cousin, gebeten, ich wiederhole, meinen Cousin, den der Franz immer unsäglich fand, dem er stets die kalte Schulter präsentiert hat, weil Zitat Der nervt mit seiner Prahlerei, dem Gelaber und seinen Anglizismen, den also habe der Franz gebeten, mir Bescheid zu sagen, dass sie heute das Internetinserat aufsetzen, das gehe ja auch mich an, und mir das direkt ins Gesicht zu sagen, hat der Franz sich offenbar nicht getraut. So so so interessant, hab ich gedacht, ich habe durchaus bisweilen eine Affinität zur Verschwörungstheorie, das räume ich ein, aber auf solch eine Infamie wäre ich nicht gekommen, so eine Gemeinheit hinter meinem Rücken.

Genau genommen kann ich demnach keinem von beiden richtig in die Augen sehen, dem Franz aus genannten Gründen, und für diesen Naivling von einem Cousin schäme ich mich obendrein, merkt der nicht, dass er ausgenutzt wird, der Franz wird ihn fallenlassen wie eine heiße Kippe hinterm Postschalter, sobald er ihn nicht mehr gebrauchen kann. Genau wie mich, schießt es mir durch den Kopf, aber den Gedanken dränge ich weg, während mein Cousin, den wir übrigens der Einfachheit halber genauso gut Bernd nennen können, zur Hochform aufläuft, Bernd unterstreicht zunächst, dass er auf keinen Fall Geld annehmen möchte für seine uns angebotenen Dienste, und der Franz nickt demütig nach dem Motto Danke du Mensch danke, nur weil er nicht in der Verfassung ist, ein lächerliches Internetinserat aufzugeben, und ich denke, entschuldige mal, bist du mein Cousin Bernd Ashole oder was jetzt, tu mal nicht so großkotzig, und frage mich, ob der Franz womöglich was genommen hat, irgendeinen dieser Downer, die ich ihm damals für unsere Reisen beziehungsweise die Schlangen vor der Gepäckkontrolle am Flughafen empfohlen habe, die am Gate und die vor dem Mietwagenschalter, sage aber nichts, ich halte hier erst mal meinen Mund, bevor am Ende irgendeine Aussage gegen mich verwandt werden kann, am Ende, schießt es nach, Ende, und dass das heute das Ende ist, das Ende vom Franz und mir und Franz und mir und Frommholz, der Franz hat allen Ernstes vor, unseren Bauernhof zu verkaufen, er hat den Handel in aller Ruhe vorbereitet, wie sich herausstellt, nachdem er aus unserer Berliner Wohnung

ausgezogen ist auf Zeit und wir auch das Telefonieren eingestellt haben auf Zeit, auf Zeit, rebelliere ich, Zeit war verabredet, Zeit, Zeit sollte ich ihm lassen, Zeit wollte ich ihm
schenken, verdammt, und das ist der Moment, und gratuliere Ihnen, dass Sie ihm live beiwohnen dürfen, der Moment,
da ich endlich kapiere, dass nach Wochen, Monaten in meinem trägen Gehirn die Meldung ankommt, Es ist aus, wenn
es so weit kommt, dass wir Frommholz verkaufen, dann gibt
es kein Zurück.

Mit einem Ohr höre ich, wie Bernd uns verschiedene Immo-
bilienportale empfiehlt, fünf Bilder seien daundda im Preis
inbegriffen, Wenns euch recht ist, suche er die aus, Franz
habe ihm freundlicherweise den Ordner mit Fotos zur Verfügung gestellt, thank you Franz, und er habe da einen Blick
für, jahrelange Experience, das mit mir und den Ziegen finde
er zum Beispiel supersweet, die Südterrasse sowieso, das
von der Hochzeitsgesellschaft in der Stube sei vielleicht zu
urig, zu düster, auf jeden Fall eins vom Tiefschnee, blablabla
and so on, das kriege ich alles wie gesagt nur zur Hälfte mit,
von wegen, It's all about the mood, Leute, Bernd kritzelt
unter anderem für die Googlesuchmaschine auf dem Rand
einer Zeitung einen Haufen Assoziationen zusammen wie
Ruhe, Natur, Ursprünglichkeit, Echtzeit, Zeit, Zeitlosigkeit,
Zeit ohne Ende, unendliche Ruhe, Grün, blau, Himmelblau,
Landluft, Frischluft, Frischmilch, frische Ziegenmilch, frischer Wind, und streicht Wind und notiert stattdessen Brise,
beste Luft, Bergluft, Bergbach, Bergbauernhof, Ferien auf
dem Bauernhof, Hühnerfarm, Kühe, Ziegen, Schwalbennes-
ter, Vogelgezwitscher, Waldwege, Wanderwege, Weite, Wiesen, Weiden, welliges Land, Wellness ohne Ende, wahrer
Frieden, innerer Frieden, und nochmal versehentlich Ruhe,

weil Ruhe genau das ist, wonach mein Cousin lechzt in letzter Zeit, Ruhe, Rast, Freiheit, Seele baumeln, Seele gesunden, Sehnsucht nach grün, grün grüner Schwarzwald, Deine Sehnsucht findet ein Zuhause, Dein Ausgleich zum hektischen Leben in der Stadt, was Frommholz in seinen Augen ist, wie sollte mein Cousin es besser wissen, da er nur ein einziges Mal vor Ort gewesen ist, damals zu unserer Hochzeit, Vergesst nicht, Leute, schreit er, It's all about the mood.

Ich sehe mich über Bernds Angloamerikanismen mutterseelenallein den Kopf schütteln statt im Gleichtakt mit dem Franz, beobachte verwundert, wie ich like ferngesteuert alle Wörter ausstreiche, die Bernd notiert hat, eins nach dem anderen, Freiheit, Frieden, scheiß drauf, alle bis auf das Wort Zeit lösche ich aus, höre mich vehement protestieren, als der Franz vorschlägt, dass wir Ottmar bitten sollten, unseren etwaigen Interessenten den Hof zu zeigen, damit nicht einer von uns für zwei Stunden die ganze Strecke, Ausgerechnet Ottmar, halte ich dagegen, ausgerechnet unseren besten Freund vor Ort, der uns unzählige Male aus der Patsche geholfen hat, der uns damals mit seinem Überredungstalent und seinen Kontakten zum Bruder vom Neffen von der Soundso ihrer Freundin auch gleich den Kredit verschafft hat, der jeden Herbst und Frühling aufs Dach klettert, wenn der West- oder Ost- oder ausnahmsweise der Nordwind Frommholz wieder ein paar Ziegel ausgerupft hat, auf keinen Fall will ich Ottmar in dieses Verbrechen verwickeln, die Leute vor Ort, die werden erst informiert, wenn das Ding unter dem Hammer sei, höre ich mich bestimmen, vernehme kurz darauf ein lautes Lachen, meine zur Schau gestellte Heiterkeit, als Bernd fragt, was wir uns denn so als

Verhandlungsbasis vorgestellt hätten, der Franz und ich, und der Franz eine komplett lächerliche Summe vorschlägt, nicht mal das Doppelte vom Kaufpreis, der wie gesagt schon unter aller Kanone war, dem Franz ist schon alles egal.

Als hätte er total vergessen, wie viel Sorgfalt und Geduld und Ideen und Geld und körperliche Arbeit und Träume und ha.taha Zeit wir in unseren Bauernhof investiert haben, Zeit ohne Ende, I mean, wer hat Frommholz vor dem Verfall gerettet, wer hat die Heizung einbauen lassen von den dicken Kohlbrennerbrüdern, deren einer bei dieser Gelegenheit mitsamt seinen hundertvierzig Kilos und dem Warmwasserboiler durch die morsche Decke in die Räucherkammer gekracht ist und sich die Nase gebrochen hat, wer hat die Dielenböden auf den Knien geschliffen und lackiert, dreimal hinternander im gesamten Wohnbereich bei schönstem Sonnenschein, wer hat die Zwischenwand in der Küche einreißen lassen vom besten Architekten der Region, dem Elfmederjohnny, Ottmars Kumpel aus der Grundschule, der so klein ist, wie es sich für einen Schwarzwaldhof gehört, der demnach nicht an jedem Türsturz den Kopf einziehen braucht, der täglich einen anderen Hut trägt, der stets kräftig durchblutete Wangen hat und eine rote Nase, der immer für einen Kaffee zu haben ist und meistens auch für ein Speckbrot, obwohl er irrsinnig viel zu tun hat, der mindestens so verknallt ist in die alte Bausubstanz wie wir, der geniale Ideen auf den Tisch legt, sie zu retten, der noch genialere Kostenvoranschläge neben den Tisch legt, der ein wahrer Künstler ist und seine Entwürfe immer noch mit Bleistift auf Papier zeichnet, was den Franz natürlich sehr für ihn eingenommen hat, aber weiter im Text Doppelpunkt, wer hat die klapprigen Vorfenster eigenhändig restauriert, dass sie wie neu und alt zugleich aussehen, wer ist zu diesem

Zwecke alle zwei Tage runter an den Rhein in den Baumarkt geheizt, weil irgendwas dauernd fehlte, ein Winkel, die Spezialschräubchen oder der Holzmörtel war zur Neige gegangen, wer hat für jedes Zimmer ein Fliegengitter angefertigt gegen die Stechmücken vom Weiher und die Fliegen von den Kuheutern, wer hat im sogenannten Kinderzimmer den Boden weinrot lackiert, weil der in Natura nicht zu retten war, wer hat jede Ritze in der viel zu niedrigen Decke vom sogenannten Kinderzimmer silikonisiert, wer hat die gesamte Rückwand vom Kinderzimmer in ein Bücherregal aus alten Bodendielen verwandelt, weil wir überhaupt keine Kinder hatten, wer hat aus Eugens überfüllter Werkstatt ein irrsinnig schönes Arbeitszimmer gezaubert, wer hat die ganzen alten Möbel wiederbelebt, die Türen abgebeizt, geföhnt, geschliffen, lasiert, wer hat den Malerbetrieb in Rutzlingen so lange genervt, bis er exakt die Originalfarbe für die Holzkassetten in Franzens Studio nachgemischt bekam, wer hat die alte Küchenanrichte in denselben Farben bemalt, wer hat die Maden in den Kühlschränken mit Madenvertilgungsmittel entsorgt, wer hat dem Marder die Wege durch die Wand mit Bauschaum madig gemacht, wer hat die Mäuse, die sich zwei Jahre als Hauptmieter aufgeführt hatten, mit dem Marmeladenglas gefangen und ins Nachbardorf gefahren, wer hat das Holz im Schweinestall neu geschichtet, wer hat dem Eugen seine Werkzeuge sorgfältig archiviert in der neuen Werkstatt genannt Wintergarten, wer hat die Bengele für mindestens vier Winter gehauen und mit Ottmars Hilfe und dem seinem Unimog draußen zum Trocknen aufgebahrt, wer hat die Telefonleitungen reparieren lassen, den Strom erweitern, die Satellitenschüssel anbringen lassen, wer wer wer ist auf dem Dach rumgerutscht, als der Aluschornstein von der Gastherme durch die

Schneelast zur Seite gedrückt worden war und abzureißen drohte, wer hat die alten Leitungen im unteren Bad notdürftig isoliert, wer hat die Wasserzufuhr in der Küche mit Heizdraht gesichert, wer hat eine neue Waschmaschine aufgestellt, wer bitte wer wer, wenn nicht wir, hat im Herbst die Kuhfladen in der Schubkarre gesammelt als Dung für Franzens Rosen, sieh nur, wie sie blühen, wer hat Lavendel gepflanzt und Salbei und die bunten Büsche als Sichtschutz zum Nachbargrund, wer hat die Wege geebnet, die Wiese jahrelang in Schuss gehalten, Wühlmäuse vertrieben, Rehkitze durch den Draht um die jungen Obstbäume enttäuscht, Kirsche, Apfel, Pflaume, Mirabelle, nicht zu bremsen bin ich, und die Männer lauschen andächtig und plädieren schließlich dafür, dass im Falle eines Falles unbedingt ich runterfahren müsse nach Frommholz, um Frommholz zu verkaufen, da ich hier so glaubhaft die toughe Geschäftsfrau mit brillanten Argumenten markiere, klarer Fall, ich sei schon immer im Verhandeln die Cleverererere gewesen, und selber schuld, da ich Ottmar nichts verraten will, dem Tratschweib. Mein anderes Ohr lauscht indes in die Ferne, wo hinter den Bergen bei den sieben Zwergen unser armes altes Haus Wind von der Sache bekommt.

SELL THE DREAM

Paar Wochen später

Das müssen sie sein, an der Bushaltestelle ist ein dunkelblauer Geländewagen mit Hamburger Kennzeichen stehen geblieben, zwar halten öfter Autos, die zwischen den Hügeln die Orientierung verloren haben, dieses jedoch schaltet den Motor ab und verstummt, als wollte es für immer bleiben, die Fahrerin reckt den Kopf, steigt aus, schwarze Haare, Jeans, Turnschuhe, Mitte Ende vierzig, sie schaut sich prüfend um, Bolzplatz, Birnbaum, Bushalte, gegenüber das ordentliche Gemüsebeet vom Keilbach-Schmittel, sie zieht ihr helles Hemd eng um den Oberkörper, winkt dem Beifahrer, der in Sandalen um die Autoschnauze herum kommt wie ihr gehorsamer Schüler, etwas jünger als sie, drahtig, Wandersandalen mit Socken drin, hellblaue Sportsocken, er zeigt auf die Dreizehn, die ich vor ein paar Jahren mit Ölfarbe ans Garagentor gemalt habe, fischt einen Zettel aus der Hosentasche zum Vergleich, er hat einen Pferdeschwanz, Dreizehn, sagt er, und seine Socken harmonieren mit dem Türkis unserer Dreizehn wie ein böses Omen.

Ich halte mich in der Küche hinter Eugens Gardinen versteckt, die wir bis heute nicht aus der Doppelverglasung operiert haben, erst mal die Lage sondieren, sage ich mir, checken, ob die Nasen überhaupt hierher passen, auf unseren Berg, in unseren Ort, zum Haus, danach kann ich immer noch entscheiden, was ich denen erzähle. Ich muss einräu-

32

men, die Frau da draußen ist mir nicht unsympathisch, sie hat so was im Blick, Dann sind wir richtig, sagt sie auf Norddeutsch und klatscht in die Hände, Alle Mann aussteigen, ruft sie mit frostiger Fröhlichkeit und öffnet die Seitentür. Umständlich, geradezu widerspenstig entklettern dem Rücksitz zwei Kinder, Mädchen und Bub, das Mädchen etwa in Monis Alter, schätze ich, aber ich kann mich auch irren, der Junge, dem die Kleine aus dem Kindersitz hilft, sehr zart, schmiegt sich sogleich an die Jeans seiner Mutter, Mir ist kalt, murmelt er vorwurfsvoll, Stimmt, saukalt hier für Mitte April, bestätigt der Vater, und die Mutter wirft ihm einen strafenden Blick zu und legt dem Buben ihre große Hand auf den Kopf, auffallend kräftige Hände für eine Frau, sie schaut sich entschlossen um und krault den Kinderkopf, als wollte sie ihn neu formen, schnaubt belustigt, wahrscheinlich da sie die scheußlichen Gardinen entdeckt hat und weil die Nordseite, tja, nicht im Geringsten mit dem übereinstimmt, was die Bilder im Netz versprechen, von der Nordseite durften wir keine Aufnahme hochladen, Weil dann keiner kommt, hat Bernd beharrt, Darauf kannste Gift nehmen, die Leute gieren danach, verarscht zu werden, ich schwör's dir, verkaufe nie die ganze Wahrheit, sell the dream.

Wann fahren wir wieder heim, fragt der Bub seine Mutter, die auf unser braunes Garagentor zuhält und vergeblich nach einer Klingel Ausschau hält, und das Mädchen ruft boshaft, Nie mehr, Moritz, wir fahren nie nie nie mehr heim bähäähihihi, und ich denke, wer weiß, vielleicht nennt ihr bald Frommholz euer Zuhause, ihr kleinen Kröten, was wisst ihr denn schon, meine Hände krampfen sich an der Fensterbank fest wie an der letzten Heimat, und ich erschrecke über einen deutlichen Protestlaut aus dem Gebälk über mir oder neben mir, bricht die Fensterbank aus dem Putz oder was, oder kam das von draußen, von dieser forschen Mutter, die jetzt ans Garagentor klopft.

Denk dir ein Programm für sie aus, hat Bernd mir vor meiner Abreise ans Herz gelegt, und dann ungefähr siebzehn Mal die in seinen Augen *Richtige Reihenfolge* mit mir durchgehechelt, die natürlich die in Franzens Augen richtige war und in der unsere Garage gar nicht vorkam, ich konnte die Stimme meines Kontrollfreaks förmlich im Hintergrund dem Cousin den Text diktieren hören, Franz und Bernd, Freunde fürs Leben, da lachen ja die Hühner, Wenn du dich verknallst, so Bernd, übersiehst du auch die offensichtlichen Fehler des anderen, du willst davon nichts wissen, was kümmert die ein geschmackloses Badezimmer, wenn ihnen in der Stube dermaßen einer abgegangen ist, that's your job, Doppelpunkt, make them fall in love.

Wochenlang keine Reaktion auf unsere prächtige Anzeige, wir wollten den bescheuerten Verkaufsplan schon ad acta legen und uns einen neuen ausdenken, Ferienwohnungen oder Langzeitmieter finden, hat Bernd vorgeschlagen, ich habe jubiliert und unbewusst auf frischen Heiratsanträgen herumgekaut für die Zeit nach Franzens Krise, dann aus heiterem Himmel dieser Anruf aus Hamburg.

Im Augenwinkel erkenne ich, wie das Garagentor unter den Fäusten der resoluten Mutter bebt, spätestens jetzt müsste ich aufspringen, hintenrum rennen und den Gästen durch den Garten entgegenkommen mit großem Hallo und Hereinspaziert und Pfefferminztee, die Sache ist nur die, bei mir passieren die Dinge meistens in der umgekehrten Reihenfolge, zum Beispiel der erste Abend mit Franz, nur wir zwei beim besten Italiener der Kleinstadt, war das langweilig, ich habe keinen Ton gesagt, und er hat nur blöde Fragen gestellt, Warum ich diesenundjenen Beruf undsoweiter gähn einschlaf, und die Tortellini waren mehlig und die Sahne hatte einen Stich. Klar hätte auch ich die Unterhaltung am Laufen halten können, also die Fragen stellen, aber mir sind keine eingefallen, ich war viel zu misstrauisch und zu stolz für die Sorte gepflegte Gespräche, meine rebellische Phase, ich war danach jedenfalls maßlos enttäuscht von dem Herrn, und er nicht minder, der dachte doch, ich sei privat eine Schlaftablette, stolz und verstockt, so gar nicht sein Fall, und dann haben wir ein paar Tage drauf sehr gelacht über den missratenen Abend und waren gar nicht mehr verkrampft, und dabei muss es wohl gefunkt haben und wir sind ohne weitere Fragen in der Kiste gelandet, meine erotische Phase, und danach sind wir Auto gefahren und haben Eis gegessen und immer wieder in die Kiste, auch draußen, wie das sich zu Beginn so gehört heutzutage, und ich dachte, ich komme da irgendwie wieder raus, das sei nur so eine Phase, das mit dem Herrn, das sei nur temporär, solange er in der kleinen Stadt ist, wo ich gerade arbeitete, ich wollte ums Verrecken nicht schon wieder liiert sein und eine Partnerin fürs Leben werden und was das alles nach sich zieht, aber der Herr lud mich zu seinem Geburtstag nach Berlin ein, meine Stadtstadt, und da waren dann wieder nur er und ich und Eis mit Schokoladensauce und die Kiste natürlich und irgendwie haben wir hernach alle seine Geburtstage zusammen gefeiert, obwohl der Franz seine Geburtstage hasst, überübermorgen, das wird der erste Geburtstag sein, den wir seither nicht zusammen begehen, und der Franz hat mir über meinen Cousin ausrichten lassen, das Einzige, was er sich wünsche zu seinem Geburtstag, sei, dass Frommholz unter den

Hammer komme, so ein brutaler Satz, typisch der Franz, den möchte ich ihm zurück in seinen Mund stopfen, Nimm den zurück, Franz, wie kannst du so reden, wie kann er so kalt sein gegen Frommholz, im Anschluss hab ich gedacht, gut, dass das vorbei ist mit dem Franz, das, pah, ich habe geirrt, Midlife hin oder her, all die Jahre waren ein gigantisches Missverständnis, ein Witz, und die einzige Wahrheit war unser erstes Abendessen mit seinen an die Wand gefahrenen Fragen und den sauren Tortellini.

Plötzlich wird die Küchentür aufgerissen und ein langbeiniges Mädchen steht im Sturz, mein Anblick verschlägt ihm die Sprache, wie ich da zusammengekrümmt unter der Fensterbank kauere auf meinem Beobachtungsposten, es hält die Luft an, wir mustern uns wie Tiere im Wald, die sich noch nie begegnet sind und in Sekundenbruchteilen herausfinden müssen, wer wen jagen wird, wer wen fressen, fahnden nach einer Antwort in unseren Genen, bis aus dem Flur die Stimme des Bruders gellt, Wo bist du, schreit er, wie seine Schwester überzeugt, dass keine Menschenseele zu Hause ist, und sie wendet den Blick von mir ab, als wäre ich eine alte Puppe, an der sie das Interesse verloren hat, eine Puppe mit aufgemalten Augen, die in einem halben Jahr im Sack für die Altkleidersammlung landet, läuft zu ihrer Mutter, flüstert aufgeregte Sachen, ein Gezische und Gemurmel aus allen vier Stimmen dringt aus dem Flur, bis der Bruder scheu einen Blick durch die aufklaffende Tür wirft, erschrocken zurückwinkt, da ich die Hand zum Gruß hebe, sich gleich wieder verzieht, und erst im Geleit seiner Eltern wiederauftaucht. Guten Tag, sagt die Mutter und, Entschuldigen Sie, dass wir hier einfach reinplatzen, die Kinder waren so neugierig, und wir wussten ja nicht, dass das Haus offen steht.

Wie offen steht, wie bitte.

Sie sind durch die Garage reingekommen, begreife ich, und dass ich alles vermasselt habe, dass es nicht wiedergutzumachen ist, nie wieder, und dass ich Franzens Geburtstagsgeschenk verpatzt habe und damit die Chance, mich jemals wieder mit ihm zu versöhnen auf neutralem Grund, und ich wundere mich, wo ich dennoch das herzliche Lächeln hernehme, einladend, lässig, und sage, Macht nix, Sie sind sicher Dieunddie aus Hamburg, willkommen, ich habe Sie schon erwartet, und habe mich schleunigst aufgerichtet und bin vor die Spüle gehuscht, und strecke der Frau die Hand hin und frage, ob sie vielleicht einen Pfefferminztee möchten alle miteinander, ich hätte noch getrocknete Minze vom letzten Sommer da, und schnappe mir den Wasserkocher. Der Junge schüttelt den Kopf, bevor die Mutter der Höflichkeit halber erfreut nicken kann, das Mädchen starrt mich mit seinen großen Tieraugen an, immer noch ungewiss, ob ich es reißen werde, und sein Bruder ruft, Ich hasse Pfefferminz, und breitet theatralisch die Arme aus, worauf der Vater ihm schützend die Hand auf die schmale Schulter legt, sicher einer dieser fundamentalistischen Anthroposophen, die den armen Ureinwohnern hier erklären werden, wie man artgerecht im Einklang mit der Natur lebt, Na, hassen ist vielleicht ein bisschen stark, sagt er und lächelt schief.

Lass mich raten, wage ich den nächsten Vorstoß, Dann magst du heiße Schokolade, ich zwinkere dem Buben zu, und auf beiden Kindergesichtern taucht unversehens ein kleines Strahlen auf, Au ja, rufen sie wie aus einem Milchzähnemund, Mit Sahne, und ich hege leise Hoffnung, dass ich meinen Fauxpas wiedergutmachen kann, dass sie alle vier den Anblick der Garage vergessen, wenn ich die Kinder erst auf meiner Seite habe, unsere Kammer des Grauens, in der sich noch die gelben Säcke von Februar März türmen, als Franz eingeschneit war und zu deprimiert, die Einfahrt frei-zuschaufeln, die blauen Säcke mit Rissen vom Bauschutt der Renovierungsarbeiten vor sechs Jahren, der Ramsch, den uns die Erbengemeinschaft auf meinen Wunsch hin dage-lassen hatte und den ich immer noch nicht aussortiert hab, jedes Jahr hab ich gedacht, das mach ich nächstes Jahr, der Haufen Reisig von unserer Birke, der nicht zu Bündeln für den Kachelofen verarbeitet wurde, weil Franz im Herbst offenbar eine Vorahnung hatte, dass wir den Ofen im über-nächsten Winter nicht mehr befeuern würden, weiter hinten Eugens Ersatzfliesen fürs Bad im vorgekauten Rosa, ver-bogene Heugabeln, eine elf Meter lange und sieben Tonnen schwere Holzleiter fürs Dach, vermoderte Polstermöbel, Ben-zinkanister, Drahtrollen, Zaunpfähle, Eugens Traktor aus der ersten Hälfte des letzten Jahrhunderts, irgendwo im Chaos meine Langlaufski.

Sahne hab ich nicht da, die Milch ist sauer, zweiter Welt-untergang, klar könnte ich rüber eilen zur Frieda und um ein Kännchen Ziegenmilch bitten, klar klar klar, ich könnte Kakao auf Wasserbasis herstellen, als wäre das hier so Sitte, aber der Mut verlässt mich ebenso flott, wie er reingeschneit kam, das Haus hat seine Finger im Spiel, denke ich, so muss es sein, wieso sonst sprang das Garagentor auf, obwohl ich den Riegel gestern Abend mehrmals kontrolliert hatte, ein letztes Mal nach dem Zähneputzen, so heftig wird die Ham-burgerin auch wieder nicht daran gerüttelt haben, Wie konntest du an so einem Tag das Tor zur Garage offen lassen, wird Franz sein Verhör beginnen beziehungsweise Bernd in seinem Auftrag, sie werden annehmen, dass ich den Handel bewusst boykottiere. Dass ich die Fremden absichtlich als Nächstes mit dem lächerlich kleinen Badezimmer konfrontiere, werden sie mir unterstellen, dabei kann ich nichts dafür, der Bub ruft schon beim Gedanken an Kakao mit Sahne, Mamamama ich muss mal, außerdem gilt es als das Natürlichste von der Welt, dass ein Kind nach solch einer Strecke, Hamburg, Fuchsberg, dass es da aufs Klo muss. Ein Tor, das sich eigenständig entriegelt, ein Kühlschrank, der dir die Milch verdirbt, obwohl sie bis zum achtzehnten haltbar zeichnet, ein kleiner Bub, der das rosa Bad stürmt, das nimmt dir keiner ab.

Der Kleine ist begeistert von den Delphinmotiven auf der Klobrille, die große Schwester will sofort auch einen Blick darauf werfen, im Nu drängt die ganze Kleinfamilie in unser schreckliches Bad, und ich rede mir den Mund fusselig über diverse Pläne, aus der Räucherkammer im ersten Stock eines Tages Das Richtige Bad zu machen, mit freistehender Wanne, Doppelwaschbecken, Extratür zum WC, Bidet, mit separatem Duschbereich und Sauna in der Schräge über der Garage, das sei alles schon besprochen gewesen mit unserem Architekten, dem Elfmederjohnny, So, flüstert die Mutter, der die Farbkombination aus rosa Fliesen, grasgrüner Decke, knallrotem Duschvorhang und blaugrauem Klodeckel sichtlich den Atem verschlägt, Dann sehen wir uns den ersten Stock doch gleich mal an, schlägt der Vater vor und scheucht die Kinder voraus, diese unberechenbaren Gören, die ihre gesegnete Scheu ablegen, sie wollen die Treppe raufstürmen, doch ich übernehme streng die Führung, Mooooment, wo wir schon mal unten sind, und steuere auf die Stubentür zu, to make them fall in love, und versuche auf dem Weg krampfhaft, die ganze Bagage von dem Häufchen Dreck abzulenken, der sich unter einem der Risse in der taubenblauen Nut- und Federdecke, exakt im Lichtkegel eines der Flurlämpchen zusammengerottet hat, Strohhalme, Staub, Körner, ich sehe es nachrieseln und entwickele sogleich die nächste haarsträubende Theorie über Machenschaften des Hauses, die mir wieder keiner glauben wird. Das Haus setzt sich zur Wehr, Franz, es ist wie verhext, zwei Tage lang habe ich alle Räume, jede Ecke gefegt, gesaugt, gewischt, jetzt so was.

Geistesgegenwärtig lenke ich die Plauderei auf das Wetter, das mich nur heute im Stich gelassen habe, Nicht gerade ein Maklertag, ich protze von einer Sonne, die hier oben an und für sich verlässlich scheint, so wie gestern und morgen, einer Klarheit der Luft im Gegensatz zum Nebel im Rheintal, überhaupt herrlich hach und überhaupt, die Gegend um Freiburg sei nicht umsonst für ihr mildes Klima berühmt, siehe Weinanbau und Co., und verschweige, dass der Kaiserstuhl mit unserer Wetterlage auf über tausend Metern so gut wie nichts gemein hat und dass der letzte Schnee hinter dem Hühnerhaus laut Hollenweger Hubert erst vor zwei Wochen weggeschmolzen ist, Ausgerechnet am Tag der Besichtigung haben sie Regen vorhergesagt, jammere ich, ausgerechnet an diesem einen Tag im Jahr, und die Hamburgerin horcht auf, ob es denn außer ihnen keine Interessenten gebe, will sie wissen, und ich könnte mir die Zunge abbeißen, wenn Franz mich gehört hätte, wenn wenn Franz und Bernd, ich stottere etwas von, Doch doch, natürlich, erst letzten Mittwoch war ein Pärchen aus Stuttgart da, die waren sehr angetan, sehrsehr, wollten sich aber noch ungefähr zwanzig andere Höfe ansehen, und Doch, für kommenden Dienstag habe sich ein holländischer Unternehmer mit seiner Familie angekündigt, Doch jajaja, seit wir die Annonce aufgesetzt hätten, könnten wir uns vor Anfragen kaum retten, mein Mann und ich, na klar, ist ja auch hach das Paradies hier.

Und denke, Exmann müsste es heißen, mein Exmann und ich, und dass auf den Franz die Bezeichnung Exmann nicht passt, vielleicht weil er sowieso nie seinen Ehering getragen hat, irgendwo in seinem Studio muss der noch rumfliegen, und sehe den Zweifel in ihren Gesichtern, besonders der Bub mustert mich skeptisch, und ich stoße die Tür zur Stube auf von wegen fall endlich in love und ahne längst, wie die nächste Frage lauten wird, die Frage, vor der ich mich am meisten fürchte, ich kann genau erkennen, wie sie dem Vater auf den Lippen liegt, die Frage, da streckt sie sich auf seiner schmalen Unterlippe, dehnt sich, bereit zum Absprung in mein Gesicht, auf das sie einschlagen wird, das sie zerkratzen wird mit ihren spitzen Fingernägeln, bis es dunkelrot leuchtet, bis es blutet, aber der Bub ist schneller, er stellt die Frage, während seine Mutter mit geschürzten Augenbrauen den ersten Blick in die Bauernstube wirft, Warum willst du denn dein Haus weggeben.

Um Zeit zu gewinnen, lächele ich erwachsen, Taha, das ist eine gute Frage, und denke, Du kleines Aas hast mir gerade noch gefehlt mit deiner Euphorie für Delphinmotive auf Klobrillen und saublöde Fragen, und sehe im Augenwinkel, wie seine Mutter auf ihren weißen Turnschuhen in einen zweiten Haufen Reisig aus der Decke tappt, diesmal mitten auf dem Stubenfußboden, es knirscht unter ihren Sohlen, doch sie merkt es nicht, bestaunt statt des famosen Kachelofens die erbärmliche Deckenlampe aus den Siebziger Jahren, bemerkt den riesigen Riss nicht, der daneben in der Decke klafft, wie durch ein Wunder.

Fieberhaft suche ich nach einer der Antworten, die ich mir für diese Gelegenheit zurechtgelegt hatte, zum Beispiel dass wir auswandern nach Amerika, Sag einfach, dass ihr das

Geld braucht, hat mir mein oberschlauer Cousin geraten, das verstehe heutzutage jeder, Warum, genau warum, der Bub hat die Frage so seltsam formuliert, dass mein Gehirn blockiert, Warum will ich denn mein Haus weggeben, Franz kommt in der Frage nicht vor, Geld ebenso wenig, nur ich und mein Haus, das zu mir gehört, mir allein, und dieses Weggeben klingt aus dem Mund des kleinen Mannes, als wäre dies Haus ein Haustier oder ein Kind oder sonst ein lebendiges Wesen, das auf mich angewiesen ist und das ich im Stich lasse, was bei Licht besehen völlig abwegig ist. Ich fühle mich trotzdem schäbig und höre mich sagen, Ich will es gar nicht weggeben, ich muss. Die Eltern schauen interessiert rüber, Na ja, fange ich mich, lächele betreten, senke dazu den Blick auf meine Füße, die in dicken Wollsocken stecken und obendrein in Fellpantoffeln, gerüstet für den sibirischen Winter auf diesem Berg, worüber ich erst recht grinsen muss, hab ich ihnen nicht gerade erst von unendlich viel Sonne vorgeschwärmt, Das ist eine längere Geschichte, weiche ich aus.

Aber warum, lässt der Grünschnabel nicht locker, Warum, und ich komme ins Grübeln, muss ich das Haus verkaufen, nur weil es sich so gehört, dass Paare, die sich trennen, gemeinsame Behausungen abstoßen und sich der schwierigen Erinnerungen entledigen. Könnte ich nicht ebenso gut in der Hauptstadt die Zelte abreißen und für immer hierherziehen, mich um mein geliebtes Haus kümmern, das sich an mich gewöhnt hat und das offenbar alles Mögliche dafür geben würde. Alle Augen sind auf mich gerichtet, Mein Mann und ich haben uns, schluck, Getrennt bringe ich immer noch nicht so ohne weiteres über die Lippen, Getrennt klingt viel endgültiger, als es sich anfühlt, Also mein Ex-mann hat beschlossen, nuschele ich einen neuen Anfang zurecht, und merke, noch während ich den Satz zu Ende bringen will, dass er der nächste Fehler wäre, war, ist, Weltuntergang, der Vierte, in diesem Haus lebten einmal vor langer Zeit zwei Menschen glücklich wie Mann und Frau, und wenn sie nicht gestorben sind, dann haben sie sich wohl getrennt und das Haus verkauft, kein Mensch will bei einer Hausbesichtigung in solch einen Koloss von einer todtraurigen Privatwahrheit eingeweiht werden, und in diesem Moment kreischt der Bub auf, rennt zum Fenster und deutet auf seine dramatische Tour nach draußen, Guck mal Mama, und zeigt auf das kleine Steinkreuz auf dem Erdwall im Garten und legt die Hände an die Schläfen und wendet sich mit lustvollem Grausen an mich, Wer liegt da. Schon bin ich um die nächste Antwort verlegen, denn, Bloß keine Gräuelmärchen, hat mir Bernd geraten, sollte die Sprache auf das verwitterte Kreuz kommen, behauptet ihr einfach, ein Relikt aus alten Zeiten, dass es schon immer da stand, und natürlich kommt sie darauf, jeder will wissen, wer dort vergraben ist im Hügel, jeder, und ob uns das nicht schaudere, den Tod direkt vor dem Stubenfenster, Unter keinen Umständen die Wahrheit solle ich verraten, dass dort das kranke Zicklein liegt, das nicht von der Mutterzitze hat trinken wollen und auch von den Kühen vom Keilbach-Schmittel nichts nehmen, das zarte weiße Ding, das ich einen geschlagenen Sommer lang mit der Flasche gestillt habe, Blasen an den Fingern vom Mutterziegemelken, und das dennoch seinen ersten Herbst nicht überstanden hat, Lungenentzündung und aus, das zersetzt sich nun seit zweieinhalb Jahren in einer blauen Plastiktüte, Da hättet ihr gleich inserieren können, Grundstück mit toter Ziege zu verkaufen.

Habt ihr euch getrennt, dein Mann und du, kombiniert das Mädchen messerscharf, und ich habe die Schnauze voll von den Lügen, ich nicke, Jawoll das haben wir, Wie du und Papa, wendet sich die Kleine an ihre Mutter, und der Bub hat noch tollere Neuigkeiten, Dann ist das dein Ex, der da liegt, ruft er und will schon in die Hände klatschen für seine detektivische Hochleistung, da packt die Mutter beide Kinder an den Handgelenken und marschiert aus der Stube und auf die Treppe zu, Dürfen wir jetzt oben mal einen Blick werfen, und wartet meine Antwort gar nicht erst ab, die gelautet hätte, O nein, erst müssen wir raus in den Garten an den Rosen vorbei durch die Scheuneneinfahrt auf den Heuboden für das Ah und Oh der unbegrenzten Ausbaumöglichkeiten im Dach.

Ergeben folge ich den dreien die Stufen rauf, durch das sogenannte Kinderzimmer in unser Schlafzimmer, und beobachte neugierig die Frau in den pieksauberen Turnschuhen, die ein Leben mit einem neuen Mann anfängt, einem Sandalen- und Sockenträger, einem Zopfträger, die es sich gerade hier auf unserem Berg, in unserer Stube, in unserem mickrigen Bad, neben unserem Grabhügel vorstellt, wo nimmt sie die Kraft her, woher den Mut, trotz ihrer Erfahrungen, gegen den Willen ihrer Kinder, und wann werde ich die notwendigen Dinge in die Wege leiten, wie zum Beispiel unseren alten Bauernhof verkaufen, meinen Ehering wegwerfen und ein paar Erinnerungen löschen aus der Franzzeit. Stopp.

Folgendes. Fakt ist.

Ich liebe dieses verfluchte alte Haus, das sich heute wie ein ungezogenes Kind aufführt, ich liebe es wie ein ungezogenes Kind, wie einen Ehemann in der Mittlebenskrise, wie ich den Franz immer noch liebe, diesen komplizierten Menschen mit den viel zu vielen Zimmern, von denen ein paar dringend ausgemistet gehören oder nie wieder betreten, ich will Frommholz nicht weggeben, ich will für es sorgen, gerade jetzt, heute, da es aus Protest die vielen Risse bekommt, keinen anderen Ausweg weiß, als sich selbst zuzusetzen, überall Schmutz anhäuft, Mausekötteln und Marderkacke, und aufjault im Gebälk, elf Jahre sind nicht nichts. Ich bin verwachsen mit dem knorrigen Berg, dem Wald, dem Dorf, seinen Leuten, unseren Nachbarn, ich habe hier Wurzeln geschlagen wie an keinem anderen Ort der Welt außer vielleicht dem Zuhause meiner Kindheit, das auch auf dem Land war, umgeben von leuchtend Grün und Blau und weißen Gestalten am Himmel, so weit das Auge reichte. Auch wenn es hier oben manchmal den ganzen Sommer über schifft ohne Unterlass, die Bauern den Allmächtigen um drei trockene Tage anknien, dass sie wenigstens das Heu in Sicherheit bringen, und der schneereiche Winter dann zum Ausgleich von Mitte Oktober bis Anfang Juni währt.

Früher hab ich mit links meine Wurzelhärchen ausgerissen und mich anderswo eingetopft, je nach Job, Kerl, Lust, Laune, Berlin war Sockenwechselstelle und die Welt gerade groß genug, jedoch ist früher passé, ich bin keine zwanzig mehr oder fünfundzwanzig, oder gar dreißig. In Frommholz wurzelt meine Knolle tief im dunklen Erdreich, mit bloßen Händen ist ihr nicht beizukommen, und wenn ich sie abhaue mit der Spitzhacke, woher soll sich dann das überirdische Pflänzchen speisen. Jawohl, Franz, ich verblute, wenn wir Frommholz verkaufen, I feel like I die, du auch, Franz, du würdest es nicht verwinden, das weiß ich, und wenn ich hier noch so einen großartigen Deal à la Bernd an Land ziehe, ich kenne dich besser als mein Cousin, du hängst an diesem Stück Land wie ich, mindestens, auch du bist hier verwurzelt, und ob du willst oder nicht, du bist mit mir verwurzelt, zwölf, dreizehn Jahre sind nicht nichts, und ich darf und werde nicht dulden, dass all das auseinandergerissen wird von dieser Lebensmittelkrise, du und ich und Frommholz. So viel dazu.

Das mag übergriffig erscheinen und egoistisch und geradezu monströs gegenüber etwas so Heiligem wie Franzens wirrer Not, aber ich versichere Ihnen, normalerweise und von Natur aus oder von Hause aus, who knows, bin ich ein recht rücksichtsvoller Mensch, der dem anderen, dem Gegenüber, dem Du, möglichst viel Freiheit lässt, vielviel Raum, zu viel bisweilen, dass am Ende kaum noch welcher für mich übrig bleibt, in Frommholzer Maßstäben gerade mal das rosa Klo. Demnach liegt es mir fern, Leuten etwas aufzudrängen, was sie nicht wollen, ihnen gar mich selbst aufzudrängen, pfui Teufel. Als das jedoch begann mit Franzens unvermeidlichem Dings, also dem Unglück, dem sinnlosen Stochern nach Sinn und Sinnlichkeit und Siewissenschon, vor ein paar Monaten, da hab ich mir gesagt, Jetzt kannst du es dir leichtmachen und ihn in Ruhe sich selbst überlassen und seinem Weltschmerz und kannst deinen Hut nehmen und dir einen neuen Franz suchen oder mal keinen zur Abwechslung und wieder einen auf Sockenwechselstelle machen und dich auf die Arbeit konzentrieren, die Freunde und das Freizeitangebot, was ja alles auch was für sich hat. Oder aber, oderoder du stehst das durch mit diesem einen Franz, deinem angetrauten Franz, drückst ein paar Augen zu, wenn er allzu wild stochert und wildert, bietest ihm den Arm, wenn er ihn brauchen will, so wie du stets seine starke Schulter griffbereit hattest, seine beschützenden Worte, seine Kenntnis von dir, sein exklusives Mitgefühl in den schroffen

Tälern, immerzu außer morgens zwischen sieben und zwölf, und sagst ihm halt, dass du zu ihm hältst, dass du jetzt mal zeitweise für beide liebst, verdammtnochmal, du Blödmann, wie wir das dem Bürgermeister aus Rutzlingen versprochen haben zu unserer Trauung damals, nur deshalb haben wir das Spektakel durchgezogen, damit es nicht so irrwitzig einfach sein würde, auseinanderzugehen bei der kleinsten Erschütterung, nur zu diesem Zweck haben wir die Papiere ein zweites Mal beantragt, nachdem wir die ersten in einem unserer opulenten Kräche zerrissen hatten, haben das Aufgebot bestellt in Rutzlingen, drei Dörfer weiter, wo das Rathaus ersetzt wurde, da entstand gerade gegenüber vom schönen alten das hässliche neue, ein Bungalow mit gelben Fensterrahmen, und der Bürgermeister hat uns vorgeschlagen, mit der Trauung so lange zu warten, bis der Neubau fertig sei, nicht ahnend, in welche Bedrängnis er uns Heißsporne damit brachte, wie viel Zeit wir inzwischen fänden für neue Zweifel und Zerwürfnisse, zum Beispiel den Streit um die Zahl der Hochzeitsgäste, ich wollte nämlich alle einladen, die ich mochte und je gemocht hatte, Freunde und Kollegen und erste Lieben und verflossene Liebhaber und ehemalige Brieffreundinnen und dazu en gros meine Familie mit Eltern und Geschwistern und Vettern und Cousinen und Tanten und zerstrittenen Onkels und unzähligen Neffen und Nichten aus nah und fern und Frankreich, Israel und USA und dazu das ganze Dorf Frommholz und dazu die Fuchsberger Blaskapelle und dazu die Familie des Bürgermeisters aus Rutzlingen, der feierlich verkündete, dass er die Trauung selbst übernehmen werde.

Du aber wolltest nicht mal unsere Eltern dabeihaben, geschweige denn irgendwelche Verflossenen, geschweige denn Vettern und Basen, das Dorf und die Blasmusik, und ich darauf, Wozu heiraten wir auf dem Land, wenn wir keine lange Tafel in den Garten stellen und nicht tanzen bis ins Morgengrauen mit den Einheimischen, und du darauf, Du weißt genau, wen du heiratest, wenn du eine Megaparty willst, musst du dir erst den passenden Mann suchen, Franzens Totschlagargument, Katze Puppe Flamme, ich kann nicht aus meiner Haut.

Corinna hat den ganzen Weg damals mit den Öffentlichen zurückgelegt, statt bei Quasselstrippe Bernd im Auto mitzufahren, was erheblich schneller und günstiger gewesen wäre, elf Stunden, vierzehn Minuten, sechsmal umsteigen, sie hat die Anfahrt mit einer geliehenen Minidigitalkamera dokumentiert, sich an jedem Bahnsteig und allen Bushaltestellen abgefilmt und krasse Grimassen geschnitten sowie bissige Kommentare eingesprochen nach dem Motto, Danke, dass ich um sechs Uhr dreißig aufstehen durfte nur wegen euch, oder, Liebe Fahrgäste, unsere Verspätung beträgt inzwischen vierundvierzig Minuten, es bleibt spannend, wird die Hauptzeugin den Tatort jemals erreichen oder muss das Verbrechen ohne sie über die Bühne gehen, was halt so passiert, wenn man einer Corinna solch eine Kamera in die Hand gibt.

Corinna hält prinzipiell nicht viel vom Heiraten, vermutlich mit ein Grund, weswegen der Franz sie als Trauzeugin geduldet hat, übrigens auch die Einzige, der er erlaubte, bei uns im Bauernhof zu übernachten, die restlichen Gäste hatten dafür zu sorgen, dass sämtliche Ferienwohnungen der Gegend mal für mindestens zwei Nächte ausgebucht waren, sämtliche sind circa vier Ferienwohnungen plus ein Gästezimmer mit Frühstück, macht zusammen etwa neun Zimmer, macht, wenns hochkommt, fünfzehn Hochzeitsgäste, auf die wir uns geeinigt hatten, drei von Franz, der Rest meine Mischpoke.

Vor ein paar Monaten habe ich Corinna um das Videomaterial gebeten, vier Kassetten à je hundertzwanzig Minuten, ich wollte dem Franz ein Ganz Besonderes Geschenk basteln, eigentlich zu Weihnachten, genauer gesagt wollte ich ihn an bessere Zeiten erinnern, leichtere Jahre, eine meiner heroischen Kampfmaßnahmen zur Rettung unserer Ehe, super Idee, bloß bin ich bis heute nicht damit fertig geworden, der Film ist immer noch drei Stunden achtzehn lang, so was steht der Franz nicht mal im Kino durch, schon gar nicht, wenn die Handlung total dünn und absehbar ist und nicht mal Verfolgungsjagden bereithält, A und B wollen heiraten und das tun sie dann auch, So what.
Das ist halt auch so ein fundamentaler Unterschied zwischen dem Franz und mir, ich verlier mich ganz gerne im Detail, während der Franz vorankommen will, Sachen zu Ende bringen mit der Energie der zwei Atomkraftwerke, nur mal als Beispiel, ich verbringe geschlagene Stunden auf dem Sofa in der Stube in stiller Verzückung über die liebevoll ornamentierten, blaugrauen Deckentafeln, wie oft ich mich gefragt habe, ob die Ziergerade mit dem Lineal und die Schnörkel wohl mit Hilfe einer Schablone gemalt wurden oder von freier Hand, schau nur, sie haben die Holzoptik an Wänden und Einbauschrank mit dem Kamm auftragen lassen, das muss ein teurer Spaß gewesen sein und eine hohe Kunst, so was will im einundzwanzigsten Jahrhundert kein Mensch mehr beherrschen, schwelg, anhimmel. Der Franz hakt derartige Fakten mit einem Blick ab, notfalls ein Satz in Begleitung, Hier haben wohlhabende Bauern gelebt, Punkt.

Sollte ich einen neuen Anlauf wagen und das Werk auf den Punkt bringen, Franzens Punkt, es rigoros auf eine Stunde zwanzig runterkürzen, oder zwanzig Minuten insgesamt, notfalls mit Bernds Hilfe, den ganzen Anfang streichen zum Beispiel, und den zweiten und dritten Akt zusammenkürzen aufs Wesentliche, was aber ist wesentlich, frage ich mich, frage ich Sie, was, vor allem für den Franz.

Doppelpunkt.

UNTER ZEUGEN

Geheiratet haben wir vor etwa
sieben Jahren, glaub ich,
oder fünf, oder acht.

Andererseits zum Beispiel der Anfang, der ist schnitt-
technisch so gelungen, der wird auch dem Franz gefallen,
fetzige Musik, ultraschnelle Montage, Corinna struppig verpennt in ihren drolligen Verrenkungen vor Fahrplänen und
Bahnhofsbeschilderungen, manchmal mit diesem Dackel auf
dem Arm, der Franz mag Corinna, Corinna hasst Freiburg,
Zitat Corinna, die Hochburg des Birkenstockbourgeois.
Fetzen von Wiesen, Wald, Titisee, Tunnel, Schlucht, Fels,
der leere Großraum im Bummelzug nach Seebrugg, zu Fuß
zur Bushalte, Corinnas Experimente aus Nachmittagssonne
glitzert durch Tannenzweige auf Schluchsee, ihre zynischen
Beobachtungen, während sie auf den Anschluss warten in
St. Blasien, das Freiburg in Sachen Spießertum weit hinter
sich lasse, Hey gratuliere hier könnta alt werden die fahren
zwanzig in der Dreißigerzone.
Landschaftsaufnahmen aus dem Busfenster, Zoom natürlich
auf jede Katze im Kornfeld, Corinna die Tiernärrin, darüber
ihr improvisiertes Interview mit der Busfahrerin aus Rutzlin-
gen, die bereits Wind von unserer Hochzeit bekommen hat.
Und sind Sie auch eingeladen.
Ha nai.
Kennen Sie das Hochzeitspaar.
Ha nai, die sinn itte vo do.
Itte?

Jo.

Was hießt itte.

Itt von da.

Klar, da, also hier in dem Fall, aber itte.

Itt. Haja itte, itt vo do.

Genau itt vo doh.

Nicht von da, probiert es die fesche Busfahrerin mit Hoch-
deutsch und lacht verlegen, darauf Corinna direkt in die
Kamera, Ich kombiniere, Itte heißt Nicht, klar, klingt ja auch
ganz ähnlich, itt von nitt, itte von nitte, und do in dem Fall
hier, Die sind nicht von hier, liegt doch auf der Hand,
ooodrrr itte.

Ankunft Corinna auf dem Bauernhof, die Braut kommt ihr
in Latzhosen entgegen, Schürze um, Geschirrtuch über der
Schulter, Kopf in Alufolie, Jubeltrubel Küsschen rechts links
Knutscher in die Mitte, der Bräutigam schaltet den Rasenmäher ab, winkt rüber, bemerkt die Kamera, schaltet den
Rasenmäher wieder ein, verschwindet hinterm Hühnerhaus,
der Dackel namens Dr. Schiwago markiert Franzens Rosen-
sträucher.

Es folgen Schnappschüsse der Festvorbereitung, Einreiben
des Schweinebratens mit Rosmarin, Salatputzen, Stampfen
der Walnüsse für die Pasta, dazwischen Schnipsel vom Franz
mit der Schubkarre auf dem Weg zum Komposthaufen, der
Franz, der ein Interview verweigert, der Franz, der sich im
Bad versteckt, als die Schwiegereltern ankommen, Söhne
und Enkel im Schlepptau, großes Hallo, Monolog der Mutter von wegen Wie unzureichend meine Wegbeschreibung,
der Vater, der überall den Kopf einziehen muss, um nicht die
Decken auszubeulen.

Corinnas Spezialität, die Großaufnahme, Brauthände beim
HennaausdenHaarenwaschen, symbolträchtig braunrote

Suppe im Waschbecken, Spinnennetz am Badspiegel, die Fliege, die im Netz zappelt, irgendwie bedeutungsvoll, Franzens Hände beim Händeschütteln, seine überforderten Grimassen der Gastfreundschaft, das Telefon, das klingelt, Braut am Apparat, mein Mund, der das Wort Bernd formt, wie ich die Augen verdrehe, Froschwanderung durch die Stube, Neffe fängt Minifrösche, Dr. Schiwago schnappt nach Neffe, Brautvater packt Trompete aus, Brautvater spitzt Lippen, Bruderwitze, Lachmünder, Franzens Hände vor der Linse.

Hollenwegers Kater, sein Brautgeschenk eine tote Maus auf unserer Fußmatte, minutenlang hat Corinna die Tote mit der Kamera seziert, dazu aus dem Hintergrund Brautvaters holprige Tonleitern.

Die Ankunft der anderen schneide ich raus wie überhaupt den restlichen Abend davor, außer die kurzen Szenen, wenn Corinna Braut und Bräutigam mit dem Digitalzoom bei Intimitäten erwischt hat, dich und mich, Franz, unsere übliche Diskussion über Mülltrennung in der Küchenkammer, eine Umarmung zur Vergewisserung in deinem Studio, wo die Tür nur angelehnt war, unser geflüsterter Streit über WerhatmeinenCousineingeladen vor dem Herd, was Corinna durch die Küchendurchreiche gefilmt hat, ich war unschuldig, Franz, Bernd hat sich selbst eingeladen, so ist der halt, ich schwöre.

Der Franz hat sich an dem Abend früh ins Bett geflüchtet, ich saß noch bis tief in die Nacht mit Corinna im Kinderzimmer und hab dem Eugen seine alten Gardinen von der Südseite zu einem vierzehn Meter langen Schleier zusammengenäht, wenn schon, denn schon Schleier, dazu Rotwein, danach ab auf die Straße und wie sich das gehört ein paar Teller zerschmeißen, Corinna und ich, und Dr. Schiwago bellte dazu in den höchsten Tönen, bis oben am Hang im Alois seiner Hütte das Licht anging und eine Silhouette im gelben Fensterviereck auftauchte.

Corinnas Versuch, leise ins Bad zu kommen, ihre schmalen Füße wie geröntgt durch die Nightshotfunktion der Kamera, darüber das groteske Knarzen unserer Dielen, Frommholzens Nachtgesang, während die Begleitmusik ausfadet.

Temperaturwechsel im Soundtrack, was Verspieltes von Bach, der Franz liebt nämlich Bach, perlendes Pianoforte. Das improvisierte Frühstück aus Crémant und Croissants im Zeitraffer, all die angereisten Gesichter, Brautvaters Trompetenständchen, allgemeines Raten, welcher Song das sein sollte, der Franz immer noch zu keinem Interview bereit, dafür Bernd.

Hey Bernd, wer hat dich eigentlich eingeladen.

Ich bin Der Überraschungsgast surprise surprise undsoweiter.

Dann ich am Fenster, wie ich Corinnas Namen flüsterte und die Freundin zu mir in den ersten Stock winkte zum Garderobencheck, und als sie oben ankam, Braut unter Tränen, und Corinna schob den Riegel vor im Kinderzimmer und erfand tröstende Worte auf meine Klagen, Was tun wir denn bloß sag mir das was wenn wir uns morgen gar nicht mehr lieb haben so was kommt vor erst recht bei Leuten wie uns ich wollte doch nie heiraten was ist nur in uns gefahren, dies ausgerechnet Corinna, die wie gesagt nicht viel vom Bund fürs Leben hielt, Klar liebst du den morgen noch das ist doch dein Franz, und, Komm das ziehst du jetzt durch du bist doch sonst so eine konsequente Nudel in ein paar Stunden ist es überstanden, und wie sie mir in mein sexy rotes Schlauchkleid aus hundert Prozent Polyester half und assistierte beim

Schleierfeststecken auf den frisch gefärbten Haaren und mir ihre Sonnenbrille auslieh wegen der verheulten Augen und mir riet, eine Strumpfhose drunter zu ziehen, weil es draußen arschkalt war, wie so üblich Mitte Juli, und ich entschied mich für eine Jeans, um die Schwiegermutter zu brüskieren, die inzwischen das Regiment in der Küche übernommen hatte, gefüllte Eier und Hühnerschenkel für den Abend präparierte und die sich tatsächlich standesgemäß erregte über das viele Rot, das Kleid, die Haare, die riesigen Ohrclips, Jesus Maria, die Jeans und die Sonnenbrille und natürlich darüber, dass ihr Sohn, der Franz, keine Krawatte tragen wollte, Wo gibt's denn so was, selbstverständlich ziehst du eine Krawatte an Franzl das ist heute dein großer Tag, aber der Franzl hatte überhaupt keine Krawatten da, ich hatte den Franzl noch nie mit Schlips gesehen, und außerdem war er Mitte vierzig zu dem Zeitpunkt, jedenfalls ungefähr, jedenfalls ein Alter, in dem ein Junge sich nicht mehr von seiner Mutter vorschreiben lassen braucht, was er anzuziehen hat.

Was nur mit viel Feingefühl auf dem Material zu erkennen war, der Franz war an diesem Tag eine Extraportion verliebt, er benahm sich so süß zu mir wie sonst nie, einen ganzen Tag lang, zärtlich und sachte und fast ein wenig verschreckt von unserer kuriosen Entschlossenheit, das zeigte sich in kleinen Gesten, die Corinna im Vorbeigehen aufgenommen hat, wie er mich unten begrüßte im Garten mit einem innigen Kuss und dann auch eine Sonnenbrille aufsetzte als Akt der Solidarität, obwohl überhaupt keine Sonne schien, obwohl er Knutschen in aller Öffentlichkeit hasste, wie er mir ein Glas Schaumwein brachte und wir das in wenigen Sekunden geleert haben, und er uns gleich noch eins füllte und so sanft lächelte, so gar nicht franzig atommeilerhaft, wie er bettelte, dass ich mitkomme, Susa am Bahnhof in Waldshut abholen, damit wir ein paar Minuten für uns hätten im Auto, typisch Susa übrigens, gegen zehn Uhr anzurufen, um ihr Kommen zuzusagen und einen Abholservice zu ordern, typisch Susa la diva.

Zeitsprung, Ende Musik, allgemeiner Aufbruch nach Rutzlingen, ab hier hat Bernd die Kamera übernommen, folglich jede Menge Reißschwenks, fetzige Zooms, Jumpcuts und Bernds angloamerikanischen Kommentare like, Coole location hähähä.

Vor dem Fertigbaurathaus schleuderte ich den Feldblumenbrautstrauß nach links außen in Corinnas Richtung, aber Corinna hielt stur die Arme vor der Brust verschränkt, dafür sprang Dr. Schiwago vor ihr in die Luft, schnappte nach den Blumen und brachte sie mir schwanzwedelnd zurück, beim zweiten Versuch grapschte sich Bernd den Strauß und überreichte ihn Susa wie einen Heiratsantrag.

Versammlung im Fertigbaufestsaal, Ankunft von Franzens einzigem Freund und Trauzeugen in letzter Minute, erstaunlich persönliche Rede des Herrn Bürgermeisters, auch ein Kohlbrenner, nebenbei bemerkt, und ein Moosbacher obendrein, die Schnittstelle sozusagen, Franzens ernste Miene, meine zuckenden Mundwinkel, wie schnell so was über die Bühne geht, die Trauungszeremonie würde ich übrigens ungeschnitten lassen, bis dass der Tod euch scheidet, der Franz küsste mich erneut vor versammelter Mannschaft, wie sich das gehört, unsere Mütter mit feuchten Augen, der Vater zückte die Trompete, wir luden den Bürgermeister zum Kaffee ein, auf der Heimfahrt verfing sich mein Schleier in der Felge vom Hinterrad und war plötzlich nur noch dreieinhalb Meter lang, aber immerhin.

Zu Hause war der Schweinebraten gar, wir errichteten die festliche Tafel in der Stube, da es draußen viel zu frisch war, klar Mitte Juli klar klar.

Zur Verdauung ein Spaziergang der Stadtmenschen in ihren feinen Sachen und unseren geliehenen Anoraks drüber wegen der Kälte klar klar zum Kohlbrennergedenkplatz mit Blick über den Hotzenwald und an klaren Tagen Sicht auf den Alpenkamm. Unterwegs büxte Dr. Schiwago aus, er hatte ein Reh gewittert oder einen Fuchs, sich seines Jagdinstinktes besonnen und ist ab in den Wald mit einem Affenzahn, und Corinna hinterher über Stock und über Steine, aber brich dir nicht die Beine in deinen hohen Schuhen, pfiff und rief seinen Namen, zumal es sich nicht um ihren eigenen Hund handelte, sondern um einen Mieter des Tierheims, für das sie in Berlin arbeitete und das im Sommer immer heillos überbucht war, Calm down, beruhigte Bernd, He'll be back, auch wenn er keinen Schimmer von Hunden und wilden Tieren hatte.

Am Gedenkplatz erschallte das Ah und Oh der Bezauberung durch die unendliche Weite, welliges Land, so weit das Auge reichte, satte Wiesen, majestätische Wälder, hier und da reckte sich ein Kirchturm gen Himmel, grün und grau und blau, blasser Dunst vor den fernen Ausläufern des Südschwarzwaldes, kühne Wolkengebilde vor den Alpen und die Sonne, die dazwischen hervorblitzte, als könnte sie auch anders ätsch, nur Corinna wollte sich nicht auf die hübsche Aussicht konzentrieren, da ihr ein Absatz abgebrochen und der blöde Dackel immer noch verschwunden war, Corinna, der das Leben auf dem Land ohnehin suspekt war, dieses Schwelgen in der Nähe zur Natur, Dreck und Mücken, pflegte sie zu schnauben, wenn wir wieder unsere Taschen packten für den langen Sommer auf dem Berg, unsere Sommerfrische, Nichts als Dreck und Mücken ihr spinnt ja, Corinna gehörte nach Berlin wie ihr Absatz an den Schuh und der Dackel an die Leine.

Auf dem Rückweg riefen alle zusammen nach dem Biest, bis wir ihn irgendwo weiter oben bei den Fichtensetzlingen kläffen hörten, schrill und aufgeregt, als hätte er einen Fuchsbau umzingelt, worauf wir Corinna erleichtert auf die Schultern klopften, sie brauchte dem Tierheim nicht beichten, dass sie ihn frei hatte laufen lassen mitten im Wald, wie sie das in der Stadt mit ihm zu praktizieren pflegte, schließlich wusste dieser Dackel besser als jedes Kleinkind, worauf er an der Ampel zu warten hatte und dass Fahrradwege sich nicht als Hundeklo eigneten. Bei Fuß, Dr. Schiwago, komm, komm, komm zu Frauchen Corinna, Dr. Schiwago, und das Gebell näherte sich tatsächlich rasant, so ungezogen war der Doktor dann doch nicht und vielleicht sogar ganz erleichtert über vertraute Stimmen mitten in der Wildnis, wir rissen Witze über die Verkehrsregeln im Wald, zum Beispiel wie lang hier die Grünphase sei hahaha, als ein Knall die Heiterkeit entzweiriss, sehr nah und ohrenbetäubend, und ein Vogel stob auf, und der Dackel verstummte auf einen Schlag.

Dann war es einen Moment lang vollkommen still, nicht mal ein Lufthauch, und wir alle ahnten etwas Schreckliches und schauten uns schockiert an und wünschten uns das nervige Gekläff von Dr. Schiwago zurück, aber der Wald stand schauderhaft starr und unbeteiligt, als gehe ihn das alles nichts an. Der Franz fand zuerst seine Sprache wieder und sagte, Das war ein Schuss, und Corinna wollte losstürzen in den Wald rein, den toten Dackel suchen, wir mussten sie zu dritt zurückhalten, denn wer auf einen wildernden Dackel mit Halsband schoss, der fackelte womöglich bei einer wildgewordenen Corinna auch nicht lange, und just jetzt setzte ein hündisches Jaulen an, das nach einer Mischung aus in den Kochtopf geplumpstem Baby und Kreissäge klang, und aus dem Gestrüpp zwischen den Fichten tauchte humpelnd Dr. Schiwago auf, sein Furcht erregendes Klagelied auf den Lippen und Blut am Hinterlauf.

Nicht dass Bernd das alles gefilmt hätte, ist mir nur gerade eingefallen, am selben Nachmittag wurde Dr. Schiwago mangels Tierarzt von der ortsansässigen Hebamme untersucht, die kaltblütig vier Schrotkugeln aus seinem Hinterteil operierte und Corinna riet, Anzeige zu erstatten gegen Unbekannt, weil das nämlich nicht das erste Mal war, weil sie seit zwei Monaten ihren Kater vermisste und weil sie so was unheimlich wütend machte.

Es war wohl bekannt, wer Unbekannt war, jedem Dorf seinen Sonderling, Unbekannt hatte keine Freunde, Unbekannt war kürzlich die Schwester gestorben, Unbekannt hatte einen Waffenschein, Unbekannt war Jagdpächter im angrenzenden Struckwald, Unbekannt berief sich im Notfall auf Paragraph neunundzwanzig des baden-württembergischen Landesjagdgesetzes oder Paragraph dreiundzwanzig des Bundesjagdgesetztes, laut deren es ihm erlaubt war, streunende Haustiere, die sich weiter als fünfhundert Meter vom nächsten bewohnten Gebäude entfernt hatten, abzuknallen, Unbekannt kümmerte sich nicht um den ökologischen Jagdverband, der auf seiner Homepage mahnte, dass die Tötung eines Haustieres den denkbar stärksten Eingriff für den Halter darstelle und in den meisten Fällen nicht angemessen sei, der außerdem auf seiner Homepage verkündete, dass er den Abschuss von Hunden und Katzen ablehne, da er dem Ansehen der Jagd und Jägerschaft in der Gesellschaft schade, Unbekannt schiss auf die Gesellschaft, Unbekannt war der

Einzige der Erbengemeinschaft, der unserer Einladung zum Hochzeitskaffee nicht Folge leistete, allein das genügte im Grunde zur Beweisführung, Unbekannt war somit Gesprächsthema Nummer eins zwischen den Dorfleuten und Stadtmenschen im Halbdunkel an unserer Kaffeetafel, wo der Ofen sich wonniglich verströmte und Kerzen zwischen den Kuchen den dichten Wolken vor der Sonne trotzten, wo sich rasch zwei Lager gebildet hatten unter den Erben und Bauern und Nachbarn, dem Ottmar, dem Manfred und der Hebamme, den Eltern, der Schwiegermutter, Bernd, Susa, Corinna und den kleinen Neffen, Unbekannt war ganz klar der Pfunder Alois, da waren sich alle einig, der Pfunder Alois hatte eben auf den armen Hund geschossen, der arme Pfunder Alois hatte eben von klein auf einen Schuss.

Zum Alois seinem Glück verlief die Operation des Dr. Schiwago so glimpflich, dass der Ottmar den Franz und der Franz die Corinna überreden konnte, auf eine aussichtslose Strafanzeige zu verzichten um des lieben Friedens willens, der Franz, der normalerweise nicht gerade von Harmoniesucht geplagt wurde, der Franz, der wiederum, nehme ich an, im Stillen höchst einverstanden war mit der Reaktion vom Pfunder Alois auf den schwer erziehbaren Kläffer aus der Stadt, gut, dass der Franz keine Knarre besitzt, und Corinna gab nach, obwohl sie so wütend war, wie ich sie noch nie erlebt hatte, regelrecht außer sich, auch auf sich selbst versteht sich, während Dr. Schiwago sich nach dem Eingriff rasch im allgemeinen Mitleid zu suhlen begann mit Schnaps im Tee und Eugens Mullbinden um das Hinterteil.

Eine der krummbeinigen Großtanten vom Ottmar gab daraufhin weitere Tiergeschichten zum Besten, und zwar vorzugsweise im Wiederholungsmodus, von wegen dem Soundso seine Tochter hatte neulich mit dem Gaul vom Dings einen Reitunfall die hatte aber auch kein Händchen für Pferde das hat sie nun davon, oder, Dem Soundso sein Schwager habe sich drei Schweine angeschafft drei ich bin ja nicht neugierig aber der isch itt mol verheiratet wer soll denn die alle fressen, oder will der sich am End eine Thailänderin aus dem Katalog bestellen, sensationslüstern und selbstgerecht mit ausgeleierten Mundwinkeln und der lautesten Stimme von allen und ständig bei ihrer unfreiwilligen Hörerschaft um Zustimmung heischend, zugleich keinen anderen zu Wort kommen lassend, erst recht nicht ihren armen Gatten, der durch ein mildes Lächeln die Seitenhiebe gegen die Hebamme, die sich angeblich ständig in Sachen mische, die sie nichts angingen, und gegen Corinna, die keine Ahnung von Tierhaltung habe, wenn sie einen Dackel, ausgerechnet einen Dackel, im Wald frei laufen lasse, abzufedern hoffte, ganz krumm und graustichig war der Mann geworden von den traurigen Untergrundkämpfen gegen seine übermächtige Ehefrau.

Damals beim Kaffee wusste ich auf einen Schlag wieder, warum ich mit siebzehn aus der Provinz in die Großstadt geflohen war und warum ich Corinna so mochte, die übrigens nicht nur einen Dackel über den Sommer in Verwahrsam genommen hatte, sondern die ständig ehrenamtlich im Tierheim arbeitete und in ihrer Berliner Wohnung das ganze Jahr über zwölf bis siebzehn Katzen beherbergte, wenn sich also jemand mit Haustieren auskannte, dann wohl bitte schön meine Trauzeugin.

Die Großtante verfügte neben ihrem penetranten Organ leider auch über beachtliches Sitzfleisch, so dass wir erst von ihren Monologen erlöst wurden, als gegen sieben von draußen ein Hornsignal erschallte und der Ottmar wie von der Tarantel gestochen aufsprang und rief, Taha Surprise Surprise, als hätte er etwas zu lange neben meinem Cousin Bernd gesessen.

An der Bushaltestelle war die Fuchsberger Blaskapelle in Positur gegangen, die spielten erst den Hochzeitsmarsch, dann zwei schmissige Schlager, dann drei fetzige Zugaben, weil wir alle rausgerannt waren und wie verrückt klatschten und nicht lockerließen und uns aufführten wie die Kinder, besonders die städtischen Verächter der Volksmusik, diese Hochnasen, allein schon, um nicht wieder in die Fänge der grässlichen Großtante zu geraten, Applaus Applaus und Zuugaabe, Zuuuuugaaaaaaaabeeeeee, und bei der allerletzten improvisierte die schöne Susa Text dazu, nämlich, Ich sei von Kopf bis Fuß auf Frahanz eingestellt ja das sei meine Welt und sonst gar nix, dann gab es auf die bescheidene Bitte meines Vaters sogar noch Happy Birthday als allerallerletzte Zugabe, auch wenn gerade keiner der Anwesenden Geburtstag feierte, das war nun mal das einzige Lied, das mein Vater auf seiner Trompete einigermaßen flüssig beherrschte, irgendein Unbekannter würde schließlich auch an diesem denkwürdigen Tag geboren sein, witzelte mein Vater und erntete viele Lacher und blies zum Bersten stolz die Melodie fehlerfrei zusammen mit dem Startrompeter der Fuchsberger, und das Lied hallte weit bis hinter die Berge zu den sieben Zwergen.

Dem Ottmar war nämlich beim letzten Weiherfest nicht entgangen, wie verschossen die Braut in die Fuchsberger Blasmusik war, und so hatte er die Kumpels von der Freiwilligen Feuerwehr und die von der D-Jugend vom Fußballclub, die zugleich in der Kapelle bliesen, überredet, den Berlinern, wie wir damals noch genannt wurden, zur Hochzeit ein Ständchen zu bringen.

In Windeseile wurde drinnen der Kuchen abgetragen und die gefüllten Eier und Konsorten aufgebaut in der Stube, die daraufhin aus allen Nähten zu platzen drohte, da die Blechbläser sich auf ein Gläschen hatten hereinbitten lassen, überall saßen und fläzten jetzt Gäste, um den Tisch, auf der Ofenbank, auf dem Küchensofa, auf der Pritsche in Franzens Studio, die Neffen spielten am Boden Karten mit den Kindern der Hebamme, dazwischen wanderten verirrte Babyfrösche und Dr. Schiwago umher, und auch wenn das Wetter keine lange Tafel im Garten gestattet hatte, so ging doch für die Braut ein Traum in Erfüllung, nämlich der vom vollen Haus zur Feier des Tages.

Susa pickte sich den ansehnlichsten Burschen aus dem Ensemble, sie kramten das uralte Radio vom Eugen aus dem Stubenschrank und drehten zielstrebig an den Sendern herum, bis sie auf rauschende Popmusik stießen, bald war die Küche zur Dorfdisko umfunktioniert, die Bauern lugten rüber und tranken Schnaps und verabschiedeten sich lachend, wohlwollend, einer nach dem anderen, selbst die schreckliche Krummbeinige nahm ihren Hut und den von ihrem Mann, bis nur noch ein harter Kern übrig war, Susa, ihr Bläser, Corinna, Bernd, Ottmar, der seine Familie nach Hause gelaufen hatte und nochmal zurückgekommen war, der Franz, sein Trauzeuge, ich und meine Brüder, und es ging wild im Kreis, denn der Franz hatte Walzer aufgespürt und einen intakten CD-Player, je später, desto eng umschlungener, sieben Tänze legte der Franz mit seiner Braut aufs Parkett, so betrunken war er, so süß und zutraulich, trotz der versammelten Mannschaft, nach den Eiern seiner Mutter hatten wir alle dringend Grappa gebraucht, und auf den Grappa folgte ein zweiter, und nach dem guten Grappa öffneten wir schließlich doch den Fusel aus dem Billigdiscounter, und der Franz behauptete steif und fest, dass er den Unterschied nicht schmeckte, am nächsten Morgen würde sich sein Leichtsinn rächen, aber der nächste Morgen war fern wie die Enden unserer Galaxie und zugleich unheimlich nah, denn es ging inzwischen gegen vier Uhr.

Haben Sie Kinder, fragt die Hamburgerin.

DER GROSSE BRIEF

Die Antwort lautet Nein, ich habe keine Kinder, damals, als wir geheiratet haben, war noch nicht einmal der Wunsch geboren, das Kapitel hob ich uns für später auf, und es war bestimmt mit ein Grund, jedenfalls eine glaubwürdige Ausrede für den Franz, als es immer enger wurde, Du willst Kinder Katze ich nicht, aktuell stehen wir inmitten eines gelbgrün kassettierten Zimmers mit knallrotem Fußboden, bunten Bücherregalen, einer für normalsterbliche Stadtmenschen viel zu kleinen Spiegelkommode, einem für erwachsene Hauptstädter viel zu kurzen Bett, einem absolut kinderzimmertauglichen Schaukelstuhl, in dem es sich zu allem Überfluss mein alter Stoffaffe Bimbo gemütlich macht mit einem schwarzen Schaf im Arm, die Antwort Nein würfe demnach weitere Fragen auf, zum Beispiel, Warum hast du dann ein Kinderzimmer, das Kaliber Frage des vorlauten Sohnes der Hamburgerin, der gerade anfängt, den zerbrechlichen Schaukelstuhl zu malträtieren wie ein Kind, und deshalb sage ich vorsichtshalber, Darüber möchte ich nicht sprechen, und hülle mich in nervöses Schweigen, was ich sogleich als Fehler Nummer ungefähr zwölf identifiziere, denn jetzt müssen sie folgern, müssen, können gar nicht anders, dass es ein düsteres Geheimnis gibt um jenes Kind aus diesem Zimmer, über das ich mich zu reden weigere, und dass das Unaussprechliche womöglich in direktem Zusammenhang mit dem weißen Steinkreuz in unserem Garten steht, Tragik pur, auch wenn weithin bekannt ist, dass man seine Kinder nicht im eigenen Garten beerdigen darf, es liegt zu nahe, und kein Mensch möchte jedenfalls einen Bauernhof beziehen, in dem kürzlich das Kind gestorben ist, ein Fluch, da hätte ich doch besser die Geschichte mit der Ziege preisgegeben, der Franz nennt das sogenannte Kinderzimmer der Unverfänglichkeit halber sowieso immer Unsere Bibliothek, und dass es aussieht, wie es aussieht, hat damit zu tun, dass es vor uns auch schon wie ein Kinderzimmer aussah, weil vor langer langer Zeit, es war einmal, Hänsel und Gretel darin geschlafen haben.

Ich werde den Hochzeitsfilm nicht umschneiden, beschließe ich übrigens in diesem Augenblick, so eine Art Eingebung, womöglich wegen der vielen Schichten Wirklichkeit in ein und demselben Raum, plötzlich hier im sogenannten ehemaligen Kinderzimmer kommt mir das unfair vor, ich werde den Franz nicht mit diesen alten Bildern behelligen, wer bin ich denn, Homevideos haben mich seit jeher angekotzt, ihre Wahllosigkeit, ihre vorgetäuschte Wahrhaftigkeit, das schlimme Licht, die gedankenlosen Bildausschnitte, der beschissene Ton, der sich nur hinter monströsem Soundtrack verbergen lässt, die aufgekratzten Darsteller, zudem, wer weiß, Franz, welche Andenken an unsere Hochzeit unveräußert in dir schlummern als dein persönlicher Schatz, jeder ist seiner eigenen Geschichte Schmied, Erinnerungen sind kostbare Zeichnungen auf dem hauchfeinen Papier unserer Sinne, das an der frischen Luft zu nichts zerfällt, nichts, Fliegendreck, sodann bemühen wir Fotos und Videokassetten, um uns unserer fragwürdigen Existenz zu versichern, dem Erlebten auf die Sprünge zu helfen, was maße ich mir an, dir einen Teil deiner Vergangenheit brutal als Unseren Traumtag zu verkaufen, nur um dein Herz zu rühren und dich zurückzugewinnen, pah, ich bin doch nicht Bernd, dem schon jedes Mittel recht ist, womöglich erinnerst du vor allem den Morgen danach, Franz, Katerstimmung, und wie deine Angetraute dich anbrüllte, weil du dich mittags immer noch im Schlafzimmer verbarrikadiert hieltest mit deinen Stiften, um nicht beim Brunch schon wieder den galanten Gastgeber geben zu müssen, vielleicht verbindest du unsere Heirat vor allem mit der übermenschlichen Anstrengung, deine junge Frau nicht zu enttäuschen, ach Franz.

Die Stimmung ist auf dem Nullpunkt, keiner der Anwesenden traut sich, mich anzusehen, hehe, wie hat noch unsere Mediatorin gefaselt, Jede verfahrene Situation birgt in sich schon den Ausweg und man müsse nur abwarten, bis sich der aufgewirbelte Staub lege, um zu sehen, wo's langgehe, jajaja ich kann warten, der neue Freund der Mutter begutachtet derweil eingehend Franzens Bücherregal an der Rückwand des Sogenannten, und sie, die Mutter verschwindet einen Moment im Elternschlafzimmer, also Franzens und meinem, und steckt den Kopf raus und wendet sich an die Kinder und sagt, Das wäre doch auch ein prima Kinderzimmer, dann wohnt ihr direkt nebeneinander ihr zwei, und die Gören kriegen sich gleich in die Haare, wer das Durchgangszimmer nehmen muss, der Kleine natürlich, andererseits ist es viel größer als das andere, und das andere hat andererseits freiliegende Deckenbalken, an denen das Mädchen seine Schaukel befestigen kann, ätschbätsch, und im anderen steht dafür andererseits die tolle Spiegelkommode undsoweiterundsofort, bis sie fast übereinander herfallen, und dem neuen Freund ihrer Mutter ist ein Anflug von Ärger anzusehen, der alle kommenden Konflikte der Liebesbeziehung bereits in sich trägt, dass sie, die Mutter, den Kindern nämlich Versprechungen macht, bevor sie sich mit ihm abgestimmt hat, dass immer ihre Kinder Vorrechte genießen werden, dass er, der Freund, nie den ersten Platz in ihrem Herzen innehaben wird, ganz gleich, wie ewig der Bund währt.

Ich pflichte ihr bei, womöglich aus Schadenfreude oder um den Keil zwischen sie und ihren Freund tiefer zu treiben, das sei eine sehr gute Idee, höre ich mich sagen, Die Kinder gehen bestimmt früh schlafen, und das funktioniere ja nur, wenn ihnen dann keiner mehr auf dem Kopf herumtrample, und deshalb sei es klug, das Elternschlafzimmer im Erdgeschoss und die beiden Kinderzimmer oben, nicke ich beflissen. Irritiert blicken sich beide um, und ich erröte schon wieder, weniger über meine unlauteren Absichten, als darüber, dass ich soeben die nächste Dummheit begangen habe, mittlerweile mit einer gewissen Routine, anzudeuten, wie irrsinnig hellhörig dies Holzhaus ist, ich gerate ins Stottern und falle noch ein Stück tiefer in die Grube, die ich dem anderen gegraben hatte, Wir sind aber auch extrem feinfühlige Zeitgenossen, mein Mann und ich, mein Ex, also ich meine, wenn von uns hier oben jemand gelaufen ist, da hatte der andere unten manchmal das Gefühl, dass der ihm direkt durch das Gehirn tappt, an Schlafen war da nicht zu denken unten, das ähm ist einfach ein sehr sehr altes Haus, ein öh Holzhaus da ist das eben so, also es ist es ist ein bisschen lautdurchlässig beziehungsweise ähm öh gerade mit Kindern, breche ich ab, ehrlich entrüstet über die dummen Worte, die mir aus dem Mund purzeln. Um etwas gegen die allgemeine Betretenheit zu unternehmen, setze ich lächelnd nach, Man könnte meinen, die Dielen sind seine Stimmbänder, also die von dem Haus, und, Ha taha man könnte meinen, ich will das Haus wirklich nicht verkaufen, odrrrr, hahahahahahaha.

Auf Stichwort Ha taha kommt Ottmar pfeifend über die Südterrasse gestapft, er klopft an die Hintertür und ruft, Die Poschd, und, Isch jemand zu Haus, und öffnet die Tür, die fröhlich zu seiner Begrüßung quiekt, und ruft dasselbe noch einmal in den taubenblauen Flur hinein, Haaaallooo mit dem O oben an die Wäscheleine geklammert, Hier kommt die Poschd. Der Ottmar kontrolliert nämlich nicht nur die Dachziegel, er sammelt auch unsere Post in unserer Abwesenheit, und wenn das Auto wieder vor dem Haus steht, bringt der Ottmar die Post verlässlich vorbei und bekommt ein Glas Apfelsaft mit hervorragendem Leitungswasser verdünnt, und wir stehen in der Küche und quatschen Quatsch im besten Sinne des Wortes, wie es der Frau geht, den Eltern, den Kindern, wann die die Schule wechseln, welchen Bus die dann um wie viel Uhr nehmen müssen, wie das Wetter war und isch, der lange Winter, der stürmische Frühling, der nasse Sommer, der herrliche Herbst, wie lange wir bleiben, was sein Knie macht, bei der ersten OP haben die Idioten nämlich ein Stück Schlauch im Gelenk vergessen, Skandal, wie viele Monate der Ottmar noch krankgeschrieben ist, was dem Manfred seine Solaranlage einbringt, ob der Ottmar auch eine Solaranlage anbauen lässt, wann der Franz mitgehen will in den Wald zum Holzmachen, ob der Elfmederjohnny gut zu tun hat, ob der Ottmar nicht endlich Eugens kaputte Kühltruhe auf den Unimog laden soll, der Ottmar birst für gewöhnlich vor Tatendrang, Kniegeschichte hin oder her, und vor Plauderlaune, eine halbe Stunde mindestens dauert das und zwei, drei Gläser Apfelsaft mit Leitungswasser.

Ich entschuldige mich bei den Hamburgern und rase die Treppe runter, um den Ottmar an der Tür abzuspeisen, bevor er pfeifend zur Stube reinplatzt und auf den Apfelsaft in der Küche zusteuert, lege mich bei der letzten Stufe fast auf die Nase, weil die ordentlich Gefälle hat, wie nämlich keine Leiste und kein Balken und keine Stufe in diesem Haus einen Orden von der Wasserwaage verdient, keine einzige Wand ist im Lot, die Fußböden fahren Achterbahn, liebe Hamburger, was ich völlig zu erwähnen vergaß der Vollständigkeit halber, der Ottmar fängt mich auf und schmettert sein, Ha taha itt so stürmisch die Dame, und ich muss mir blitzschnell ausdenken, was ich ihm jetzt auftische statt einem Glas Apfelsaft, wer die Leute oben seien und warum ich absolut keine Zeit für unseren Plausch übrig habe. Der Ottmar macht die übliche Vorlage, wir hätten ja Besuch, da wolle er nicht stören, Nur schnell die Poschd vorbeibringe, wo er sowieso unterwegs sei, und ich nicke und schüttele gleichzeitig den Kopf, wie das sonst nur jemand wie der Ottmar beherrscht, und presse leise die vertraute Replik hervor, Aber Ottmar du störst doch nie, und mein Arm holt autopilotisch aus, einladend in Richtung Türklinke zur Stube, wo dann die Gläser und der Apfelsaft nicht mehr fern sein werden, und die Zunge schießt nach im Verbund mit den Resonanzräumen, Stimmbändern, der Luft und den Lippen, die das Wort Apfelsaft formen, Kein Apfelsaft, als Frage mit freundlicher Verwunderung in der Stimme, und der Ottmar sagt, Ha nai i muss glei weiter, er sei auf dem Sprung, viel zu spät dran sei er scho, was auch zum eingespielten Ritual gehört, und überreicht mir ein Bündel Post und wedelt mit einem DinAvier-Umschlag vor meiner Nase und rollt die Augen, schnalzt und sagt, Taha sell isch wichtik, sell kummt vunn ganz obe, und legt den

DinAvier demonstrativ zwischen uns auf den Nachttisch, der im unteren Flur als Schuhschrank dient, und grinst und verschränkt die Arme vor der Brust und wartet, denn wer hat den Brief vor Schnee und Regen aus der morschen Holzkiste gerettet, die als unser Briefkasten herhält, wer, wer bitte sehr, der Ottmar, wer sunschd.

Normalerweise würde ich den Ottmar jetzt charmant in die Seite boxen und ein paarmal das Wort Apfelsaft wiederholen, Komm schon komm ein winziger Schluck, bis er einlenkt, Taha wenn es unbedingt sein müsse, so verlangt es die Tradition, stattdessen sondiere ich geschäftig die Werbebriefe von den Rechnungen für Gas und Strom und Wasser und den Schornsteinfeger und ignoriere dem Ottmar sein Aufhebens um den DinAvier, was soll schon sein, ein Großbrief na und, von oben ist Türknarzen wie Wehgeschrei zu hören, Stimmen und Schritte der Interessenten über den Flur in Richtung Räucherkammer, zu der ich denen gegenüber dringend ein paar Dinge vorzubringen hätte, Genaueres über die Umbaupläne zum Badezimmer und den Kostenvoranschlag vom Elfmederjohnny, aber wie werde ich zuvor den guten Ottmar los, der mit bedeutungsvollem Grinsen abwechselnd mich und diesen verdammten Großbrief anglupscht, bei dem es sich vermutlich um nichts anderes als eine getarnte Werbebroschüre, ein TV-Magazin oder eine verirrte Schmuddelzeitschrift handelt.

Ich murmele also Danke und wende mich demonstrativ zur Seite wie zum Gehen, derweil mein Blick den Absender auf dem Schuhschrank streift, das Ministerium für Wissenschaft, Forschung und Kunst Baden-Württemberg, ich muss jetzt wirklich rauf zu dieser Patchworkfamilie, ihnen helfen, in der verrußten Räucherkammer unser herrliches Bad de

71

Luxe mit freistehender Wanne und Sauna zu imaginieren, die Kinder kommen soeben ein paar Stufen die Treppe runtergestürmt, um zu fragen, ob sie die kleine Tür neben dem Fenster aufmachen dürfen, Die Mama hat gesagt, wir sollen erst fragen, und ich rufe lauter als nötig, Warte ich komme euch helfen, und zucke dem Ottmar gegenüber entschuldigend die Achseln und stottere nochmal, Danke für die Poschd Ottmar, und er winkt großzügig ab, sein ganzes Wesen in einer Geste, Großzügigkeit und Hilfsbereitschaft ohne viel Wiedumirsoichdir, und dieses Stehvermögen beziehungsweise die Fähigkeit zur Verdrängung, die ihn tumb übergehen lässt, wie rasend ich mir wünsche, dass er sofort verschwinde, und bleibt breitbeinig stehen mit den gekreuzten Armen und den bedeutungsvollen Blicken.

Ob der Franz oben sei, will der Ottmar wissen, und ich schüttele ganz schnell den Kopf und flüstere, Der konnte diesmal nicht, und dass ich auch nur ganz kurz da sei, weil, weil ich, weil, Du kannsch den ruhik öffne, nickt der Ottmar seelenruhig in Richtung Großbrief und blitzt mich unerhört konschbiratif an, auch wenn er an den Franz adressiert sei, immerhin sei das Ganze ursprünglich meine Idee gewesen und wir seien schließlich verheiratet, der Franz und ich, ihn, den Ottmar interessiere das natürlich auch, was die vom Minischderium dazu sage, er stecke da ja an und für sich dick mit drin.

Ich stehe immer noch auf dem Schlauch, offizielle Briefe haben bei uns mit Kontoständen oder Verkehrsdelikten zu tun, darüber informiert uns in der Regel die Bank oder der Polizeipräsident von Berlin und nicht die Wissenschaft, Forschung und Kunst aus Baden-Württemberg in einem dicken DinAvier-Schreiben, woher haben die überhaupt unsere Adresse, gleichzeitig klingelt das Wort Verheiratet in meinem Brustkorb nach, Franzl, Franz, immerhin sind wir schließlich immer noch verheiratet, wir beide, du und ich schließlich, Franzl Franz, bis dass wir uns scheiden lassen immerhin.

Wie geil, kreischt es aus dem ersten Stock, und, Das wird mein Zimmer, Nein meins, Nein meins, und ich beeile mich, dem Ottmar zu erklären, dass die Kinder der Freunde aus Hamburg sich nicht einigen können, wer heute Nacht wo schlafen darf, jetzt hätten die Freunde aus Hamburg wohl das letzte Zimmer hinten entdeckt, mein Arbeitszimmer, ich sei nämlich eigentlich im Begriff, den Freunden aus Hamburg das Haus zu zeigen und müsse mal was klarstellen taha bezüglich der Bettenverteilung, also ich müsse demnach dringend rauf zu denen, indes erscheinen die weißen Turnschuhe der Mutter am oberen Treppenabsatz, Das blaue Zimmer hinten ist wirklich ein Traum, sagt sie mit einem ganz neuen Klang in der Stimme, eine Vibration in den tiefen Frequenzen, wie infiziert, und beugt sich runter, um uns in die Gesichter zu sehen, Wir haben einfach schon mal reingelinst, sie winkt dem Ottmar zu, als wolle sie auf der Stelle Freundschaft mit ihrem ersten Bergmenschen schließen, Hi, flötet sie mit erstaunlicher Wärme und wendet sich an mich, Wenn Sie die Umbaupläne für das obere Bad noch auftreiben könnten bei Ihrem Exmann, das wär toll.

SCHNEE VON GESTERN

Ich erkenne kaum etwas durch das vom Fliegendreck blinde Fenster, gegen das im unteren Drittel immer noch Regentropfen peitschen, die rote Umrandung des Bushalteschildes zeichnet sich schwammig ab, den Pflock haben sie vorletzten Sommer frisch einbetoniert vor unserem Garagentor, Ordnung muss sein, was für ein Aufwand für drei Abfahrtszeiten, morgens mittags abends, ich will das Fenster aufreißen, um Regenduft in die stickige Kammer zu lassen, doch es klemmt aufgrund des allmählichen allmächtigen allgemeinen Zusammenbruchs der Doppelhaushälfte, meiner Meinung nach, der Franz würde sagen, das Schloss ist verrostet. Wer weiß, um den niedrigen elf Meter langen Gang unter der Dachschräge haben wir uns nie gekümmert, hier wurde nicht ein einziges Mal gefegt, uraltes Birkenreisig zerstäubt unter meinen Pantoffeln, der Franz hat immer geschimpft, wenn ich in Hausschuhen durch den Dreck stiefelte, um ihm ein Bündel fürs Anfeuern zu bringen.
Erst da die Nachmittagssonne spöttisch durch die Wolkendecke und die blätterlosen Äste des Birnbaums blinkt, bemerke ich das Spinnennetz, das sich direkt vor meiner Nase von der Dachschräge bis zum Stützbalken spannt und glitzert, unbekümmert bewegt sich die Erbauerin, eine dicke Spinne, auf ihr Kaffeegedeck zu, eine kleine Stubenfliege, die mit den Flügeln zappelt, ich bin auch hungrig, aber ich

74

bin die Fliege und komme nicht vom Fleck, die Vorstellung, die letzten Reste aus dem Kühlschrank zu kratzen und zu einem Abendessen zu verpanschen, das ich alleine zu den Siebenuhrnachrichten in mich hineinlöffele, nimmt mir allen Mut, ich hab es vermasselt, Leute, Franz, Bernd, die Hamburger sind bestimmt schon auf der Autobahn und lachen sich immer noch tot, ich hab auf ganzer Linie versagt. Scheitern forme den Charakter, hab ich vor Corinna getönt damals, Jahre ist das her, meine postrebellische Phase, wir hatten Absagen von ein und derselben Produktionsfirma erhalten, sie als Regieassistentin, ich als Mädchen für alles, unpersönliche Leiderschreiben, nicht mal die Kosten meines Schwarzwalddrehortescoutings hatten die Feiglinge damals erstattet, haben das Projekt einfach mit Stumpf und Stiel und Hans und Grete und Geißlein in den Boden gestampft, Scheitern sollte als Menschenrecht in die Verfassung aufgenommen werden, hat Corinna noch einen draufgesetzt und sich mit dem Zeh am Kinn gekratzt.

Dermaßen gepatzt habe ich selten, irgendwas ist da faul, das bedeutet doch was, was bedeutet denn das, das bedeutet doch was. Nicht nur, dass ich den Hamburgern das Haus in der falschen Reihenfolge serviert habe, regelrecht abgeschreckt habe ich sie mit meinen verworrenen Vorträgen, vom Berg gejagt zum guten Schluss, wie ich ihnen, als der Ottmar endlich weg war, noch einmal unsere Pläne fürs Luxusbad nahebringen wollte und indes merkte, dass im Nebenzimmer, in meinem wunderschönen großen Arbeitszimmer, das, Zitat, wirklich ein Traum ist, noch das Fenster offen stand, offenbar die ganze Nacht über offen gestanden hatte, und ich beim Schließen desselben kopfschüttelnd erwähnte, wie heftig es auf dem Berg bisweilen stürme und was ein Glück ich in meiner Schusseligkeit da gehabt hätte, wie es nämlich das Fenster da hätte zerschmettern können, der Wind überhaupt, die Unwetter hier oben, das sei so ein Thema für sich, dagegen könne Hamburg mit seiner Seebrise einpacken, und ja, zum Beweis, wie miserabel die Westfront isoliert sei, dass es manchmal selbst im August wie ein Taifun durchs Zimmer blase, und zwar sogar bei geschlossenen Fenstern, ein Luftzug, der mich beim Arbeiten erst zwei Decken um die Beine wickeln lasse und am dritten Tag kapitulieren und ins sogenannte Kinderzimmer beziehungsweise die Bibliothek umsiedeln mit meinem Schreibzeug, dass es mir wiederum im Winter manchmal durch alle Wandschichten, Eternit, Holzschindeln und Wanddielen und Wolldecken, Schneeflocken getrieben habe, regelrecht durchblicken könne man ja durch die Außenwand an manchen Stellen, sehen Sie hier zum Beispiel, und dass die Heizung nicht im Traum dagegen ankomme.

Da baute sich die fremde Frau breitbeinig vor mir auf, stützte die Fäuste in die Hüften, kniff die Augen zusammen und sagte, Sie wollen gar nicht verkaufen stimmts. Und mir blieb nur kleinlaut zu widersprechen, Doch doch, und dass wir beim Elfmederjohnny, dem wie gesagt besten und preiswertesten Architekten der Region, bereits eine zeitgemäße Außenisolierung in Bestellung gegeben hatten, irgendwo müsse auch dieser Kostenvoranschlag noch rumfliegen, der Elfmederjohnny hatte versprochen, es uns besonders günstig zu machen, einen Freundschaftspreis, Dämmmaterial und Douglasie habe er noch massig übrig von der Dachsanierung beim Keilbach-Schmittel, viel schöner werde sich das ausmachen an der Wetterseite als unser cremefarbenes Eternit, das wir unbedingt bei der Gelegenheit loswerden sollten, auch wegen seines Asbestgehaltes, der Voranschlag sei erst etwa drei Jahre alt, meinte ich, bloß die Summe wüsste ich nicht mehr, für den genauen Preis hätten wir uns damals nicht mehr interessiert, weil uns gerade das Geld ausgegangen war und wir vollauf damit beschäftigt waren, neues zu verdienen in der Stadt. Darauf schauten mich alle vier Erwachsenen belustigt an, sogar die altklugen Kinder, Asbest, riefen sie im Chor und prusteten, Sie will wirklich nicht verkaufen, und kniffen die Augen zusammen, und dann pfiff es wie zur Bestätigung meiner Worte hämisch durch die Wandschindeln, und vom Dachboden her war das Fußgetrappel unseres Marders zu hören, der schamlos mitten am Tag auf Mäusejagd ging oder die Nachbarskatze auf ein Tänzchen geladen hatte, das Quietschen der Maus oder Katze im Würgegriff, wenn du daran nicht gewöhnt bist, wandert dir das durch Mark und Bein, und dann fing es wieder an zu gießen wie aus Eimern, mitten in diesem verrosteten Frühling.

Die Birnbaumästlein tropfen nach, tropf tropf perl. Zu scheitern adelt den Prüfling, Versagen heißt nichts weiter als seine Grenzen ermessen, das stählt den Charakter ungemein, hör bloß auf, in Frauenmagazinen zu blättern. Die Spinne bindet sich eine Serviette vor zum Vieruhrtee. Im Kühlschrank finde ich den Rest Spaghettisauce von gestern vor, zwei Joghurt, ein halbes Päckchen Schupfnudeln, eine Gurke und drei Eier von Friedas Hühnern, an denen noch Flaum klebt, ich habe keine Lust zu kochen, wasche die Gurke ab, pflanze mich vor den Fernseher und weiß schon, dass er mir nichts zu bieten hat außer Colombo auf dem vorletzten Programm. Neben dem Receiver liegt der Katalog von Franzens Videos, doppelt gelistet nach Titeln und Regie, seine Videokassetten hat er im Winter in Kisten verpackt, den

Katalog hat er vergessen, aufgeschlagen bei P wie Pate, der, Teil eins, zwei, drei, oder Nummer vierhundertvierundsechzig, Panzerkreuzer Potemkin, den wir uns nie gemeinsam angeschaut haben, Da pennst du mir sowieso wieder weg, hat der Franz gemeckert, Du hältst keinen Film in voller Länge durch, schon gar nicht in Schwarzweiß, deshalb kriegst du jetzt nur noch Schund vorgesetzt.

Welchen Schund auf dem Buchstaben P haben der Franz und ich zuletzt gesehen, frage ich mich und gehe die Seite Titel für Titel durch, dabei ist mir, als hörte ich Schritte auf der Treppe und dann in der Bibliothek, wo der Franz die Kassette zur Nummer sucht, unser Ritual nach dem späten Tagwerk, die abendfüllende Diskussion über das Video der Wahl, die oftmals mehr Vergnügen bereitete als der Film selbst, Pretty Woman, Prosperos Bücher, während ich die Pistazien in eine Schüssel füllte, ging der Franz den Film holen, seine schweren Schritte im Kinderzimmer, und ich stellte mir gerne vor, wie die Stubendecke unter seinen Füßen nachgibt und mitsamt Franz, der erwählten Kassette und einem Haufen Büchern auf den Kachelofen kracht und ich ihm zur Hilfe eilen muss, Splitter aus seiner Haut, den Mausemist von der Zwischendecke aus seinen Haaren picken.

Über die Pistazien hat er am Ende nur noch geschimpft, Pack das Zeug weg oder willst du einen Fettwanst zum Mann haben, und ich habe zurückgekeift, Lieber einen Pummel als gar keinen Spaß, und wütend die Nüsse in ihren Schalen zum Biomüll gekippt, Idiot alberner, Waschbrettbäuche hatten mich nie interessiert, aber der Franz witterte einen Angriff auf unsere wochenlange Abstinenz und schrie, Wenn du ficken willst, dann such dir einen anderen, und ich war platt und blieb stumm, ich wollte ja keinen anderen und auch gerade gar nicht ficken und wusste keine Linderung und rannte aus dem Zimmer und Zähneputzen und ins Bett, und tief in der Nacht nach Prosperos Büchern schlich er sich neben mich, und morgens redeten wir kein Wort und mittags nur das Nötigste, und nachmittags rannte ich auf meinen Langlaufskiern alleine in den Märchenwald und weinte und wusste nicht, wie ich uns retten konnte, ob es uns überhaupt noch gab als Einheit, Mann und Frau, die wir füreinander geschaffen waren, zu viel hatte sich zwischen uns aufgebäumt seit diesem verflixten Sommer, seit dem Bruch in der Franzzeit, die neuerdings gegen ihn arbeitete, gegen uns, die Zeit, die jedermann nach und nach in ihr Chaos einarbeitet, Zelle für Zelle, sie war der Feind geworden, ein kranker Freund war überraschend gestorben, eine Schulkameradin, die er auf der Trauerfeier traf, hatte über die Jahre ihre Schönheit eingebüßt, rette sich wer kann vor der Vergänglichkeit, sterbe wer kann, und der Franz hatte auch mit seinem beachtlichen Erfolg nichts anzufangen gewusst, Wozu der Wahnsinn, wo führte all die Disziplin am Ende hin, zu nichts, schrie der Franz, Nichts.

An seiner neuen Selbstverachtung biss ich mir die Zähne aus, ich war keine gute Fee, ich war nicht das Glasmännchen aus dem Kalten Herz, das nach einem Leben voller Irrungen und Wirrungen alles zum Guten wendete wie ein vergebender Gott, und schließlich musste ich auch einsehen, dass ich kein tapferes Schneiderlein war, das es erst mit allen Ungetümen aufzunehmen und schließlich seine auf Täuschungen basierende Ehe mittels Einschüchterung zu retten wusste, womit konnte ich dem Franz schon drohen außer mit dem Aus. Bis das Aus da war. Der Franz kam mit seiner gepackten Tasche hinten herum durch den Garten, als ich gerade den Südhang runterschoss, voller denn je war die Sporttasche, weil er schon begonnen hatte, die wichtigsten persönlichen Dinge aus dem Haus zu schaffen, er hatte Ottmar gebeten, ihn zum Bahnhof zu bringen, mir wollte er das nicht zumuten, mir wolle er sich überhaupt nicht mehr zumuten, sagte der Franz, ich habe wirklich etwas Besseres verdient als ihn, Du hast etwas Besseres verdient als mich, er wollte Platz machen für das Bessere und abreisen für immer aus meinem Leben, er brachte die Neuigkeiten gefasst hervor, er habe weg sein wollen, wenn ich aus dem Wald zurückkomme, er habe mir in der Küche einen Brief hinterlassen, er wisse, dass es so besser sei, er wolle mich nicht kaputtmachen, ich solle mich jetzt bitte nicht aufregen, er habe Brennholz für drei Tage vor dem Ofen geschichtet, und ich war hin- und hergerissen zwischen den verschiedenen Möglichkeiten zu reagieren, ihn nämlich anzuschreien, was ihm einfiele und dergleichen, Was fällt dir ein, mich zu verlassen, du Arschloch, für wen hältst du dich, mich verlässt man nicht, ihn in den Schnee neben den frierenden Rosenbüschen zu schubsen, woraus ein Gerangel und schließlich eine Umarmung entstehen musste, und konnte aber nicht, weil er Bitte gesagt hatte, und weil seine leergefegten Augen mich anflehten, mich bitte nicht aufzuregen, Bitte reg dich nicht auf, Katze, als hätte er sonst nicht die Kraft, seinen Entschluss in die Tat umzusetzen und unserem Leid ein Ende zu bereiten nach all den falschen, den blindwütigen Umklammerungen. Oder ihm die Tasche aus der Hand zu nehmen und sie zurück in sein Zimmer zu tragen und alle Sachen, die er eingepackt hatte, selbstbewusst wieder an ihren angestammten Platz in unserem Bauernhof zu tragen, so wie der Franz es jedes Mal mit meinen gepackten Koffern gehalten hatte in aller Ruhe, seinen Waschbeutel ins Bad zu unseren Ersatzzahnbürsten, die um ein Haar unsere Hauptzahnbürsten geworden waren, seinen Winterpullover in die

Kommode, seine Zeichenmappe zurück auf den Schreibtisch, Komm Katze, sei nicht mehr böse. Aber der Franz war nicht Katze, der Franz hatte noch nie seine Tasche für immer gepackt, ich musste auch damals lachen, vollgepumpt mit weißem Sauerstoff war ich aus dem Wald nach Hause geglitten, an der letzten Steigung vor dem Dorf hatte ich mich vor lauter Adrenalin zur wilden Hoffnung auf Besserung verstiegen und einen Zahn zugelegt, war in Rekordzeit den Hang raufgehoppelt und im Schuss in unseren Garten gesaust, knapp am Steinkreuz vorbei, und da stand ich keuchend und rotkopfig mit gekreuzten Stöcken neben dem gefrorenen Rosenstrauch und dem Franz und fand die Worte der Hoffnung nicht mehr, ich war verwirrt und an meine Langlaufskier gefesselt, ich war es doch, die sonst ihre Sachen packte, um sich zum Bleiben überreden zu lassen, ich war nicht der Franz, der Franz war nicht Katze, und so sehr ich auch in meinem Gedächtnis kramte nach einer schönen Rettungsaktion, ich fand nur die Ratlosigkeit und ein kurzatmiges Stottern sinnloser Silben vor, bis Ottmar pfeifend ums Haus gestapft kam und wir schleunigst eine Ausrede erdenken mussten, warum ich den Franz nicht selber fahren konnte.

Noch nie hatte ich das Haus so leer erlebt wie nach Franzens Abreise damals, ich irrte durch die Zimmer auf der Suche nach seinen letzten Worten an mich, der Schnee, der an den Langlaufschuhen und der Lederhose haften geblieben war, verteilte sich im ganzen Wohnbereich und schmolz zu Lachen, über die Franz gezürnt hätte, Zieh verdammt nochmal die Schuhe aus, wenn du ins Schlafzimmer kommst, Katze, siehst du nicht, was du für eine Schweinerei anrichtest, und ich darauf, Stell dich nicht so an, es ist bloß Wasser, wozu haben wir den Boden lackiert, wozu bin ich dreimal nach dem Anstrich auf Knien durchs Haus und hab die Holzhärchen weggeschliffen, wenn du jetzt um jeden Tropfen so ein Geschiss machst.

Auf der Post neben der Spüle in der Küche lag sein Abschiedsbrief, er hatte meinen Namen in Ermangelung eines neuen auf einen gebrauchten Umschlag geschrieben und den Originaladressaten mehrfach durchgestrichen, Franz Soundso Straße Postleitzahl, stattdessen nur ein Vorname in blauer Tinte, mein Vorname in voller Länge, nicht K Punkt oder Katze oder Liebste oder dergleichen, keine Zeichnung, kein Strich zu viel, mein wahres Ich lag dort im Futter verborgen mit heruntergelassenen Hosen, und ich getraute mich lange nicht, den Brief zu erbrechen, da ich fürchtete, mein wahres Ich könne herauspurzeln und in tausend Stücke zerschellen auf den blanken Dielen. Wie eine Zeitung für später deponierte ich den Brief neben das Schneidbrett auf dem Küchentisch und wandte mich anderen Dingen zu, zum Beispiel Schuhe ausziehen, Sportsocken über den Ofen hängen, Pflaster von den Fersen lösen, Nadel erhitzen, Blasen aufstechen, zu viel Haut abreißen, blutende Stelle desinfizieren, neue Pflaster aufkleben, in die Wollsocken schlüpfen, in die Fellpantoffel, ärmellose Jacke vergessen auszuziehen, den ganzen Abend in der ärmellosen Jacke verbringen, Fernseher einschalten am frühen Nachmittag, den Fernseher ausschalten, Wasser aufsetzen, das Nudelwasser versehentlich für Tee verwenden, seinen Lieblingstee ziehen lassen statt meinen, als wären wir zusammen heimgekommen vom Langlaufen, Früchtetee mit Honigbroten, vor dem Fernseher Tee trinken statt am Küchentisch, auf dem Sofa vor dem ausgeschalteten Fernseher, so wie heute, ein halbes Jahr nach unserer Trennung, da der nächste bedeutende Brief übergangen wird.

Vor dem Haus läuft jemand herum, kein Marder, hundert Prozent keine Einbildung, jemand rennt durch den Garten, Südseite, deutlich sein Atmen, macht Halt bei den Haselnusssträuchern, hechelt, als sei er vor dem schiefen Steinkreuz erschrocken, dessen Konturen der bewölkte Mond silbern veredelt, stapft weiter Richtung Hintereingang, ich halte die Luft an und wünsche mir einen Mann wie den Franz her, der mir harmlose Ursachen ersinnt, schon wieder der Franz, Das sind die Enkel der Nachbarn, die spielen Verstecken, mach den Fernseher wieder an, Katze, Ein Touri hat sich im Dunkeln verirrt, woher soll er wissen, wo unser Grundstück beginnt, es gibt keine Zäune, Murle, dem Hubert sein Kater, verdreht seiner Angebeteten den Kopf mit großen Sprüngen und tollen Sprüchen, Es ist unser Hausgeist, Katze, lass ihm den Spaß, irgendwas in der Art, Die Erdmännchen halten Hochzeit in der Regenrinne.

Ich schalte das Licht aus, auf Socken schleiche ich rüber in die Stube, wo die Dielen aufjaulen, ich halte inne mit dem gezückten Gurkenmesser in der Rechten, starre in den Garten, sehe nichts, bin noch geblendet, die Linke tastet auf dem Ofensims nach dem Telefon, um im Notfall Ottmar oder Frieda oder die Polizei zu verständigen, wo habe ich das verdammte Telefon abgelegt, die Hand streicht über den Vorsprung des Einbauschranks, die Sofalehnen, die Kommode, mit dem Knie ramme ich den Melkschemel, der uns jahrelang als Couchtisch diente, schrecke zusammen, verharre regungslos, bis meine Augen sich an die Dunkelheit gewöhnen und erste Umrisse erkennen, die vielen Vierecke der Fenster, die Silhouette des kleinen Apfelbaumes, drinnen graue Schemen von Möbeln und kein Telefon weit und breit, bis mir einfällt, dass der Apparat wahrscheinlich in Franzens Studio auf Station liegt wie immer. Vorsichtig schiebe ich mich an der Wand entlang zum Stubenfenster, der Holzboden winselt auf, angestrengt spähe ich in den Garten, ohne mich vom Mondlicht treffen zu lassen, da, wieder, Schritte, Schritte auf Gras, diesmal drüben bei der Treppe zum Keller, rasche kurze Schritte neben den vier Rosen. Jemand plant, durch den Vorratskeller ins Haus einzusteigen, nachdem er festgestellt haben muss, dass die Hintertür verschlossen ist, jemand, der unseren Hof kennt, jemand, der womöglich beobachtet hat, wie ich vorne das Garagentor verrammelt habe, nachdem ich mich vom Besuch der Hamburger erholt hatte.

Die Hamburger selbst, leuchtet es mir ein, was, wenn es sich bei den beiden um ein Gangsterpärchen handelte, das die Kinder nur benutzt, um sich einen harmlosen Anschein zu geben, während es sich anschaut, ob sich das Objekt für einen Einbruch lohnt, darum haben sich die Kleinen seltsam benommen, sie sind es überdrüssig, für die Raubzüge der Erwachsenen missbraucht zu werden und überall den Streit ums Kinderzimmer aufzuführen, später wird eines von ihnen vorgeschickt, um sich durch schmale Zwischenräume zu schieben und die Häuser von innen zu öffnen, jetzt leuchtet mir die dreiste Art ein, mit der die vermeintliche Hamburger Mutter alle möglichen Türen öffnete, ohne anzuklopfen, ständig hat mich einer dieser Erwachsenen mit scheinheiligen Fragen in Schach gehalten, Wie viel Gas fasst der Heiztank, Wie oft füllen Sie ihn nach, Was zahlen Sie für die Müllabfuhr, während der andere im Nebenraum Fernseher, DVD-Player und Computer inspizierte. Dazu das allzu offensichtliche Desinteresse der Gauner am Dachboden, der den Franz und mich seinerzeit zu wilden Phantasien inspiriert hatte, Hier bauen wir den offenen Kamin ein, Katze, Da stellen wir den Flügel auf, Au ja und dort den großen Esstisch mit Alpenblick für die Gäste, Und in die Ecke kommt dein Luxusbad mit freistehender Wanne und Sauna.

Die besagten Hamburger waren stattdessen neugierig, was sich in den Umzugskartons befindet, die überschlugen im Kopf den Wert einer gebundenen Ausgabe von Tolstois Werken und die Chancen, Franzens VHS-Sammlung mit Filmklassikern, die du auf DVD nicht bekommst, gewinnbringend zu verhökern. Leise arbeite ich mich ins Studio, dessen Fenster direkt über der Kellerluke liegen, von draußen kein Mucks, offenbar lauschen die Hamburger auf das Knirschen des Dielenbodens, das ich geschickt vermeide, ich robbe auf allen vieren um die wurmstichige Werkbank herum zur Ladestation des Telefons und wähle Ottmars Nummer, damit er rüberkommt, unser Retter in der Not, mit einem seiner Lieblingswerkzeuge, der Kettensäge, dem Schneepflug oder gleich seinem gewaltigen Unimog.

Nicht im Traum rechne ich damit, dass der Franz das Gespräch entgegennimmt, Was willst du, fragt er schläfrig, und ich flüstere verwundert, Franz, und er gibt schroff zurück, Was, und ich flüstere noch leiser, damit die Hamburger mich nicht orten, Wo bist du, ich hab doch Ottmars Nummer gew, und er unterbricht mit Unwillen in der Stimme, misstrauisch, als hätte ich ihn damals verlassen und nicht er mich, als wäre ich schuld an dem Desaster unserer Ehe, Was willst du, verflucht nochmal, es ist nach eins, und warum sprichst du so leise.

Es sind Einbrecher hinterm Haus, Franz, will ich anfangen, Sie machen sich an der Kellerluke zu schaffen, unsere Hamburger Interessenten sind in Wirklichkeit Diebe, und merke rechtzeitig, wie albern das klingt, denn hier ist nichts zu holen, rein gar nichts, ein uralter Röhrenfernseher, ein paar

Videokassetten von Filmen, die sie dir im Internet für null Euro zwanzig nachschmeißen und die außer dem Franz und mir sowieso kaum jemand sehen will, all die Dinge, von denen mir die Trennung schwer fällt, sind für die meisten anderen Menschen Ramsch, Schrott, ein Fall für die Altmetallsammlung, Ottmar hatte nach unserem Kauf einstens allen Ernstes angeboten, dass er uns das antiquarische Inventar seiner Vorfahren aus Küche, Stall und Werkstatt mit dem Anhänger zur Müllhalde transportiert, Wagenräder, Mistgabeln, Zaunpfosten, Nägel, die ich hortete und sortierte für alle Fälle, unterarmlange Schrauben, Butterschleudern, Biergläser, Kommoden, Kühltruhen, Schränke, Betten, Stühle und die vielen Tische, die wir abgeschliffen haben, um uns jeden Tag daran zu freuen, jeden verdammten Tag.

Ich hab's verbockt, flüstere ich, Was, will er wissen, Was hast du verbockt, und ich erinnere mich an seine Stimme von früher, seine Ungeduld mit meiner Umständlichkeit, Sag doch einfach, was du willst, Katze, hat er gefordert, und ich war noch gar nicht an einen gesunden eigenen Willen und die Äußerung desselben gewöhnt, den habe ich erst nach und nach an seiner Seite entwickelt, ich hoffte noch still, dass meine Wünsche mir von den Lippen abgelesen würden, dass ich frohgeküsst werde wie Dornröschen und Rosenrot, Sag doch einfach, Katze. Wie ich diesen Ton gefürchtet habe, fällt mir ein, wie gut, dass ich mir das nicht mehr anzuhören brauche, wie gut.

Unsere Käufer, flüstere ich, und frage mich, warum er nicht selbst darauf gekommen ist, Die Hamburger waren heute da, ich bin in Frommholz, erinnere ich ihn, und dass es eben total in die Hose gegangen ist, Am Schluss haben sie sich nur noch lustig gemacht über das Haus. Red lauter, sagt er etwas weniger unwirsch, Worüber haben die sich lustig gemacht, du hast ihnen doch nicht etwa die Garage gezeigt, und ich hatte mir ja felsenfest vorgenommen, dem Franz nicht die Wahrheit über den Verlauf der Besichtigung zu erzählen, genauso wenig wie den wahren Grund, warum ich nicht in normaler Lautstärke telefonieren kann, was habe ich ihm also zu sagen. Nichts.

Ich muss auflegen, Franz, flüstere ich, Entschuldige, ich wollte eigentlich Ottmar anrufen, und er lässt nicht locker, bricht das Tabu, unser Schweigen über den potentiellen Anderen, das wir uns ohne Absprache auferlegt haben, Hast du neuerdings was mit Ottmar, Sehr witzig, flüstere ich zurück, zögere aber mit dem endgültigen Verabschieden, da die vertraute Stimme im Ohr mich beruhigt, gerade so, als hocke der von der fortschreitenden Zeit gekränkte Mann nebenan vor der Glotze, falls die draußen die Kellertür aufstemmen oder eine der dünnen Fensterscheiben einschlagen, um in die Stube einzusteigen, und könne mir jederzeit zur Hilfe eilen mit Sätzen wie diesem, Warum machst du nicht einfach das Außenlicht an, Katze, dann kriegen die Gangster Schiss und hauen ab.

Das Außenlicht ist die Lösung, schießt es mir ohne sein Zutun durch den Kopf, und ich springe auf und eile mit gezücktem Telefon in den langen Flur, um es einzuschalten, taha, golden schimmert es durch das geriffelte Glas der Gartentür, und ich rase triumphierend zurück in Franzens Zimmer, den Rückzug der auf frischer Tat ertappten Diebe vor der Kellertreppe zu beobachten, aber da regt sich nichts, sondern alles ist still wie am ersten Tag, und kein Grashalm macht einen Mucks.

Komisch, da ist keiner, hechele ich nah am Telefon und werde gleich nervös, weil ich während des Telefonats mein

Messer verlegt haben muss und weil die Einbrecher indes womöglich auf unerklärliche Art einen Einstieg gefunden haben und das Gurkenmesser in ihre Gewalt gebracht haben, während ich im Flur mit dem Lichtschalter zugange war, und weil sie jetzt drinnen sind, im Haus, womöglich im selben Zimmer wie ich, mir wird flau, auch wenn das in der Praxis so gut wie unmöglich ist, was vermag schon eine Praxis gegen die abstrusen Auswüchse unserer Phantasie.

Wer soll denn da sein, der Franz runzelt jetzt garantiert am anderen Ende der Leitung die Stirn und schaltet entnervt Colombos Ton weg, und dabei fällt ihm eine der Pistazienschalen aus der Hand, deren Inhalt er gerade zum Mund führte, und er tritt verärgert nach der halben Schale auf seinem hellen Teppich und verteilt dadurch erst recht die Brösel und will schon mich dafür verantwortlich machen so wie einst und realisiert gerade rechtzeitig, dass ich zwar zu später Stunde anrufe, aber nichts für die Krümel auf seinem Schurwollteppich kann, ausnahmsweise, und während er herauszufinden versucht, warum die Hamburger meiner Meinung nach nicht kaufen werden und ich allerlei Gründe vorschiebe, die mit einem Versagen meinerseits nichts zu tun haben, und während er in aller Ruhe meine unausgegorenen Theorien eine nach der anderen widerlegt, mit erstaunlicher Geduld, wird mir noch deutlicher bewusst, dass ich wirklich nicht den Franz habe sprechen wollen, dass das keinen Sinn macht, und ich frage mich, was mein Unbewusstes mir mitteilen wollte, indem es mich um halb zwei Uhr nachts diese Tasten drücken ließ, außer, dass Franzens Mobilfunknummer nach wie vor die einzige ist, die ich auswendig kenne.

Ich knipse seine Arbeitslampe an und sehe mich um, der Raum flackert auf, die Lampe rückt das Zimmer und alles

Leben darin langsam in immer kälteres Licht, hier bin ich, Guten Abend, in meiner Hand das Telefon, hinter der Tür das Regal mit Franzens ausrangierten Buntstiften, am Boden neben der Ladestation das Gurkenmesser, hiermit endet der Spuk, beschließe ich, draußen ist niemand, niemand kann mich drinnen sehen, im Garten hat sich ein Reh an den Rosenknospen gütlich getan, ein Reh, das noch nicht kapiert hat, dass nach der Schneeschmelze längst wieder in seinem Wald genug Futter zu finden ist, das überdies übersehen hat, dass dieser Hof bewohnt ist, noch und eines Tages wieder, wer weiß, womöglich hat mir schlichtweg meine Einbildungskraft einen Streich gespielt, ich werde nun auflegen und zu Bett gehen, und morgen lerne ich Corinnas Handynummer auswendig für alle Fälle.

Ich nuschele etwas von Entschuldigung, während die Lampe zu ihrer vollen unbarmherzigen Intensität aufläuft so wie Franzens sezierender Blick, unter dem ich mich manchmal wie eine seiner Comicfiguren gefühlt habe, zu Beginn der großen Liebe eine seiner Tollpatsche, die sympathisch schusselige beste Freundin des Helden zum Beispiel, die bei Franz immer viel zu große T-Shirts tragen, wo man unter den Armen reingucken kann, und die fanatisch irgendeinem weltfremden Sport nachgehen wie Murmelnspielen, Mikado oder Federball, welcher alsbald im Finale zur Rettung der Welt oder des Helden beitragen wird, bis ich gegen Ende unserer großen Liebe, falls es so etwas überhaupt gibt, innerhalb eines halben Jahres auf die Seite der Bösen wechselte, innerlich, grundlos, zur Furie wurde, zur dunklen Königin mit ihrem namenlosen Gefolge, das sich vom Lebenssaft des Helden speist, und räuspere mich unwohl und erwähne plötzlich in normaler Lautstärke, dass Post für ihn angekommen sei, Post für dich vom Ministerium, und der

Franz fragt wieder voll seiner ungeheuer unsympathischen Ungeduld mit der langsamen Menschheit in der Stimme, ob ich mitten in der Nacht anrufe, um ihm mitzuteilen, dass er Post von irgendeinem Scheißministerium bekommen habe, und ich sage, Der Ottmar wollte sogar, dass ich den Brief öffne, aber das hätte ich natürlich nicht gemacht, wer bin ich denn, wo das Schreiben an ihn, an den Franz adressiert sei.

Der Franz fordert mich nicht etwa auf, den Brief zu erbrechen, wie er das früher getan hätte, Mach auf vielleicht isses wichtig, ich lasse ihm auch gar keine Zeit dazu, Der Ottmar ist jetzt übrigens doch im Bilde, wechsele ich rasch das Thema, das habe sich so ergeben. Im Bilde worüber, will er wissen, ach Franz, im Bilde worüber. Ich habe mich verwählt, entschuldige, ist verdammt spät, nuschele ich noch hinterdrein und lege rasch auf.

Für den Bruchteil einer Sekunde kommt es mir vor, als habe sich draußen doch wieder etwas bewegt, weiter oben im Garten unter dem kleinen Apfelbaum, als wäre es da hell vorbeigehuscht, aber das ist sicher wieder eine meiner Einbildungen, Du und deine Theorien, ein Lichtreflex auf der Bindehaut, beruhige ich mich und zwinge mich zum Zähneputzen und kontrolliere auf dem Weg ins Bad noch einmal alle Türschlösser nach draußen und die zum Heuschober über dem Wohnbereich und ziehe alle Schlüssel ab und überprüfe die Zimmernischen und unter den Betten und schaue blitzschnell hinter dem Duschvorhang nach und habe vorsichtshalber das kleine Gurkenmesser mit im Bad.

Da ich ein paar Stunden später von Keuchen im Garten erwache und im Nu aufrecht im Bett sitze, kann ich nicht voraussehen, wie viele Kapitel mein Leben noch schreiben wird, ob ich heute Nacht sterben muss, rein statistisch gesehen ist das nicht ausgeschlossen, auch wenn die Wahrscheinlichkeit gegen null geht und die Anzahl der folgenden Seiten das zu widerlegen scheint, was nutzt mir meine Wahrscheinlichkeitskurve, was nutzen mir all die Seiten, wenn der Tod ans Stubenfenster klopft.

Ich versuche trotz des Lärmes, den mein Puls in den Ohren verursacht und der das Geröchel draußen beinahe übertönt, klare Gedanken zu fassen, so so, aha, er ist zurückgekommen, denke ich, mittlerweile überzeugt, dass es sich nicht um ein paar harmlose Einbrecher aus Hamburg handelt, die es auf Franzens CD-Player abgesehen haben oder die Tolstoigesamtausgabe. Er ist allein, was mir unheimlicher erscheint, als wenn sie zu mehreren gekommen wären, er atmet schwer wie ein Mann, der gegen die eigene Masse zu kämpfen hat, ein korpulenter Mann, dem der Speichel seitlich die Mundwinkel hinunterläuft, er kreist vor dem Fenster zu Franzens Studio, das genau über dem Kellereingang und unter dem Schlafzimmer liegt, er kann nicht zu mir hineinsehen, das nicht, er kann höchstens vom Hügel, von unter dem Apfelbaum aus beobachtet haben, wann und wo ich ins Bett gegangen bin, wie ich mich demnach aus- und angezogen habe im schwachen Schein der Nachttischlampe.

Worauf wartet er noch, warum irrt er so lange lärmend im Kreis herum, denke ich, warum schlägt er nicht einfach das verdammte Fenster ein und kommt die Treppe raufgehechelt, um sich mit seinem ganzen Gewicht auf mich zu stürzen und einzuläuten. Es ist der Alois, er hat seine Medikamente nicht genommen, er hat noch nie irgendwelche Medikamente genommen, warum nimmt so jemand keine Medikamente, er hat über den Durst getrunken und jetzt streunt er durchs Dorf ohne Zäune, etwa einmal im Jahr habe er so eine Art Rückfall, hat uns der Ottmar erklärt, seit dem Tod der Schwester passiere das dem Alois öfter, dass er sich vergisst und den ganzen Ort in Angst und Schrecken versetzt mit wüsten Beschimpfungen, obgleich er im Grunde harmlos sei, ein schwarzes Schaf, aber ungefährlich, was der Ottmar jedes Mal betont, denn schließlich gehört das schwarze Schaf zur Familie.

Seit wann schießen Schafe auf Hunde, will ich den Ottmar darauf anbellen, wie am Tag unserer Hochzeit, was jetzt nichts zur Sache tut, der Alois lärmt vor der Kellertreppe, ich sehe ihn förmlich vor mir in der Dunkelheit, wie er korpulent auf der Stelle tippelt und mit den Armen schlenkert, und ersticke fast vor Angst, denn eins steht fest, wir, die Leute aus der Stadt, waren dem Alois schon immer ein Dorn im Auge, wir mit unseren Sonnenbrillen zu jeder Wetterlage und unseren Gästen oben ohne und unserem Berliner Kennzeichen.

Als wir dem Alois zum ersten Mal über den Weg liefen, musste ich gleich wieder an die Legende denken, an die mich

Bernd seinerzeit erinnert hat, die jeder kennt auf der ganzen Welt, ich seit ich neun bin, und ich dachte, das ist er, das ist der Mann auf dem Autodach, das ist der Irre aus der Geschichte, in der dieses junge Ehepaar abends in der Pampa einen Platten hat, und, wie gesagt, er geht Hilfe holen, und sie wartet im Auto auf ihn, und es wird Nacht und fängt an zu schütten, und er kommt nicht zurück, und erst pocht der Regen aufs Autodach, und als der Morgen dämmert, merkt sie, dass der Regen aufgehört hat, während das Hämmern fortdauert, und rot rinnt es die Windschutzscheibe runter, und sie steigt aus, und sie sieht einen Wahnsinnigen, ganz in Weiß, der mit dem Kopf ihres Mannes auf das Autodach einhämmert, puh, zum Glück ist hier keiner losgelaufen Hilfe holen, in der Pampa hier, denke ich, zum Glück fläzt mein Nochmann in seiner neuen Übergangswohnung vor dem Fernseher.

Und ahne, dass Alois und ich demnächst einer ähnlichen Legende Leben einhauchen werden, wilde Geschichten ranken sich bereits um Alois' Dasein als schwarzes Schaf, zum Beispiel die vom Mord an seinem schwager, der laut Ottmar ein Jagdunfall war, oder die von der zu großen Liebe zu seiner Schwester, die vor Jahren an einer unheilbaren Krankheit gestorben ist.

Einst war der Alois ein düsterer Sonderling in einem staubigen blaugrauen Overall, und seither ist es mit ihm stetig bergab gegangen. Wie kann ich mich gegen so einen Mann zur Wehr setzen, wie konnte ich das Telefon unten vergessen, wo ich ganz alleine bin auf dem Hof, das Keuchen wird lauter, kleine Schritte, sein Tanz auf der Wiese, vor, zurück, ein Reigen um den Apfelbaum, etwas scheppert gegen die Holzplanken vor der Kellertreppe, was kann ich tun, was mache ich jetzt, was als Nächstes, ihn anbrüllen, hier, vom

Bett aus, meine Stimme versagt mir den Dienst, warum sollte er sich vor meiner Stimme fürchten, wenn er das eigene Gekeuche erträgt, wozu sollte er sich heute mit meinem Tod begnügen, ja eben, wenn schon, denn schon, was, wenn er nämlich seine Schwester nicht nur innig geliebt, sondern auch zur Liebe gezwungen hat, wenn das Ungeborene, das sie verlor, bei einer Schändung durch den Bruder gezeugt worden war, zu Tode geliebt, in einer ähnlichen Nacht, einer jener besonderen Nächte, da der Alois sich vergaß.

Den Hocker nach ihm werfen, der mir als Nachttisch dient, das dicke Buch, mein Kissen, das Gurkenmesser, das Keuchen nähert sich, Schritte halten inne, der Atem rasselt lauter, wahnsinniger, unmenschlich, der Alois hat womöglich schon eine Leiter an die Wand gelehnt und kommt zum Schlafzimmerfenster hinaufgeklettert, ich habe keine Wahl, ich greife nach dem dicken Buch und dem Gurkenmesser, das Keuchen ist ein Röcheln auf der obersten Sprosse, ich schnelle hoch, hechte zum Fenster und donnere voller Wucht mit dem Schienbein gegen den Emailleeimer, den ich zur Sicherheit mit ins Schlafzimmer genommen habe, falls ich mich heute Nacht nicht aufs Klo traue, der Eimer kippt mit Getöse, rollt mir im Kreis entgegen, ich gerate ins Straucheln, will dem Scheißeimer ausweichen, knicke um, lasse im Fallen das Buch los, schlage hin, kreische auf und donnere mit der Schläfe gegen den Vorsprung der Fensterbank, so viel zum Thema, der Alois trägt keine Schuld am tödlichen Jagdunfall seines Schwagers.

Das Röcheln verstummt, wir lauschen aufeinander, die Bestie und ich, jetzt hurtige Schritte im Gras, flinke kleine Schritte auf viel zu kurzen Beinen, so kurz sind dem Alois seine Beine nun auch wieder nicht, und ich warte, dass mein Blut die Windschutzscheibe hinunterläuft, will mir an die

Stirn greifen und merke im letzten Moment, dass meine Rechte immer noch das Gurkenmesser umklammert hält, das ich mir bei der Gelegenheit fast ins Auge ramme.

Der Alois hat einfach kein Glück gehabt bei den Frauen, hat der Ottmar den Onkel immer verteidigt, da war es ein Segen, als nach dem Tod des Schwagers die Schwester zu ihm gezogen ist, allein schon, dass sich jemand um den Haushalt kümmerte, nur, dass sich niemand recht erklären konnte, von wem die Schwester alsbald in andere Umstände geraten war, das Geheimnis habe sie mit ins Grab genommen, fachsimpelt der Ottmar, der den leutseligen Dachdecker im Verdacht hat, schließlich hatten beide, der Dachdecker und die Schwester vom Alois, ein gemeinsames Faible für die Esoterik.

Draußen ist es ungeheuer still, der Alois ist weg, so viel steht fest, die Leiter ist verschwunden, das weiß ich, nie da gewesen, auch wenn ich keinen Blick mehr aus dem Fenster wage, meine Schläfe pocht, die Nerven zappeln, an Schlaf ist nicht zu denken, er ist abgehauen, und ich mach mir fast in die Hose.

Als endlich der Morgen dämmert, hab ich gepackt, ich werfe meine Tasche ins Auto, zwei Kartons mit Frommholzklamotten dazu, eine Kiste mit Lieblingsbüchern und vier, fünf von Franzens Videokassetten, Frommholz war nie mein Haus mein, es war unser Bauernhof, unser Glück, und da der Franz das Wir gelöscht hat wegen seiner Lebensmittelkrise und angeblich aus reiner Vernunft, müssen wir verkaufen und den Klotz am Bein loswerden, das ist keine Theorie von mir, Katze, das ist die logische Konsequenz jeder Trennungsgeschichte, das ist die Realität bei Tageslicht betrachtet.

FRIEDAS SELBSTGEBACKENER

Die Frieda kommt mir nachgerannt, sehe ich im Rückspiegel, ruft, winkt, wippt dabei mit einem Teller in der Luft, ich kann jetzt nicht anhalten, ich muss weg von hier, weg, ich war so erleichtert, dass ich der Frieda nicht begegnet bin in den drei Tagen, der Frieda gegenüber hab ich ein schlimmes Gewissen, das mit dem Verkauf, das wird der Frieda nicht gefallen, ganz und gar nicht, der Frieda noch weniger als dem Ottmar.

Die Frieda lässt nicht locker, die Frieda rennt gar bis zur Kurve hinter dem Wagen her und winkt und ruft und rennt, und das in ihrem Alter, da muss ich doch stoppen, den Rückwärtsgang einlegen, das Fenster runterkurbeln, Hallo Frieda, na ich hab Nerven einfach so zu verschwinden, und erfinde in Windeseile einen verdammt dringenden Termin in der Stadt, ein plötzlich anberaumtes Drehbuchgespräch, das mich zwingt, leiderleider zwingt, abrupt aufzubrechen, wo ich doch gerade erst angekommen bin.

Keuchend lehnt sich die Frieda ans Autodach, erst mal zu Atem kommen, ihr Kopftuch ist verrutscht, die blauweißkarierte Schürze hängt ganz schräg an der Frieda runter, sie hält mir den Teller vor die Nase, einen ihrer geblümten Teller mit zwei gigantischen Stücken Sahnetorte drauf, kann noch nicht sprechen, so ist sie gerannt, die Frieda, lugt rüber zum Beifahrersitz, wo eine der Kleidertüten liegt, erhascht einen Blick ins Heck zu den Bücherkartons und den Taschen, ich sehe deutlich, wie das arbeitet in Friedas Kopf, drei Taschen für zwei Tage, drei Taschen, zwei Säcke und die Kartons, ob der Franz denn nicht mitge, beginnt sie einen Satz, und ihre Luft reicht noch nicht bis zum Ende vom Satz, da kann ich dazwischenfunken mit einer nächsten Notlüge, Der Franz hatte keine Zeit diesmal leiderleider, sag ich und registriere, wie es mir heiß ins Gesicht krabbelt vom Schwindeln, und hoffe, die Frieda merkt nix, wo sie selbst vom Rennen so eine rote Birne hat.

Und dabei habe sie uns extra was von der Torte abgezwackt, vor den Enkeln gerettet hat sie die zwei Stücke für mich und für den Franz, die Frieda weiß genau, wie wir verrückt sind nach ihrem Kuchen und wie miserabel ich backe, und für den Sonntag, da backt sie sowieso immer, weil da nach der Kirche die Tochter kommt mit den Enkeln.

Wie schade, dass ich schon wieder abreise, findet die Frieda, wo ich gerade erst angekommen war, wo wir uns noch gar nicht über den Weg gelaufen seien, sonst käme ich doch immer rüber auf einen Plausch, und ob ich den Kuchen mitnehmen möchte als Wegvesper, den Teller solle ich ihr einfach beim nächsten Mal zurückbringen, den kann sie so lange entbehren, wann wir geplant hätten, wiederzukommen, der Franz und ich, fragt die Frieda, der Franz und ich als feststehender Ausdruck, Wann kommt ihr wieder, der Franzunddu, wir würden doch bestimmt bald herkommen, In die Sommerfrische auf unseren Berg, zitiert die Frieda den Franz und stellt mir ihren Teller mit den gelben Blumen unter dem Kuchen auf den Schoß und schnauft, Dann isst du eben die beiden Stücke, das kann dir nix schaden auf so einer langen Reise, und richtet ihr Kopftuch und macht sich Sorgen, dass ich mich mit niemandem abwechseln werde am

Steuer, sie sei zwar bei ihnen auch die, die meist fahre, weil der Hubert ja kaum noch was höre, aber so eine Strecke, bis Berlin, das traue sie sich nicht zu, ob ich da keine Angst vor hätte.

Ich ähm, ich will etwas antworten, doch es kommt kein richtiger Ton, weil ich ja vor ganz anderen Sachen Angst habe als vor langen Strecken, zum Beispiel entleerten Wohnungen in Berlin, und ich wende mich ab und will die Hände in den Schoß legen, wo schon die Torte steht und verkeile sie stattdessen vor der Brust ineinander und ringe mit mir, um der Lage Herr zu werden, wenn die Frieda wüsste, was wir im Begriff sind zu tun, derFranzundich, und die Frieda fragt, ob was nicht in Ordnung sei, und ich schüttele den Kopf und ziehe unauffällig etwas Rotz hoch und denke, wie konnte ich der Frieda in ihr gutes Gesicht lügen, der starken kleinen Bauersfrau, die ganz langsam, über die vielen Jahre hinweg, meine Freundin geworden ist, unerwartet, eine richtige echte Freundin, die sich die letzten Male immer so freute, wenn sie unser Auto vor dem Haus sah, und es sich anmerken ließ, die mich mit ihrer wahrhaften reinen Freude in die Arme schloss und feste an sich drückte und sagte, Schön, dass ihr wieder da seid endlich, wenn wir uns das erste Mal hinter dem Doppelhof begegneten, dort, wo unsere Grundstücke ineinander übergehen, da oben bei den Büschen.

Es will was heißen, wenn sie dich auf solch einem Berg in den Arm nehmen, der Bergmensch ist an Fremde nicht gewöhnt wie die Leute in der Stadtstadt, egal bist du ihm eben auch nicht, der Bergmensch schaut dir skeptisch zu, wie du dein Haus in Schuss hältst, wie du deinen Boden beackerst, das Gras in Zaum hältst, die Äpfel nicht verkommen lässt, sondern verarbeitest, die Birnen, die Pflaumen und die Johannisbeeren, den Müll entsorgst, die Wäsche aufhängst, er wundert sich über deine Arbeitszeiten, deine Rituale, wie lange abends der Fernseher läuft, da schläft der Bergmensch längst, über dein Faible für uralte Tische, Türen und Stühle, die du im Garten restaurierst, staunt der Bergmensch, er lässt dich in Ruhe und registriert zufrieden, dass du ständig was am Schaffe bisch, der Bergmensch ist erleichtert, dass du nicht zum Faulenzen hergekommen bist, denn das Überleben auf dem Berg erfordert Zähigkeit, Fleiß, Sorgfalt, tagein, tagaus.

Der Bergmensch ist stolz, dass du seinen Wald magst und dass du keine Furcht darin hast, dass du dein Holz zu machen verstehst, einzuheizen, dass du mit dem ruppigen Wetter und dem langen Winter zurechtkommst, er bedankt sich, wenn du seinen Kühen dein frisch geschnittenes Gras bringst in der Schubkarre, eines Morgens nach ein paar Jahren grüßt der Bergmensch dich recht fröhlich, da du gar nicht mit ihm rechnetest am Rand von deinem Garten, wo du extra ein paar Büsche gepflanzt hast als Sichtschutz, sie sind noch recht mickrig, und daneben steht der kleingewachsene Bergmensch auf seine Mistgabel gestützt und winkt rüber und ruft, Gude Morge, und ihr wechselt ein paar Worte übers Wetter und die Vorhersage, die zugleich und eigentlich Zeichen des gegenseitigen Respekts und der Wertschätzung sind, und wieder eines andern Tages hat der Bergmensch dir über Nacht deine Sense gedengelt und sie auf Zehenspitzen an ihren Platz vor dem ehemaligen Schweinestall zurückgestellt, und erst ein paar Wochen später findest du heraus, was mit Dengele gemeint ist, das Geradeklopfen der Schneide mit seiner Hammermaschine, und eines Mittags, wieder ein paar Jahre später, da pocht der

Bergmensch an deine Tür und ruft Haaaaalloo in seinem eigentümlichen Singsang mit endlos langen Vokalen in der Kuckucksterz und recht gemütlichen Pausen zwischen den Silben und hält einen alten Topf im Arm voller selbstgezogener Tomaten und Salat und einen großen in ein Geschirrtuch geschlagenen Laib Brot, das der Bergmensch im Holzofen gebacken hat, zwölf Brote hat die Frieda eingefroren für die kommenden Wochen, und eines sei für dich, und du lädst den Bergmensch retour auf einen Kaffee zu dir ein, und dann sitzt du samstags mit denen beiden in deiner Küche bei trockenem Apfelkuchen, und sie behaupten höflich, der Kuchen sei lecker, und lassen sich noch ein Stück aufdrängen von dir mit handgeschlagener Sahne, und der Franz hält deinen Arm fest, dass es fast das Kuchenstück hinlegt, und lacht sehrsehr laut, damit es auch der schwerhörige Hollenweger Hubert mitkriegt, und schreit, Ihr braucht euch nicht verstellen, das sei der trockenste Kuchen, den er je runterwürgen musste har har har, und die Frieda schüttelt zu meiner Verteidigung den Kopf und meint, dass der nur halt ein bisschen lang im Ofen war, aber sonst sei er sehr fein, und ich hab immer noch Schwierigkeiten, ihren Dialekt von einer Fremdsprache zu unterscheiden, und der Hubert zwinkert dem Franz zu und ruft im Scherz sinngemäß, Na alles muss es ja nicht können, dein hübsches Weiblein, und ich fühle mich zur unfähigen Hausfrau degradiert, der bloß noch die Lockenwickler fehlen, und das, wo ich noch lange nicht sicher bin, was ich in Wirklichkeit bin oder sein will und wer, was ich sozusagen aus meinem Leben machen will, aber wie soll ich das dem Hollenweger klarmachen, da ist man die Tochter vom und macht denundden Schulabschluss und erlernt denunden Beruf oder heiratet und kriegt gleich die Kinder und bleibt zu Hause und verdient später ein wenig dazu, wenn die Brut aus dem Gröbsten raus ist, und ich lasse mir aber den Ärger über die Bezeichnung nicht anmerken und auch die Schmach wegen des furztrockenen Kuchens nicht, sondern lächele souverän in die Runde, ob einer einen Schnaps wolle zum Runterspülen, und die Männer wollen und tauschen anzügliche Scherze über junge Dinger aus, die einen ganz schön in Anspruch nehmen können, während die Frieda sich von der Sahne in ihren Kaffee löffelt, denn ich habe vergessen, Milch zu kaufen, und sagt, So schwarz vertrage ich den nämlich nicht, und nachher schnappe ich mir die Sense und mache wie ein ganzer Kerl sieben Quadratmeter auf einen Streich platt, nur damit dem alten Hollenweger die Spucke wegbleibt.

Eines Tages wechselten die Nachbarn versehentlich zum Du und wir dann auch, und dabei blieb es, und eines Abends vor ein paar Sommern, da hat die Frieda damit angefangen, mich ganz feste an sich zu drücken zur Begrüßung, wenn wir uns ein paar Monate nicht gesehen hatten, und zum Abschied wieder, lang und mächtig Körper an Körper und hat gesagt, Ich freu mich so, oder, Gell ihr müsst aber bald wiederkommen, mit ihrer starken Stimme, die dazu hoch in den Kopf rutschte, ihre starken Bauernhände um meinen Brustkorb, anders als das Geknutsche, das ich mit den Großstadtfreundinnen auszutauschen pflege Woche für Woche, Küsschen rechts, links, Kuss in die Mitte, der feste Griff der Bäuerin war von einer Wärme und Herzlichkeit und dazu von einem geheimnisvollen Wissen geprägt, wer ich halt war, die sie da drückte, auch wenn mir das wie gesagt nicht so klar war, mit Mitte dreißig, da sind Stadtpflanzen ja noch lange nicht erwachsen, und auch wenn ich nicht gleich zur Landwirtin mutierte in ihren Armen, so war ich zumindest die Nachbarin der Bäuerin, und das war schon mal was.

Wir sind nicht mehr zusammen, Frieda, sag ich, und dass es jetzt schon Monate seien, und die Frieda zieht das Kinn an ihren Hals, als wollte sie aufstoßen und an dem dummen Satz würgen und ihn wieder ausspeien aufs Straßenpflaster, Wie meinst du, fragt die Frieda, die Frieda hat tatsächlich von alldem nichts mitbekommen, weder, dass wir letzten Sommer mehr gestritten hätten als sonst, noch, dass der Franz einmal drei Tage weggefahren war, ohne mir zu sagen, wohin, noch, dass er, als er im März alleine hergekommen war, insgesamt wortkarger war als sonst, unzugänglich, untröstlich in seinem Weltschmerz, dass er sich mit Selbstmordgedanken gequält hat, geht die Frieda auch gar nichts an, die Frieda schüttelt den Kopf, die Frieda protestiert, aber im letzten Frühjahr, da hätten wir doch noch überlegt, die Räucherkammer zum Bad auszubauen von den Einnahmen von dem Franz seinem großen Erfolg mit seinem, seinem, womit hat die Frieda vergessen, spielt auch keine Rolle, und wir hätten den Antrag abgeschickt für dieses große Spektakel, unser Frommholzer Freilufttheater, für das die Frauen des Dorfes das Kuchenbuffet stellen sollten, und die Fuchsberger Blaskapelle wollten wir einspannen, da seien wir doch sogar beim Bürgermeister gewesen deswegen, der das eine famose Idee fand, und beim Kulturbeauftragten unten im Rheintal, der uns wenig Hoffnung gemacht hat für die Fördermittel im kommenden Jahr und erst recht keine für die Besucherzahlen in der dünn besiedelten Gegend, da hätten wir doch noch abends bei ihnen, den Hollenwegers, auf der Bank gesessen und mit dem Hubert gefeilscht, ob im Falle eines Falles, falls das klappt, die Zuschauer bei ihm zur Toilette gehen dürften, nur damit wir das hässliche Dixiklo einsparen.

Das Ministerium für Wissenschaft, Forschung und Kunst Baden-Württemberg hat geantwortet. Der Brief vom Ministerium für Wissenschaft, Forschung und Kunst Baden-Württemberg liegt auf dem Nachttisch im unteren Flur. Immer noch. Im Umschlag liegt die Antwort verborgen. Beim Packen heute Nacht hab ich wohl einen Karton darauf abgestellt, und in der Früh hab ich den Karton wohl ins Auto geschleppt, ohne dass mir der Umschlag aufgefallen oder eingefallen wäre, zu sehr war ich wohl in anderen Gedanken, und beim letzten Kontrollgang durch unser Haus hab ich den DinAvier übersehen, vielleicht hat wohl auch mein Anorak darauf gelegen. Wie dem auch sei. Zu spät, sehr geehrtes Ministerium für Wissenschaft, Forschung und Kunst Baden-Württemberg, Ihre Antwort kommt viel zu spät, es gibt kein Zurück, Ottmar, Frieda, Franz, Ministerium.

Es fällt mir wie Schuppen von den Augen, warum der Ottmar so bedeutsam gezappelt hat im unteren Flur, mit dem Ottmar hatte ich das Spektakel von A bis Zett geplant, mit dem Ottmar und dem Elfmederjohnny, mehrere sonnige Mittage haben wir zusammen auf der Terrasse gesessen und Apfelsaft getrunken und Speckbrote gefuttert und von unserem Spektakel geträumt und gerechnet, was wir brauchen, wo wir was einsparen könnten, wen wir voll bezahlen würden müssen und wen überhaupt nicht, wo Reisekosten anfallen würden, wen der Ottmar als Sponsor würde gewinnen können, erst recht, wenn ich unseren befreundeten Seifenopernstar aus der Hauptstadt, zu dem Susa inzwischen mutiert war, für die Hauptrolle gewinnen würde, wie wir das Publikum in der Pause verwöhnen würden mit Kaffee und Kuchen und Grillwürsten und Bier, wo das Publikum zur Toilette würde gehen können, jedes Detail vom Umbau der Scheune, jedes Podest, jede Stellwand, jeden Schminktiegel hatten wir einkalkuliert, und am Ende unserer Träume haben wir den Franz gebeten, sich als Schöpfer unserer Idee auszugeben, auch wenn er de facto bloß das Bühnenbild malen sollte, weil der Franz sich nun mal gerade kurz zuvor einen gewissen Namen gemacht hatte, was dem Ministerium für Wissenschaft, Forschung und Kunst Baden-Württemberg bestimmt nicht entgangen war, worauf wir das Ministerium für alle Fälle in einem Zusatzschreiben hinwiesen, Vita im Anhang, da hockte ein berühmter Comiczeichner auf ihrem Berg im Südlichen und war willens, dem Hotzenwald ein verrücktes Theaterspektakel aufzutischen mit ihrer finanziellen Unterstützung.

Die Antwort liegt auf dem Nachttisch im unteren Flur. Kurz zuckt es mir in den Fingern und Fußgelenken, erneut auf Rückwärtsgang zu schalten und nachzusehen, was das Ministerium für Wissenschaft, Forschung und Kunst zu unserer Idee anzumerken hat, Ja oder Nein, und ob es Geld dazugeben will. Würde. Wollte. Vergangenheit. Es ist gleich. Es gibt kein Zurück, Katze, wir haben uns getrennt, Frieda, das musst du verstehen, Ottmar.

Die Frieda will es nicht wahrhaben, trotzdem, im Januar hat der Franz endgültig Schluss gemacht. Warum, will die Frieda wissen und sieht jetzt richtig ärgerlich aus, wie sie die Augenbrauen zu einer steilen Falte schürzt, wütend fast mit ihrem rotgerannten Kopf, wie ich die Frieda noch nie gesehen hab, Was ist denn in den Franz gefahren, eine Bessere als dich findet der doch nicht. Ich weiß nicht, was ich darauf sagen soll, ich bin mir da nicht mehr so sicher, die Frieda kennt ja nur meine Schokoladenseite, taha, da würde die Frieda einen guten Handel machen, wenn sie mich auf dem Viehmarkt verkaufen müsste.

Ja und was wird dann aus dem Hof, will die Frieda wissen, und ich weiche ihrem Blick aus und wünsche mir, dass sie nicht so schreien möge, aber dafür ist die Frieda zu erregt und ihre Resonanzräume vom Reden zu den Tieren und zu ihrem tauben Mann zu wohl ausgeformt, So einen Hof, den kannst du doch nicht allein bewirtschaften, für einen allein sei das Haus viel zu groß, ob es wegen dem Kind sei, fragt sie in ihrem lauten Singsang, weil ich mir vom Franz ein Kind gewünscht hätte und er habe keins gewollt.

Das mit dem Kind hätte ich mir längst abgeschminkt, behaupte ich abgeklärt und weiß, insgeheim hat das mit dem Kind natürlich eine Rolle gespielt, meines Wissens sei jedenfalls keine andere im Spiel, weiche ich aus, das habe der Franz mir mehrfach versichert, der Erfolg habe ihm einfach den Kopf verdreht, erkläre ich der Frieda, danach sei der Franz in ein abgrundtiefes Loch gefallen und hätte nicht mehr herausgefunden, auch mit meinem Beistand nicht, auch nicht mit Hilfe unserer Mediatorin, dieser viel zu jungen Frau, die heilfroh war, als wir endlich die letzte Sitzung bei ihr hinter uns gebracht hatten, der Franz und ich, vielleicht sei es doch besser, wenn wir uns eine Zeitlang, zumindest sollten wir uns tatsächlich vielleicht eine Auszeit vielleicht vielleicht vielleicht, richtig ins Stottern geraten war sie, das hieße ja nicht, dass wir auf immer getrennt undsoweiter, und dabei sah sie aus, als brauche vor allem sie eine Pause von uns, der arme Mensch, dessen Aschenbecher ich beim vorvorletzten Termin so ungeschickt in Franzens Richtung geschleudert hatte, dass dabei die große Vase zu Bruch gegangen war, die holländische Blumenvase mit den Windmühlen drauf, an denen sich meine Augen in den Sitzungen immer festgesaugt hatten, Windmühlen. Die soll gefälligst Franz bezahlen, hab ich im Affekt geschrien, und der Franz hat gelacht auf seine unvergleichlich überhebliche Art und mir einen Vogel gezeigt, und die Mediatorin hat gemurmelt, ihr sei das eigentlich egal, wer die bezahle, die sei im Grunde nicht besonders kostbar, abgesehen von ihrem gefühlsmäßigen Wert, sie sei halt ein Geschenk gewesen, und daraufhin haben der Franz und ich so heftig darum gestritten, wer nun die verfickte Vase bezahlt, dass unsere Zeit rasend schnell um war und sie uns nach Hause geschickt hat mit den Worten, Bitte ich besorge mir schon eine neue Vase.

In der Großstadt, da stehen sie bei der Paartherapie Schlange, da kriegst du auf Monate keinen Platz bei der staatlichen Ambulanz für gestrandete Lieben, erst recht nicht ohne in Mitleidenschaft gezogenen Familienanhang, die von der Kirche hat der Franz bestreikt, das junge Ding mit dem Aschenbecher hat uns ein Vermögen berechnet, Und wofür, wofür, hat der Franz gezetert, aber wenigstens haben wir es versucht.

Wir haben wirklich alles versucht, versichere ich der Frieda, was wisse ich, der unverhoffte Erfolg und haja, sein Alter, das fortschreitende, habe auch eine entscheidende Rolle gespielt, der Franz sei ja nicht mehr der Jüngste, und so sei halt einiges zusammengekommen, doch das lässt die Frieda nicht gelten, Ich dachte, dafür arbeitet man so hart in euren Berufen, dass man irgendwann einmal die Ernte einfahren kann. Die Frieda muss sich hinsetzen auf den Schreck, sie kommt ums Auto, öffnet die Beifahrertür und nimmt ihren Kuchen auf den Schoß, Da muss ich mich erschd einen Moment setzen, schnauft sie, und dann rollen plötzlich Tränen aus der Frieda ihren Augen über die roten Wangen, kullern ihre wettergegerbte zarte Haut herunter an den vielen Sonnenflecken vorbei, den kindlichen rosa Lippen, und die Frieda wischt sie erst mit dem Handrücken ab, der ist weich und rund, und dann zerrt sie ihre Schürze unter dem Kuchenteller hervor und trocknet sich das Gesicht, und da die Frieda so kleine helle Hände hat, auch wenn sie ungeheuer stark sind vom Ziegenmelken, kommt es mir vor, als säße ein Kind neben mir, und ich fühle mich noch schlechter, ein Kind, dem ich den Glauben an die Eine Große Liebe zerstört habe.

Eine Weile sagen wir nichts und starren nur so in die Gegend, die Frieda, um sich zu beruhigen, ich, um nicht auch loszuheulen. In der Gegend links vor unserer Nase entsteht der Schuppen vom Kohlbrenner junior, als hätte er in seiner Scheune und den Garagen nicht genug Platz für seinen Traktor, den Anhänger, den Schneepflug und die Autos, die Kohlbrenner Judith balanciert mit dem Akkubohrer über das Gerüst, um die Halterungen für die Solarzellen anzubringen, vor fünf Jahren haben die Kohlbrenners mit der Solarenergie begonnen, wegen der staatlichen Bezuschussung hat fast ganz Frommholz nachgezogen, umweltfreundlich statt augenfreundlich, nur unser Doppelhof und ein paar von den kleineren Häusern tragen noch die altmodischen roten Ziegel aus dem letzten Jahrhundert zur Schau, Der Hubert überlegt, ob wir das Dach neu decken lassen, um auch so eine Anlage, beginnt die Frieda, um irgendetwas zu sagen, der Sohn dränge, die Enkel würden profitieren, in zwanzig Jahren hätten sich die Ausgaben nämlich, will sie weiterreden, aber die Stimme zerbricht ihr vom Schreck und sie senkt den Blick, der auf die zwei Stück Torte fällt, die für den Franz und mich, und wieder brechen der Frieda Tränen hervor, und es schüttelt sie, und sie kriegt sich gar nicht mehr ein, so schlimm ist die Meldung von der Trennung vom Franzundmir, dabei haut die Frieda so schnell nichts um, ich hab die Frieda nämlich noch nie weinen sehen.

Die Frieda ist mit mir spazieren gegangen, als ich den kaputten Fuß hatte, da war ich dem Franz zu lahm, und er hat sich jeden Tag mit dem Heu rausgeredet, Ich muss noch den Westhang sensen, Ich muss noch vor dem Haus das Stück beim Birnbaum, Ich muss dem Hubert seinen Kühen ein paar Schubkarren Gras bringen, Ich muss noch das Heu wenden, Ich muss noch schnell das Heu in Sicherheit bringen, es sieht nach Regen aus, und wenn alles von Hand gesenst war, hat er den Rasenmäher aus der Garage geholt und darauf gedrängt, dass endlich die Mittagspause vorbei sei, damit er loslegen konnte, wie der Franz das geliebt hat, sein Gras, und dass es dafür eine Verwendung gab, und wie sein Oberkörper immer gestählt war nach unserem Sommer in Frommholz.

Die Frieda geht am liebsten allein los, sie hat keine Angst im Wald wie manche der jüngeren Frauen aus dem Dorf, denen das unheimlich ist, dem Ottmar seiner Regina zum Beispiel würde das beileibe nicht einfallen, allein durch den Wald spazieren. Der Frieda ist der Wald vertraut von klein auf, die Frieda ist in unserem Doppelhof zur Welt gekommen, in ihrer Hälfte, die sie dann dem Hubert mit in die Ehe gebracht hat. Auf unseren Humpelrunden hat mir die Frieda den Grund gezeigt, der außerdem zu ihrem Hof gehört, und der an den Sohn vererbt wird, hinten am Haldeweg zum Beispiel das Waldstück von der blau markierten Fichte bis zur Abzweigung nach Urbach, früher war da eine große Wiese, wo sich heute Baum an Baum reiht, und die Frieda musste im Herbst die Kühe dorthin treiben, früh sei sie los mit ihrer Herde, die Mutter hatte ihr das Vesperbrot in einem Beutel umgehängt, an der Koppel vom Keilbach vorbei über den Struck, eine Stunde Weg, dort draußen hat sie über die Kühe gewacht, bis es dunkel wurde, Elektrozaun hatten sie ja damals noch keinen, da hockte die kleine Frieda an einen Fels gelehnt und hat geschnitzt, und abends ist sie dann mit den Tieren durch den Wald nach Hause, gelangweilt hat sie sich nie, gefürchtet auch nicht, obwohl sie erst acht Jahre alt war. Nur einmal, da ist die Frieda versehentlich eingeschlafen nach der Vesper, und als sie aufwachte vom einsetzenden Regen, da waren alle Kühe fort, da hat sie einen großen Schreck bekommen und ist stundenlang durch den Wald und hat nach ihrer Herde gerufen und bitterlich geweint hat sie da, als sie klatschnass ohne die Kühe nach Hause kam, und der Vater ist gleich los mit den Brüdern, während die Mutter die Frieda zurückhalten musste und sie ins Bad stecken und auf die Ofenbank pflanzen zum Aufwärmen, und der Älteste hat die Kühe auf der Koppel vom Keilbach gefunden, ganz hinten beim Bachlauf hätten die sich versammelt gehabt, wo ein paar Bäume ein Dach bildeten gegen den Regen, und am nächsten Tag hat der Vater dann der Lise, der größten Kuh, eine Glocke um den Hals gehängt, damit die Frieda immer hört, wo ihre Tiere sich herumtreiben.

Schade sei das, sagte die Frieda, dass der Wald jetzt überall so dicht sei, früher hätte es viel mehr von den Matten gegeben, als jeder noch sein Vieh rausgetrieben habe, da seien die Kinder aus den armen Familien im Tal zu den Bauern heraufgekommen, dass sie so wie die Frieda das Viehzeug hüteten, dafür bekamen sie ein Bett und jeden Tag eine warme Mahlzeit, die langen Herbstferien seien extra ins Leben gerufen worden, dass die Kinder mit den Kühen auf die entfernten Weiden konnten, aber die Jungen heute, die haben ja alle ihren Beruf, und für nebenbei, da mache das Vieh denen viel zu viel Arbeit und bringe ja auch nichts ein, und eine Tochter allein in den Wald schicken, das gehe heute nicht mehr an, deswegen hätten die Nachkommen auf ihre Matten im Wald Bäume gepflanzt, früher, als noch nicht so viele Bäume standen, da hat die Frieda von ihrem Fels aus bis Urbach rübersehen können, das alte Pfarrhaus und den Gasthof zur Mühle.

Das Holz wird der Sohn eines Tages verkaufen und neue Bäume setzen und fällen und verkaufen und so fort, darum haben sie jetzt nur noch die vier Kälber im Stall, weil der Sohn gewissermaßen der neue Herr im Haus sei und weil auch die Schwiegertochter keine Lust habe auf die Melkmaschinen, vier Kälber zum Schlachten und jedes Jahr ein Schwein haben die Altbauern behalten, der Hubert und sie, die Ziegen und die Hühner, und dem Hubert seinen Kater Murle.

Die Frieda war besorgt, weil der Hubert auch keinen großen Hang mehr verspüre nach der Landwirtschaft, der denke ernstlich darüber nach, bei nächster Gelegenheit aufzuhören, wenn der Vertrag auslaufe und sie einen neuen für fünf Jahre abschließen müssten im kommenden Jahr, da seien sie nun im Gespräch, der Hubert, der Sohn, die Schwiegertochter und sie, die Frieda, an der doch die meiste Arbeit mit den Tieren hängenbleibe, ob sie sich nicht weiter verkleinern sollten, aber noch weniger als vier Rinder, zwei Ziegen, die paar Hühner und das Schwein, das könne die Frieda sich nicht vorstellen, sie habe den anderen gesagt, entweder wir behalten das Vieh in der Stückzahl wie jetzt, oder sie höre ganz damit auf, basta, ganz oder gar nicht, da hatte sie ihren Trotz.

Die Frieda sagte, sie möge die Arbeit mit den Tieren, sie gehe gerne in den Stall, auch im Winter, was solle man denn sonst anstellen, die Frieda sagte, wenn sie das aufhörten mit den Tieren, davor grause es ihr, die Frieda sagte, die Vorstellung, dass sie morgens erwache und im Bett liege und sich fragen müsse, Was tu ich denn heute, das fände sie durch und durch zum Fürchten, es sei doch gut für den Menschen, gebraucht zu werden, was sei denn das sonst für ein Leben. Mich grauste die Vorstellung auch ein wenig, dass die Frieda und der Hubert keine Tiere mehr haben sollten eines Tages, das sagte ich der Frieda, wo würde der Franz dann hin mit seinem frisch gesensten Gras, etwa zu den krummhornigen Kühen vom Keilbach-Schmittel, wozu gab er sich so eine Mühe mit dem Heu, wenn der Hubert es nicht in Verwahrsam nahm in seiner Scheune, wer brauchte das dann, welche neuen Ausreden würde der Franz erfinden müssen, um nicht mit mir spazieren gehen zu brauchen. Da lachte die Frieda und versprach, den Hubert nach aller Kraft zu überzeugen, dass sie fünf weitere Jahre dranhängten, vertraglich, mit ihrer kleinen Viehwirtschaft.

Auch, dass er sein Land bestelle, hat die Frieda auf dem Spaziergang gesagt, sei elementar für den Menschen, sie könne gar nicht benennen, warum, um den Besitz ginge es gar nicht, es ginge um die Arbeit, in der Stadt sei das bestimmt etwas anderes, aber hier draußen, da gäbe es eine Verbindung zwischen Mensch und Boden, der brauche den Menschen ebenso wie die Tiere, der Boden, damit er gedieh, und es sei gut, auch von dem Boden gebraucht zu werden, und es bekümmerte die Frieda ein wenig zu sehen, dass die Enkel sich so gar nicht für ihre Scholle interessierten.

Der Hubert wird das nicht gut aufnehmen, sagt die Frieda und schluckt und schüttelt den rosa Kopf, sie öffnet die Autotür, sie muss los, die Kartoffelschalen fürs Schwein hat sie auf dem Herd zurückgelassen, dem Hubert dürfe sie das gar nicht erzählen von unserer Trennung, der habe uns auch so ins Herz geschlossen, der wird sich nicht mehr an neue Nachbarn gewöhnen, Ha nai, und dann steht sie tapfer auf, die kompakte Frau und stellt den Kuchen zurück auf die Sitzbank und wischt sich mit dem Zipfel ihrer Schürze den Schweiß von Stirn und Wangen. Ich mache hilflose Anstalten, meiner Freundin den Kuchen zurückzugeben vor allem wegen des Tellers, weil ich mit meinem Hang zum Tragischen nicht sagen kann, wann und ob ich jemals wiederkehren werde, um ihn ihr zurückzugeben, und die Frieda überlegt für Bruchteile von Sekunden, wie dringend sie ihren geblümten Teller brauchen wird in den nächsten Wochen, Monaten, Jahren, und winkt aber ab, schließlich gibt sie meist bei solchen Gelegenheiten Geschirr raus, das nicht zu einem kompletten Set gehört, Plastikteller oder Einzelstücke, bei denen sie selbst rätselt, woher sie kommen, sie erinnert mich an den Vorabend unserer Hochzeit, als uns viel zu schnell das Porzellan ausgegangen war auf der Straße vor dem Haus, und die Frieda den Enkel geschickt hat mit einem Wäschekorb voller angeschlagener Tassen und Co. zum Zerschmeißen, Weißt du noch, und auch wenn die Frieda so zu dem Schluss kommt, dass sie in der Tat auf diesen Teller verzichten kann, spüre ich, dass sich in ihrer Geste, dem großzügigen Abwinken mit entzündeten Augen, mehr verbirgt als die Tellerkalkulation der bescheiden lebenden Bauersfrau, nämlich instinktiv die Hoffnung, dass uns dies Gefäß aneinanderbinden wird wie eine offene Rechnung, auch über die größte Entfernung hinweg.

STADTSTADT

Berlin ist ein Schock. Obwohl ich nur vier Tage fort war, ist Berlin heute ein Tritt in die Magengegend, mir wird ganz anders, Parkplatz ist auch nicht, dreimal kreise ich um den Block, wo hinter dem Thai und dem Puff unsere Mietwohnung mit eigenmächtig eingebauter Dachterrasse verborgen liegt, Seitenflügel, vierter Stock, mit Gasofen, Duschwanne, kaputter Klospülung, sechs Fenster nach Norden, im Dach die Glastür, und mein Avocadobaum reckt sich vergebens nach der Sonne. Ich halte im Parkverbot vor der Tramstation, ein winziger Hund und seine Oma an der Leine mustern mich vorwurfsvoll, als wäre es zu viel verlangt, zum Straßenüberqueren um mein vollbepacktes Auto herumzulaufen. Die Fahrbahn gehört den Fußgängertruppen der vereinten Billigflugnationen, Spanien ist da, Griechenland, Rom, Oslo, Amsterdam, ein Haufen Asiatinnen in sehr kurzen Röcken fahren Fahrradkolonne und kichern, die Gummis ihrer Tangaslips bilden Kreuze mit ihren Wirbelsäulen, die zwischen Rock und Oberteil herauslugen, während sie um die Tramschienen schlingern, als hätten sie gestern erst Radfahren gelernt, zwei Russen schlecken Eis, drei Polen fotografieren sich gegenseitig vor einem verfallenen Hauseingang, ein Kind zwingt seine Eltern, an der Ampel auf die Grünphase zu warten, der Berliner läuft drauflos, ein Auto bremst scharf, schrilles Klingeln, als die Tram von gegenüber angerast kommt, Hund und Omi müssen zurückweichen, wieder trifft mich ihr böser Blick.

Ich bleibe lange im Wagen sitzen und versuche, mich an das Treiben draußen zu gewöhnen, Dämmerung, rosa Stunde, milde Luft, unsichtbarer Staub, Bestäubung, Straße vor ihrem Haus, Auto, Außen, Innen, Dämmerung, die Fahrbahn gehört dem Fußgänger, der Frühling den Frauen in kurzen Röcken, ein Mopedfahrer schlingert um den Schlitz im Beton, rechts und links und wieder rechts und links und wieder, sein Hintern schwingt im Takt, er ist eine Frau, sie trägt Kopfhörer, Flipflops, hellblauen Nagellack auf den Zehen, sie ignoriert die Autos, umkreist die fröhlichen Menschen, Eis, Kuchen in vielen Farben, ich und Eis, ich könnte ein Eis essen, ich bin zu müde, einen Espresso trinken, die Millionen Möglichkeiten, ich brauche zuerst einen richtigen Parkplatz, sonst verschleppen sie das Auto ins Nirwana, alles ist fremd, das Gerüst über der Bäckerei war vorvorvorgestern noch nicht da, die Gerüste wandern von Straßenzug zu Straßenzug, Viertel zu Viertel, klammern sich an die Fassaden, streifen ihnen frische Farbe über die Risse und Muster und Pilze im Putz, Stadtstadt, fremde Menschen, die den Lenz feiern, aufgedrehte Touristen, Ureinwohner mit Tunnelblick, Menschen, Menschen, Millionen Gefühle, Geschichten, aggressive Träume vom Glück, Ängste, Neurosen, Beklemmungen, all ihre Hoffnungen auf dem Gehweg ausgebreitet, vor aller Augen, in gemieteten Zimmern kultiviert, mit Blick auf die Straße, auf einen Baum am Straßenrand, einen Busch neben den Mülltonnen, ein paar Blätter, vielleicht ein Balkon, vielleicht Lavendel im Blumenkasten, kein Boden, bodenlos, haltlos, Türklinken auf Zeit geliehen, und für die Klospülung zeichnet die Hausverwaltung verantwortlich.

Ich hatte nie einen Bauernhof besitzen wollen, aber heute hier hinterm Steuer im Halteverbot fehlt mir Frommholz plötzlich so sehr, dass ich gleich wieder losheulen will, nicht vor, nicht zurück. Der kleine Hund macht den nächsten Anlauf, mit seiner Oma die Straße zu überqueren, sie folgt ihm zögernd, ich öffne die Tür, aussteigen, Kofferraum öffnen, Sachen hochtragen, vierter Stock, Seitenflügel, mir graut vor den traurigen Einzimmerwohnungen gegenüber, wo die Studentin sich Spaghetti kocht, sich die Augenbrauen zupft, dem Basilikum Wasser spendet, wo der dicke Mann am Fenster eine Zigarette raucht, das unbarmherzige Licht einschaltet, der Bauch Schatten unter ihn kleckst, er den Pyjama überzieht, wo bald darauf die Nachttischlampe gelöscht wird und Dunkelheit über die Einsamkeit hereinbricht, wo, wo bist du so allein gelassen wie in der Enge zwischen den vielen anderen.

Frühling, Frühling, Frühlingsluft dringt ran, irgendwo werden Waffeln gebacken, ein Stück den Bürgersteig hinunter, links wird eine Tüte geraucht, irgendwo blüht was, eine Linde, eine Pappel vielleicht, was weiß ich, Löwenzahn mit Grasbüschel zwischen den Pflastersteinen, Zuckerguss, die Straße duftet nach der grauen Bremsspur von eben, Stimmen vor den Cafés bilden ein undurchdringliches Gewirr aus Sinnfäden, unser sicheres Netz der Selbstvergewisserung, Menschenmenschen hocken alleine oder mit ihrem Laptop oder mit ihrem Buch oder auch zu zweit oder in kleinen Gruppen vor den großen Scheiben auf Stühlen an Tischen, bunt zusammengewürfelte Cafétische, klapprige Plastikstühle, hippe Polstermöbel, Kunstleder, Mobiltelefonie, Champagner für zweifünfzig das Glas, das Café als Kunstwerk, Lebenseinstellung, Farbe bekennen, alle sind mit etwas beschäftigt, nippen an Gläsern, kramen in Handtaschen, winken der Kellnerin, schauen konzentriert, konsterniert, entspannt, lächeln, werfen sich Wörter und Sätze zu, Stimmabsonderung, passende Kopfbewegungen, sonderbares Benehmen, Frauen mit Geheimnissen zelebrieren Gesten und Tonfälle oder geben sich natürlich, aufgeschlossen, unheimlich cool das alles, und vergessen ein Weilchen, wie alleine und haltlos sie sind auf dem Beton.

Oder bin das nur ich, die haltlos ist, bin das nur ich, die sich sorgt, dass Frieda und Hubert ihre Tiere weggeben und morgens nicht mehr wissen, wozu sie aufstehen sollen.

Corinna wird sagen, Das hast du jedes Mal, in paar Tagen findest du das alles wieder in Ordnung, aber am liebsten will ich kehrtmachen und im Umland ein Zimmer nehmen, schnell irgendwo auf dem platten Land, wo niemand lebt außer einer gleichgültigen Wirtin, die keine Fragen stellt, wo das Frühstück aus löslichem Kaffee besteht, mein Gepäck hier auf der Stelle auf dem Bordstein zurücklassen und nie wieder einen Blick darauf werfen, keine Umkehr, kein Heimkommen, Berlin ist mir zu fordernd, alleinstehend, ewig auf der Suche, immerzu am Sich-Erneuern und -Kultivieren, ich will mich nicht erneuern, ich will mir nicht mal etwas Stadthaftes anziehen, ich habe keine Kraft mehr, ich bin müde, ich brauche einen Kaffee, vielleicht in meinem Lieblingscafé, aber da traue ich mich heute nicht hin, nicht in dem Aufzug, immer noch in der Kluft vom Bauernhof, unförmige Latzhose, viel zu großer Kapuzenpulli, als wäre das ein Statement, nicht mit der Unfrisur, und dabei sind mir die anderen scheißegal, ich bin nur müde.

Du bist achthundert Kilometer gefahren, natürlich bist du müde, wird Corinna sagen, und, Hey wenn du Franz' Videokassetten verschenken willst, immer her damit. Ich hab mir eingebildet, Berlin passt jetzt zu mir, meine Stadtstadt, in der ich alleine angefangen habe, in der ich auch alleine aufhören kann oder mit einem Dackel an der Leine, der mich führt. Das Gepäck ist oben inklusive Friedas Kuchen, den ich nicht angerührt habe, die ganze Fahrt keinen Bissen runtergekriegt, ich möchte am liebsten nur kurz auftanken, den Kuchen auffressen, einen Kaffee dazu und sofortement zurück nach Frommholz, Frommholz, und dort wieder aus dem Auto steigen in die große Stille, die nur unterbrochen ist, wenn der Hollenweger das Holz für den Winter hackt, wenn eine Ziege meckert oder dreimal am Tag der Bus hält, ja ja, ich will den Ofen befeuern, Wasser aufsetzen, einen Pfefferminztee mit der Minze vom letzten Jahr aufgießen, den Kühlschrank einfach wieder in Betrieb nehmen, die Mäusehaufen vom Herd wischen, eine Scheibe Brot abschneiden mit dem Pfunder Eugen seinem Brotmesser, Butter und Marmelade darauf aus den Kirschen vom vorletzten Jahr, das Telefon gar nicht erst anschließen, in der Dämmerung noch schnell einen Spaziergang an die Grundgrenze, mit dem Kirschmarmeladenbrot in der Hand, sehen, ob zufällig gerade die Alpen da sind, es gibt sie nämlich wirklich, Franz, sie sind da, man muss nur rechtzeitig schauen, heute in Blutorange, das schweigsame Band über dem ersten Himmel, die Wiese riechen, mich auf die morsche Holzbank vor dem Zaun setzen mit Blick nach Westen auf die Wipfel der Fichten, den Untergang der Sonne erwarten, frösteln, über die gepachtete Weide vom Keilbach-Schmittel zurück zum Haus rennen, drinnen ist es ein bisschen warm geworden, riecht jedenfalls nach Holzfeuer, Mäusedreck, den Tee trinken, Wollsocken, die Fellpantoffel, eine von den dicken Jacken überziehen, Stoff, der in der Nase juckt, die Lampe in der Stube einschalten, irgendein Buch ist da immer liegengeblieben, lesen, nach dem Feuer sehen, lesen, bis die Augen mir zufallen, vor dem Zubettgehen noch einmal vors Haus treten, einen tiefen Atemzug tun, diese kleine Welt einatmen, die sternklare Nacht, einen Satelliten für eine Sternschnuppe halten, mich erinnern, wie ich in der Nacht vor der Hochzeit nach dem Poltern mit Corinna spazieren war durch den Sternschnuppenregen, einen Wunsch denken, alles für mich behalten, für mich sein, für mich, für keinen sonst, nicht mal die Tiere, hineingehen, die Hintertür verschließen, den eigenen Schritten auf den alten Dielen nachlauschen, war da was, war da wer, wo bleibt der Franz, der Franz sitzt vor dem Fernseher, ach nein, der Franz hat den Fernseher mitgenommen, der Franz immer, der schleicht sich in den Traum und zerstört alles, der Franz mit seiner Not, der Franz mit seinen überflüssigen Fragen ans Leben und das Dahinter, im Bett eine Runde heulen, weil der Franz nicht da ist und dahinter auch nichts, aber nur kurz, schließlich kann ich gut allein, sogar hier draußen, sogar in der Not, sogar hier in der echten herrlichen Einsamkeit, wo lediglich ein Reh und ein Pfunder Alois ihr Unwesen treiben, wo die Menschen bei sich bleiben und sich nicht in interessanten Gesten und geräumigen Handtaschen verlieren.

Der Avocado lässt die Blätter hängen wie ein Selbstmörder, ihre Spitzen knistern trocken, ich hab vergessen, dem Avocado vor meiner Abreise Wasser zu geben, macht mit der trockenen Woche davor zehn Tage ohne Wasser, bedeutet für den Avocado eine lange Dürre, fraglich, ob er durchkommt, und ich bilde mir ein, eine Liebhaberin der Pflanzen zu sein, ein Baumschüler bleibe ich.
Corinna sagt, Du klingst gar nicht gut, und bietet an, das Yoga ausfallen zu lassen, ihr Date mit dem One Night Stand

um ein, zwei Stunden zu verschieben und vorbeizukommen. Neinnein.

Ich sehe mich in der halbleeren Wohnung um, immer noch alles fremd, wo vorher der Franz war, lieblos leer, ein Provisorium wie das Leben in der Stadt überhaupt, früher dachte ich, zur Miete wohnen entspreche am ehesten unserem Dasein, diesem möglicherweise von Gott geliehenen Intermezzo auf Erden, heute Abend weiß ich, Frieda hat recht, Der Boden ist elementar für den Menschen, dass er sein Stück Land beackert, dass er sich mit der Erde verbindet, bevor er Staub wird, was suchen all die Menschen auf dem Haufen Stadt, auf den Steinen, was treibt sie zueinander, wozu reiben sie sich täglich ineinander, aneinander vorbei, da die Jobsituation so düster geworden ist, sie freuen sich ja doch, wenn sich der Verkäufer im Coffeeshop eines Tages ihren Namen merkt, wenn ihnen der Weinhändler von Gegenüber das Du anbietet, und mir nichts, dir nichts pfeifen sie auf ihre Coolness, die schicke Anonymität der Twentysomethings, und werden Thirtysomethings und stecken den Kindern im Vorderhaus zu Nikolaus Schokoladennikoläuse in die Winterstiefel und versuchen, sich ihre Vornamen zu merken, Dennis und Lydia, Eldrid, Moritz und der kleine Bruder von Demunddem, verwechseln das Zeitungsabonnement mit Nestwärme, picken irgendwann in den Parks Halme auf, Kastanien und bunte Blätter, wie früher, tragen sie in ihre kalten Übergangswohnungen zu den Zahnstochern und hoffen, dass sich daraus ein Nest ergibt, leben zwar noch die Unverbindlichkeit, als handele es sich um ihre Wahlwahrheit, fragen sich aber bereits mit Hilfe von Profis, woher die Traurigkeiten kommen, die überraschenden Niedergedrücktheiten. Das kommt davon, dass wir nicht Friedas Vieh füttern tagein, tagaus, nur wer sich täglich um seine Tiere kümmert, entwickelt eine Beziehung, ich hab dich täglich gefüttert, wo soll ich denn jetzt hin mit meiner kaputten Liebe, Franz.

Was hat mich hergezogen in die Großstadt, was hat mich nur geritten, die ich die ersten Jahre meines Lebens, die Kindheit, auf dem Land so genossen habe, unser Zuhause in der Senke, ich Landei, den vertrauten Platz, den angetrauten, den Eltern beim Kistenpacken das Leben zur Hölle gemacht habe mit Gebrüll, heißt es, den Eltern vorgeschlagen hab, dass die Frau Niederländer aus dem Dorf mich aufnehmen soll, dass ich in der Nähe bleibe von unserem feuchten kleinen Haus, meinem Zuhause, das ich nicht loslassen wollte, das erste Haus der Eltern, das erste eigene, den großen Garten mit dem Hasenstall und Mutters Bohnenstangen, den Bachlauf, den Geräteschuppen, Kohlrabi, Karotten, Bohnen und Bohnen, grün und weiß und bitter roh, Pferde auf der Koppel gegenüber, Bäume auf dem Hügel, Hundespaziergänge im Bademantel, laufen, laufen, rennen, Fahrradfahren lernen, mit dem Fahrrad zum Schwimmbad, mit dem Schlitten den Hang runter, das Iglu, in dem der Vater stehen konnte, der sehr lange Vater, das sehr hohe Iglu, Schlittschuhlaufen auf der Pfütze vor dem Haus, im Kreis gewirbelt werden auf dem Eis, Pfützen überall, Überschwemmung im Keller, Gummistiefel, die Große in Vaters Gummistiefeln, Blitz und Donner, offener Himmel, aufgeschürfte Knie, das Baumhaus hinter dem Schuppen, Heimlichkeiten, geteilte Kinderzimmer, Toben auf der Treppe, wir zwei Kleinen auf der Wippe, in der Autoreifenburg, beim Hasen, die Großen mit den Flöten, mit den Schultüten, mit den Schulfreunden, wir Kleinen voller Fingerfarben, Frau Niederländer, die das Essen kocht, der Kater schleppt

Mäuse in die Küche, die Hunde essen sie auf, die Hunde jagen den Hasen, die Oma flickt die Hosen, Vaters Mutter im Sessel unter der Lampe, Verstecken bei den Brombeerhecken, Versteckspiele, Nachlauf, Sommerfeste, Kasperletheater, die Oma im Liegestuhl, ihre knorrigen Füße, zwei Planschbecken für vier Kinder und ihre Cousins und Cousinen, wir Nackedeis, meine Speckfalten, die Pimmel der Brüder, die Sandalen der Schwester, Gekreische, Gejauchze, Kitzeln, Kämpfe im Gras, wer zuerst oben liegt, wer oben liegt, der spuckt, die Holzpantinen der Mutter auf der Treppe, ihr Rufen durch das Haus, den Garten, den Hang rauf, der Kleine, der sich im Rennen einen Stock in die Wange rammt und genäht werden muss, die Großen, die schon das Einmaleins beherrschen, zweimalzwanzigmachtvierzig, Hühner, Kühe, Schulfreunde, Kindergartenfreundinnen, die Oma nickt ein, Wiesen, Kornblumen, der Friseurbesuch im Dorf, Faschingsball in der Turnhalle, Vaters geliebte Ausflüge zur Müllkippe, Stöbern nach verwunschenen Schätzen, der Nachbarbauer, der so mÖfft, dass er keine Frau findet, Kühemelken beim Hunsicker, Erdbeerernte, Kirschernte, Apfelernte, Äpfel zur Presse bringen, Bohnen Bohnen Bohnen, Fahrgemeinschaften zum Kindergarten, meine erste beste Freundin, die Silvia Haselmeier aus dem Dorf, in deren Hausflur es stets nach Mittagessen roch.

Ich versichere Corinna, Jajaneinnein, dass schon alles in Ordnung sei, der übliche Abschiedsschmerz vom Bauernhof, auch wenn ich nur dreieinhalb Tage draußen war, die lange Autofahrt ohne den Franz, ich bin zu müde zum Erzählen, den Verkauf habe ich vermasselt jajadasschon, ich möchte Corinna das seltene Rendezvous mit ihrem One Night Stand nicht vermasseln, zwanzig Minuten später steht sie doch vor der Tür, Deine Stimme, sagt sie, so traurig hätte ich mich selten angehört, nicht mal in der schlimmsten Zeit mit dem Franz beziehungsweise ohne, und, ihren One Night Stand könne sie nachher noch sehen und das ganze Wochenende. Corinna trägt Zöpfe, ein Minikleid, bunte Überkniestrümpfe, Schnürstiefel mit hohem Schaft, von hinten sieht sie aus wie Pippi Langstrumpf mit vierzehn und blondierten Zöpfen, von vorne wie vierzig.

Wir bugsieren Corinnas Fahrrad über die Kisten aus Frommholz in den Flur, in dieser Stadt darfst du dein Fahrrad nicht eine Minute allein auf der Straße lassen, wenn es dir lieb ist, erst recht nicht Corinnas Flitzer, in Frommholz kannst du das Auto offen und den Schlüssel stecken lassen, du kannst das Navigationsgerät an der Scheibe kleben lassen, du kannst den teuersten Laptop der Welt auf der Rückbank vergessen, wenn dir danach ist, vielleicht klopft eines Tages jemand an deine Tür, zum Beispiel dem Ottmar seine Kleine, die Moni, um dir mitzuteilen, dass deine Fenster runtergekurbelt sind und es auf deinen Laptop draufregnet, wenn du spazieren gehst, lässt du die Haustür offen und nachts, wenn du nicht gerade allein daheim bist und der Alois ums Haus schleicht, haben wir nie abgesperrt.

Ich biete Corinna von Friedas Torte an, aber sie hat Lust auf Salzig, will mich rauslocken auf die Straße zu den Menschen, den Cafés und den Kinos, auch wenn mir mulmig ist vor den Menschen, den Cafés und dem überbordenden Kinoprogramm. Ich habe nicht die Kraft, mich umzuziehen, nebeneinander müssen wir aussehen wie Michel Lönneberga und Pippi Langstrumpf mit vierzehn, die sich in die Großstadt verirrt haben, von hinten, versteht sich, von vorne wie zwei ewig jung gebliebene alte Stadtschlampen.

Corinna winkt dem Kellner, einem arroganten Arschloch, das so tut, als würde ihm nicht nur die hippe Bar, sondern die ganze Stadt Berlin unterworfen sein inklusive Kleiderordnung, das sich alles übertrieben umständlich notiert für die lächerliche Strecke bis zur Küche, wo sein Chef Speck um die Pflaumen wickelt, Corinna bestellt uns Tapas und Champagner für zweifünfzig, das schlanke Arschloch mit dem eng anliegenden Polohemd hebt herablassend die Brauen, weil wir nur Sonderangebote ordern, wackelt mit dem Arsch Richtung Küche, reicht seinen Wisch durch die Durchreiche, schlängelt sich zurück zum Tresen, nimmt voller Verachtung Getränke entgegen, wirft den Kopf zurück und bringt zwei Gläser Champagner an den Nebentisch, jedem Lokal sein Arschloch.

Plötzlich hält er in einer seiner eleganten Arschdrehungen inne und erstarrt zu einer Salzsäule und starrt auf die andere Straßenseite, wo gerade Javier Bardem aus einem Taxi steigt. Der breite Mund vom Kellner bleibt für Berliner Verhältnisse viel zu lange offen stehen, Das ist doch, Ist das nicht, stammelt er erregt. Das ist Javier Bardem, Arschloch, raunt ihm Corinna zu, und erklärt mir, dass Javier Bardems neuer Film heute Abend Europapremiere feiere und dass dieser Mann der einzige Hollywoodschauspieler sei, bei dem sie feucht werde, das passiere ihr bei sonst keinem, und der Arsch von einem Kellner stottert leise, I i i ich auch, lässt all seine Grazie sausen und verharrt minutenlang zwischen den Cafétischen als Obelisk mit offenem Mund, da ist Javier Bardem mitsamt Gefolge längst außer Sichtweite, und Corinna schlägt vor, He Arschloch wie wärs wenn du uns endlich den Champagner bringst, und der Arsch vom Dienst ist so beseelt von dem, was er Seine Begegnung der Woche nennen wird, dass er Corinna widerspruchslos gehorcht.

Corinna hat die Zweite Regieassistenz bei dem fingierten Making-of eines Pornofilms übernommen, ihr erster voll bezahlter Job seit Jahren, eine Internetcomedysoap, die eine große Telefongesellschaft in Auftrag gegeben hat. Corinna hat Elisabeth eine Episodenhauptrolle zugeschustert, aber nie oben ohne, Elisabeth sei total aufgeblüht von dem Pornoquatsch, Elisabeth sei komischer als der ganze Rest der Kackbande, keiner hätte Elisabeth das zugetraut, keiner, nicht mal Corinna. Die große Telefongesellschaft habe leider kalte Füße bekommen, nachdem beim Mustergucken alles problemlos durchgeflutscht sei, und die besten Stellen aus den Folgen, die schon online gestellt seien, nachträglich zensiert, die Feigschwänze. Jetzt plane sie, Corinna, zusammen mit dem ersten Regieassistenten, ein reales Making-of vom inszenierten Making-of zu schneiden, jemand habe nämlich ihr, Corinna, von wegen Script Continuity so eine schmale Digitalkamera in die Hand gedrückt während der Dreharbeiten, if you know what I mean, das Of vom Of sei einfach der verfickt beste Porno von allen.

Wir trinken eine Menge Champagner für zweifünfzig, bis sogar der blöde Arsch von einem Kellner sich herablässt, freundlich zu sein, wir lachen zu dritt über die saudumme Telefongesellschaft, die erst einen auf dicke Eier macht mit ihrer Internetserienidee und dann so dermaßen kleinkariert den Schwanz einzieht bei völlig harmlosen Stellen, absolut jugendfreiem Kram, keine einzige Pussy kriegst du da zu sehen, Corinna und der Kellner reden über Pussys wie über ihre vielen Haustiere, der Kellner hat nämlich auch ein Haustier, einen Husky hat er, wunderschön, weißgrau mit einem braunen und einem blauen Auge, gegen halb zehn Uhr zieht er ein Foto hervor von seinem Freund mit dem Husky an der Leine, der Arsch, die große Telefongesellschaft

bleibt der Lacher des Abends, die blöde Fotze Telefongesellschaft, die Corinna und ihrem ersten Assistenten womöglich
die beste Werbung aller Zeiten bescheren wird, wenn sie
echterdings einen Streit provoziert um die Rechte des Of
vom Of, besser könnte nichma mein schrecklicher Cousin
das arrangieren hihihi, ich sage, Ich bin herrlich müde schon
ich würde bestimmt gleich einschlafen ganz sicher gähn
schnarch, Corinna beschließt, ihr Fahrrad zu ihrem One
Night Stand zu schieben, weil sie zu betrunken sei zum
Fahren, erst recht um die Straßenbahnschienen drumherum
dideldei dideldum.

Elisabeth hat auf den Anrufbeantworter gesprochen, nüchtern, ihre tiefe Stimme, ihr Mann Fjodor ist gestern gestorben, am Freitag ist die Beerdigung, sie habe keine Zeit, Ein-
ladungen zu verschicken, sie rechne fest mit mir, direkt drauf
hat mein Cousin angerufen und das Band vollgelabert, Na,
hey, na, wie es gelaufen sei in Frommholz mit dem Haus-
verkauf, how how how, und ob ich wüsste, wo und wann
Fjodors Beerdigung vom Band ginge, er habe gelesen, dass
Fjodor gestern gestorben sei, ob ich ihn mitnehmen würde
auf die Trauerfeier, Bernd, der keine Party auslässt, seit er
mit seiner kleinen Familie in den Speckgürtel gezogen ist.

VON WEGEN SCHLAFEN MIT JAVIER BARDEM

Ich werfe mich in der Latzhose aufs Bett oder was davon übrig ist, der Franz hat bei seinem Auszug auf das Bettgestell verzichtet, obwohl es ihn ein Vermögen gekostet hat, seine Bleibe sei zu klein für ein Doppelbett, unser Liebesnest, wozu schaffen die Menschen sich Ehebetten an, wenn dann wenn, er hat nur eine der Matratzen mitgenommen, neben mir, nur teilweise vom Laken bedeckt, klafft der nackte Lattenrost als offene Wunde, über mir dreht sich die Decke in kleinen Kreisen, Fjodor ist tot, alles dreht sich um den Wandauslass der Deckenbeleuchtung, die Kabel drehen durch, braun und blau und gelbgrün, so viel weiß ich, das kann ich weiß Gott nicht erkennen in der Dunkelheit.

Neben mir fehlt nicht nur eine Matratze, wen soll ich denn jetzt füttern, Frieda, ich werde nie mehr kochen, beschließe ich, ich werde Frommholz nie wieder sehen und nie mehr kochen, ich werde jeden Tag zum Thai rennen oder zum Tapasladen oder eine Nudelbox oder eine Pizza to go, mir wird übel vom Durcheinanderessen, ich glaube, ich muss mich übergeben, vorsichtshalber schleppe ich mich ins Bad und über die Kloschüssel und merke erst, als der Andrang vorüber ist, dass der Klodeckel geschlossen war, dass ich die ganze Zeit über dem verschlossenen Deckel auf die Kotze gewartet habe, na Prost Mahlzeit, Fjodor muss nicht mehr kotzen, Elisabeth liegt jetzt allein in ihrem Bett, ich fasse den nächsten Beschluss, nämlich heute Nacht meine Trauerarbeit zu beenden, ich habe genug geschluchzt und mir den Kopf zerbrochen, auch über den Brief von Franz anno dazumal, seine Abschiedsworte, in denen ich wie verrückt nach einem Rest Zärtlichkeit suchte, du denkst vielleicht, je weniger du schriebest, desto klarer stünde dein Entschluss im Raum, Franz, jedoch in Wirklichkeit ist bloß mehr Platz zwischen den Zeilen, Du habest keine Liebe mehr in dir für nichts und niemanden, jaja dich inklusive, ach leck mich doch am Arsch, Franzl Franz.

Ich raff mich jetzt auf und geh ins Kino, jawohl Javier Bardem auf Breitwand, und mal sehen, ob ich davon feucht werde im Schritt trallalla, ich werfe mir einen Anorak über und los und auf halber Treppe fällt mir ein, dass ich Geld mitnehmen sollte, Geld die Sau, in Frommholz hab ich nie Geld dabei, wenn ich rausgehe, nichts, nicht mal ein Handy, weil ja im Wald sowieso kaum Empfang ist, ich also wieder rauf, Geld holen, wo hab ich meine Geldbörse versteckt, wo hab ich die, ich hab sie hier in der Seitentasche in der Latzhose, na bravo, weil ich doch vorhin schon mal draußen war, klarklar vor tausendundeins Jahren, weil ich doch Corinna auf den Champagner eingeladen hab, den vielen billigen, hoffentlich reicht das Geld noch für eine Spätvorstellung, wenn, dann schlafe ich im Kino mit Javier Bardem, wenn überhaupt, dann schlafe ich im Gehen ein, wer will denn in einem halbtoten Ehebett übernachten, keiner niemand, was hast du dir dabei gedacht, Franz, mir die zweite Matratze wegzunehmen, mir deine Liebe zu entreißen, unsere, pah, mir kommen gleich die gebackenen Speckpflaumen hoch und die Krabben in Knoblauch, mir kommt gleich das ganze letzte halbe Jahr hoch, die letzten elf zwölf dreizehn, ich brauch ein paar Salzstangen, um den Champagner zu neutralisieren, ich mache einen Schlenker über den Spätkauf, ich kaufe Franzens Lieblingssalzstangen, der Verkäufer in unserem Spätkauf denkt, ich kaufe Salzstangen für Franzl Franz, meinen Mann, weit gefehlt, ich kaufe Salzstangen für den Champagner in meinem Bauch, und jetzt gehe ich ins Kino und schließe die Trauerarbeit ab und schlafe mit Javier Bardem in der Spätvorstellung voilà voilà voilà.

Der Film läuft seit über einer Dreiviertelstunde, die Kassiererin rät mir zu einem anderen Streifen, der erst in zwei Minuten anfängt, weil man den mit Javier Bardem von Anfang an sehen müsse, ganz ehrlich, sie grinst unverschämt, come on, denke wiederum ich, du besorgst es dir hier mit Javier Bardem, hab ich recht, heimlich über einen deiner winzigen Monitoren, du willst ihn für dich haben, Den Film musst du von Anfang an sehen, sagt sie, Glaub mir der Anfang ist der Wahnsinn, und ich bin noch zu unerfahren in meinem postliierten Leben, das ja auch ein total selbstbestimmtes Leben werden sollte, was denn sonst, und widerspreche nicht, sondern löse brav ein Ticket für den anderen Film, einen mit viel Handlung und wahrscheinlich sogar ein paar Verfolgungsjagden, einen Franzfilm, einen, den sich der Franz nach solch einem Tag angesehen hätte, hättehätte popätte, In memoriam Franzl, sage ich und grinse möglichst genesen, tschüs Kummer ciao ciao Vergangenheit, und die Kassiererin versteht nur Bahnhof, wie denn auch, was weiß denn die schon von mir außer dass sie meine Absichten auf Javier durchschaut hat, die ihre Pläne kreuzten, du kannst ihn haben, Kassenfrau, ich geh in memoriam Franzl hihihi, beim Zahlen rutschen mir fast die Salzstangen unter dem Anorak raus, aber nur fast hihihihihihihi, ich nehm also das Ticket und komm in den leeren Kinosaal, leer bis auf den letzten Sessel, freie Platzwahl, ich wähle weit vorne in der Mitte wie zum Trotz, weil Franz nämlich immer einen Sitz hinten am Rand brauchte, er immer den Randplatz, dass er seine Haxen in den Flur legen konnte, und damit er notfalls schnell raus war aus dem Saal mit den Menschen, der Franz mit seiner Anthrophobie, sogar in einem leeren Kino hat er sich hinten an den Rand gesetzt, sogar heute würde der sich hinten hihihinsetzen, Franzl Franz, der Arsch der Zerstörer meiner großen Liebe, der Aufesser meiner besten Jahre, ich reiße die Tüte von den Salztangen weit auf, dass sie beim Nachfassen nicht so knistert, und lege die Füße hoch und vergewisser mich aus reiner Gewohnheit und fürchterlicher Höflichkeit, die ich mir selbstverständlich in meinem neuen Leben abgewöhnen werde, ob die niemandem im Bild stecken, und seh im Augenwinkel, dass da ganz hinten am Rand ja doch jemand sitzt, genauer gesagt der Franz.

Ich fahre herum zurück, starre blicklos nach vorne, rutsche tief in den Sessel hinein, einen Moment lang krieg ich keine Luft beziehungsweise halte ich den Atem an, bis ich merke, dass ich keine Luft mehr kriege, zum Glück ist es so dunkel im Saal, dass keiner merkt, wie ich purpurrot angelaufen bin, nicht mal die Schauspieler auf der Leinwand oder die, die hinterm Vorhang auf ihren Auftritt warten, ich ziehe viel zu abrupt die Füße an, damit Franz meine Schuhe nicht erkennt, dabei kippen mir die Salztangen vom Schoß und verteilen sich gleichmäßig auf dem Fußboden, hör zu, Franz, so läuft das nicht, du kannst mir nicht Abend für Abend vermiesen, das Kino ist zu klein für uns beide, im Film werden hintereinander drei Leute erschossen, ein fesselnder

Anfang, die Kleindarsteller fallen um und haben Feierabend, so wäre Fjodor auch gerne gegangen, ein Schuss aus dem Hinterhalt statt monatelange jahrelange Qualen und Therapien und die verrückten Hoffnungen seiner Frau und die fordernden Händchen der Zwillinge, die ihre ersten Wörter in deutscher Sprache formulierten, Mama und Da und gluckgluckgluck und Baba, was so viel heißt wie Papa, sie winkten und stolperten ihm hinterher und suchten ihn in den Schubladen der Küchenschränke, so dünn war er geworden, fast wie Papier, Wo geht der Papa hin, Warum kommt der Papa nicht zum Frühstück, Wo wird der Papa hingetragen, sich abknallen lassen statt sich selbst nicht wiedererkennen vor lauter Todesangst und im Spiegel schon gar nicht.

Ich beschließe, den Film auf Teufel komm raus zu genießen, auch wenn er nicht nach meinem Geschmack ist, null, ich befehle mir, total selbstbestimmt, den Franz in meinem Rücken wegzublenden, ich werde keine Sekunde länger auf das Leben warten, das ich ureigentlich führen will, Fjodor ist gestorben, das kann jedem mal passieren, wie oft habe ich mich bei dem Gedanken ertappt, auch vorher schon, während der Franzzeit, dass mein Leben, so wie es gemeint ist, demnächst erst beginnt und habe Demnächst immer weiter hinausgeschoben, unbewusst und uneins darüber, wie mein Leben demnächst überhaupt auszusehen hat außer irgendwie anders, irgendwie etwas mehr öh ähm anders halt. Gar nicht bewusst gedacht hab ich das, eher als Gefühl mit herumgetragen, ein unbeschreibliches Sehnen, für das es nicht die adäquaten Buchstaben gibt und das auf Franzens Liste der auszumerzenden Ungeziefer ganz oben stand, sag halt, was du willst, was passt dir denn schon wieder nicht.

Ich lege die Füße hoch, bitte sehr pa taha, und kippe bei dem Versuch, ein paar Salzstangen vom Boden aufzulesen, fast selbst vom Sessel, Fjodor ist aus seinem Körper ausgezogen, Elisabeth ist Witwe, die Zwillinge suchen ihren Vater in allen möglichen Schubfächern, sein Leib friert in einer großen Schublade im Keller eines Krankenhauses wie all die Leichen aus dem Fernsehen, der Franz ist aus unserer Wohnung ausgezogen, der Franz war einmal, der Franz hat mich bestimmt nicht erkannt, wie denn auch, der Franz würde nie auf die Idee kommen, dass ich mir nach einem anstrengenden Reisetag alleine so einen Film reinziehe mit zwölf Toten in den ersten sieben Minuten, noch dazu in der Spätvorstellung.

Disziplin kommt nicht unbedingt vor in meinem eigentlichen Leben, das ja von Leidenschaft geprägt sein soll, Lust und Lastern undsoweiterundsofort auf L, aber doch nicht von Stundenplänen und Disziplin, und doch und dennoch schaffe ich es tatsächlich, mich ganze zwei Stunden und paar Minuten nicht mehr umzudrehen nach dem Franz und stattdessen mit größtmöglicher Aufmerksamkeit dem Leinwandgeschehen zu folgen, nachher werd ich trotzdem nicht sagen können, was der Protagonist von diesem Professor mit dem albernen Hut wollte, ob die Frau und Bettgefährtin mit den roten Haaren auf seiner Seite war oder zu den Bösen gehörte, die ihn die ganze Zeit über bespitzelt haben, um irgendein verdammtes Geheimnis zu lüften, was wiederum etwas mit seiner DNA zu tun hatte oder den Genen seines Hundes, oder jedenfalls mit diesem Minichip, den er dem Hund in der dritten Szene hinters Ohr implantiert hat, wobei ihn dann die Rothaarige überranaja, das Weiße Haus hat jedenfalls nicht auf den Mann gehört, obwohl er eindeutig der Held war, wir ahnen, wohin so was führt, man sollte immer auf den Darsteller mit den meisten Drehtagen hören, das kann doch nicht so schwer sein, die Kamera zuckte durch die Gegend, als hockte Bernd hinter der Linse, nicht gerade ein Geheimrezept gegen Brechreiz, ich schaffe es wie gesagt trotzdem, den Kopf nicht zu drehen, und als das letzte Bild erlischt ins Schwarz und noch ehe der Abspann anläuft, zähle ich bis drei, so lange braucht der Franz normalerweise, um vor allen anderen aus einem überfüllten Kinosaal zu stürzen, und da ich zur bombastischen Schlussmusik hochschnelle, weil ich nämlich auch genug hab von der Lärmbelästigung zu so später Stunde und ja irgendwie auch selbstbestimmt bin und nicht ferngesteuert und mich dem Ausgang zuwende und unbedarft blinzele, ist er verschwunden, weggefadet, das Licht dimmt rauf, und der Abspann behauptet, dass der Franz gar nicht mitgespielt hat in dieser Szene, das war alles nur in deinem Kopf, Katze.

Nicht nur, dass ich nicht mit Javier Bardem geschlafen habe oder wenigstens der Kassiererin die Meinung gesagt habe, nicht nur, dass der Franz es fertig bringt, mit seiner puren Existenz meinen Kinoabend zu sprengen, bis ich die simpelste Filmhandlung nicht mehr auf die Reihe kriege, gestrickt für den letzten Deppen, Ich gut, du Böse, ersiees sorry Kollateralschaden, Präsident Vollidiot, der Roten besser nicht über den Weg trauen, Manhattan von Seuche bedroht, ganze Welt in Mitleidenschaft, Hund Retter in der Not oder so ähnlich.

Ehrlich gesagt hab ich den ganzen ersten Akt gebraucht, um mich von dem Schock zu erholen, und mir den ganzen zweiten Akt über vorgestellt, was wohl der Franz, wie er sich zum Beispiel ein Herz fasst und nach vorne kommt und sich einfach juppheidijuppheida neben mich hockt, weil alles andere irgendwie albern kindisch, so gar nicht erwachsen, gar nicht dem Grad der Heilung nach unserer Trennung angemessen, wie wir sodann wie in alten Tagen um seine Lieblingssalzstangen streiten, weil pah erst will er gar keine kaufen, dann verteile ich die Hälfte auf dem Fußboden, und dann beschwert er sich, dass ich sie trotzdem so schnell verputze, dass sie kaum bis zum Midpoint reichen.

Machen wir uns nichts vor, ich habe sogar, das muss ich zu meiner Schande gestehen, ich habe an zwei besonders lauten Stellen im Showdown die Gelegenheit beim Schopf ergriffen, einen vorwurfsvollen Blick in Richtung Vorführer da oben zu werfen von wegen, Dreh mal leiser du Depp, und selbstverständlich indes unauffällig nach dem Franz Ausschau gehalten, der aber bloß als unidentifizierbarer Haufen Mensch mit Jacke ganz weit hinten anwesend war, als kleines dunkles Chaos inmitten der harmonischen Ordnung der leeren Sitze, geschwungen in Reih und Glied, wenn er es überhaupt war.

Wenigstens bin ich jetzt müde genug zum Einschlafen, draußen blinken Ampeln, die tagsüber Abertausende Autos durch das Dickicht dirigieren und Radfahrer und Fußgänger und Hunde über die Straßen, wie machen die das bloß, in Frommholz gibt es nicht mal eine Fahrbahnmarkierung. Ich verschließe die Augen vor den entfleischten Rippen des Lattenrostes neben mir, schlafe wie eine Tote und später, kurz vor dem Morgengrauen, träume ich, ich träume, lebendig neben Fjodor in der Schublade zu liegen, und seine Zwillinge kriegen unsere Fächer nicht auf, weil sie den Mechanismus noch nicht begreifen, ich weiß, wie es funktioniert, denke ich, so ähnlich wie ein altmodischer Korkenzieher, wie der aus dem Actionfilm gestern, den die Rothaarige nachher einem ihrer Auftraggeber zwischen die Augen rammt, man dreht den Knauf, bis er einrastet, dann die untere Scheibe in die Gegenrichtung, aber da hilft alles Gutzureden nicht, die Zwillinge sind viel zu klein, Fjodor schafft es irgendwann auf eigene Faust, mich vergisst er, und der Hauptdarsteller packt sich die beiden Zwerge als Geisel, so dass die Zuschauer endlich merken, wer in Wirklichkeit der Böse ist, wenigstens kommt der Franz in dem Traum nicht vor, denke ich im Traum, das ist mal ein Fortschritt.

Bald darauf setze ich mich mit einer Kanne Wasser und einer Tasse Kaffee an den Computer, um an dem Drehbuch für meinen nächsten Film weiterzuarbeiten, neunzig Minuten, aber mein Kopf dröhnt und gibt keine passablen Wörter preis, eine Stunde oder länger nage ich am letzten Kapitel, in dem angeblich der Franz hinter mir im leeren Kino saß, alles erlogen und erstunken, feile an einzelnen Formulierungen, flüchte mich in Beschreibungen des Filmgeschehens, Sie dürfen übrigens raten, um welchen Film es sich handelt, Einsendungen bitte an S Punkt Fischer Abteilung Taschenbuch, das wüsste ich nämlich selbst ganz gerne, kurz, es geht nicht voran, dabei weiß ich genau, was als Nächstes kommt, jetzt kommt die Stelle, wo ich die richtigen Klamotten raussuche für Fjodors Beerdigung, auf der ich einen neuen Mann kennenlernen werde, Kleideranprobieren ist nämlich viel angenehmer, als am Schreibtisch zu sitzen und auf die Tastatur einzuschlagen, alle meine schwarzen Sachen landen nach und nach vor dem Schrankraum auf dem Fußboden, nachdem ich reingeschlüpft bin und raus, und ich muss dauernd in den Flur rennen und auf den Stuhl klettern und mich zugleich nach hinten beugen, um Abstand zu gewinnen, und über die Seite vor für den richtigen Blickwinkel, um zu überprüfen, wie sich der schwarze Gürtel zu der schwarzen Hose macht oder ob ich nicht doch lieber den kurzen schwarzen Rock mit den schwarzen Cowboystiefeln kombiniere und mir dazu eine blickdichte schwarze Strumpfhose besorge, in der die blauen Flecken an den Knien verschwinden, weil es nämlich keinen gescheiten Spiegel in unserer Wohnung gibt, nur den kleinen alten runden im Flur, den ich den Franz gebeten habe mir noch so lange dazulassen, bis ich mir einen neuen alten besorgt habe, das wird sogleich als Projekt des Tages auserkoren, ich werde mit meinem Kater durch die Trödelmärkte des Viertels streifen und uns einen Spiegel suchen, der zu uns passt, zu mir Katze und dem Kater, und in dem ich von oben bis unten zu sehen bin. Irgendwie bringe ich es fertig, dass sich während meiner kleinen Modenschau zu Fjodors Ehren die Stuhllehne in meinem schwarzen Wollmantel verhakt, selbst dem aufmerksamsten Leser, Hallo Mutter, wird nicht entgangen sein, das auf dem Stuhl im Flur gestern Abend der Teller mit Friedas Torte deponiert wurde, wo denn sonst, und es gibt doch so Tage, an denen du lieber zwölfmal vorsichtig um den Kuchen herumkletterst, als ihn endlich in den Kühlschrank zu räumen oder ehrlicherweise gleich ins Klo zu entsorgen, da die Sahne bestimmt ranzig geworden ist über Nacht, solche Tage, an denen du denkst, ach jetzt hab ichs eh jaja dasunddas ist das ultimative Outfit für Fjodors Beerdigung, das Strickteil zum Beispiel, das checkst du jetzt noch schnell mit der ärmellosen Daunenjacke drüber, und danach überlegst du dir, was du mit dem verfluchten Kuchen anstellst, also flugs nochmal raufgehüpft, vorsichtig um die Torte getippelt, zur Hinterteilkontrolle rechtsrum schlängeln, alles bestens, und beim Runtersteigen passiert es, der Wollmantel packt sich die Lehne, zerrt den Stuhl mit sich zur Seite, der Teller rutscht von der Sitzfläche, du willst ihn

135

noch aufhalten, langst aber nur in die Torte, am besten mit dem schwarzen Wollärmel, der Rest des Kuchens glitscht kopfüber aufs Parkett, und schepper klirr Friedas Teller zerbricht in sieben Teile.

SCHERBEN BRINGEN GLÜCK

Spieglein, Spieglein an der Wand, wenigstens habe ich jetzt eine echte Mission. Ich werde nicht nur einen lebensgroßen Spiegel, ich muss zudem Frieda einen neuen Teller besorgen, schwinge mich aufs Rad und die Schönhauser runter stadtauswärts zu der großen Baulücke voller Trödel, wo sie nur grässliche Spiegel aus den Siebziger Jahren im Sortiment haben und geblümtes Geschirr im Kilo verkaufen, ich brauche kein Kilogramm Teller, auch wenn der Franz ein paar hat mitgehen lassen. Ich brauche einen einzigen einzigartigen Teller mit einer gelben oder von mir aus auch gelborangenen Blume drauf und einem geriffelten Rand, solch einen Teller brauche ich, ich zeige dem Verkäufer die größte Scherbe von Friedas Originalteller, und er zuckt die Schultern, deutet auf die schier grenzenlose Auswahl an Tellern, Tassen und Teeservicen und Kuchengabeln und Blechmessern und Silberlöffeln und Weingläsern und Sektflöten und Teelichthaltern und Butterdosen und Porzellankerzenständern und Kristallvasen und Plastikeierbechern, alles mit einer grauen Schicht Staub und Abgase versehen, und ruft, Nur in Kilo nur in Kilo Kilo fünf Euro. Wie gesagt, naturgemäß bin ich ein Ass im Verhandeln und leiere so einem dunkelhaarigen Kerl mit der Zigarette im Mundwinkel im Handumdrehen ein Einzelstück für dreißig Cent aus dem Ärmel, das Fabrikmodell mit den Sonnenblumen drauf, so schnell kann er gar nicht die Hand umdrehen, nur in Kilo nur in Kilo von wegen, Ein Kilo brauch ich nicht, deine Kristallvase noch weniger, dann halt nicht, wende ich mich zum Gehen, Na gut na gut für dich halbe Kilo für dich halbe für drei, aber ich winke ab, nähä, Taktik, nämlich so dringend brauch ich den Teller auch wieder nicht, was er für den schmalen schmucklosen mannshohen Spiegel haben wolle, Der Spiegel und der Einzelteller kriegst du für zwanzig, Sesam öffne dich ich bin doch nicht Krösus zehn, Achtzehn funfzig, Elf, Letztes Wort fünfzehn, Ha ha ha neun, halte ich dagegen und grinse dem Dunklen frech ins Gesicht und ziehe eine Bittebitteschnute und sage, Ach komm, ich handele so gerne, komm, das wird mein Erfolgserlebnis des Tages, und er verdreht die Augen, Nee junge Frau, neun kann ich nicht machen, und so einigen wir uns auf zwölf zwanzig, und ich jubiliere innerlich, ich hab den perfekten Deal gemacht, ich hab einen Sonnenblumenteller und einen mannshohen Spiegel ergattert, heute ist mein Tag, sogar der Kater ist weg auf einen Schlag, schwarzer Kater mit grauen Augen entlaufen. Zurück schlender ich durch den Mauerpark, der voller Menschen und Hunde ist, Jonglierkeulen, Bierflaschen, Blütenstaub, streunende Besucher aus den vereinigten Billigflugnationen im Niemandsland zwischen Ost und West, oben an der Mauer treffe ich Corinnas ehemalige Mitbewohnerin, die Koreanerin, die eine irrsinnig schicke Sonnenbrille trägt und zwei neue Tattoos auf den Waden, sie bewundert den Spiegel und den Teller und den Preis und lädt mich fürs Wochenende auf den Trödel vorne am Parkplatz ein, wo sie mit ihrer Freundin und deren Bruder einen Stand gemietet hat und alte Spielesammlungen und gebrauchte Bustiers vermarkten wird. Sie will mir ihr Bonanzarad andrehen, Das hier schau, bei dem nur die Bremse nicht mehr funktioniert, In Berlin brauchste die sowieso nicht, da haste Vorfahrt, come on, hundertfünfzig Öcken, für dich hundertdreiunddreißig, wenn du das Rad kaufst, brauchen wir den Stand gar nicht erst aufbauen, scherzt sie, und als ich das Fahrrad der Höflichkeit halber inspiziere so wie damals unseren Bauernhof, lacht sie, Vergisses, ich hab viel kürzere Beine als du, und ihr sei das eigentlich schon zu mini, so wie Ottmar damals kein Hehl daraus gemacht hat, dass der Hof seiner Vorfahren ein Ladenhüter war, entsprechend ernstlich versucht bin ich.

Zum Glück hab ich nicht genug Geld dabei, und den Rest brauche ich für die blickdichte Strumpfhose für Fjodors Beerdigung, Wie jetzt, deeer Fjodor, der Mann von deiner Freundin Elisabeth, Ja der, der ist tot, Wann denn wie denn wieso denn, die Koreanerin dachte nämlich, Fjodor sei nach der letzten Chemo aus dem Schneider gewesen, Das hofften wir alle, aber nach ein paar Monaten habe es wieder angefangen, da seien seine Werte raufgeschossen, und diesmal gab es kein Halten.

Elisabeth trägt ausnahmsweise kein Schwarz wie eh und je, sondern Rot wie die Liebe, Rot mit Weinrot wie die reife Liebe, sie sieht schön aus, traurig und stolz, sie trägt es mit Fassung, ihre Brüder tragen die Zwillinge und stützen den Vater, Fjodors Mutter ist angereist und viele fremde Menschen, Hunderte, denen Elisabeth auf die Mailbox gesprochen haben muss und die ich teilweise von Elisabeths Premieren oder Silvesterpartys kenne, sie alle tragen mehr oder weniger Schwarz, am Eingang zur Kapelle stürzt sich Bernd auf mich, warum ich nicht zurückgerufen habe und so on und wie es gelaufen sei mit den Hamburgern, sein Darling sei zu Hause geblieben mit meiner Patentochter, weil sie nicht offiziell eingeladen seien, dabei sei doch hier keiner officially invited to be honest, aber so was nehme seine Süße eben furchtbar genau, bei nächster Gelegenheit bringe ich Bernd mit Susa zusammen, die er vage von unserer Hochzeit und bestens aus dem Fernsehen kennt, und Bernd tut so, als kenne er sie noch aus dem Sandkasten und ignoriert einfach, dass Susa ihren Gatten dabeihat.

Corinna kommt in letzter Minute mit einem Schwung Gäste, die alle in der S-Bahn festgesessen haben, Fjodors Wiener Quintett spielt Beethoven ohne ihren fünften Mann, auf Fjodors Platz lehnt seine Bratsche, Elisabeth hält eine Ansprache über den leeren Stuhl, die stumme Bratsche, das leere Bett zu Hause, die verlassene Werkstatt in ihrem Berliner Keller, Worte, bei denen kein Auge trocken bleibt, nicht mal Corinnas, die Zwillinge treten wohlerzogen vor das Mikrofon und sagen für ihren Vater ein Gedicht auf, das sie selbst gereimt haben, als wäre er so was von am Leben und würde von seinem Liegestuhl auf dem Balkon aus zuhören und mühsam lächeln und nachher in die Hände klatschen, sie brauchen eine halbe Ewigkeit für wenige Zeilen, weil sie sich immer wieder versprechen und gegenseitig verbessern und kichern, am Schluss klatschen sie in die Hände und rufen Bravo und lachen erwartungsvoll und schauen sich suchend nach ihrem Vater um, und einer von Elisabeths Brüdern kommt nach vorne zu Elisabeth, um ihr zu helfen, die Kleinen von der Bühne zu führen, aber die zwei machen sich immer wieder los und stolpern im Kreis und quieken und klatschen in die Hände und rufen Bravo ins Publikum und warten auf unser Echo.

Endlich ruft einer der Musiker Bravo zurück und legt seinen Kontrabassbogen aus der Hand und klatscht den Mäusen in ihren bunten Kleidchen zu, er ist groß und zottelig wie ein

Franzose aus der Gauloiseswerbung, er bricht das Eis, ein paar Leute trauen sich zu klatschen, und die Zwillinge flippen aus vor Freude, Corinna und ich rufen Bravo von ganz hinten, Elisabeth lächelt einverständig, die Mäuse biegen sich und klatschen und quieken, die Einsegnungshalle hallt wider von ihren und unseren Bravos und dem Händegeklapper, als gäbe es nichts Wichtigeres zu tun an diesem Tag, als den Kindern des Geigenbauers Fjodor eine Freude zu bereiten.

Am Grab folgt eine kurze Predigt von Elisabeths Leib- und Magenpriester aus Franken, den Fjodor eigentlich nicht ausstehen konnte, wie er die ganze katholische Kirche verabscheute, beide Kirchen, alle Weltreligionen mitsamt ihren verrückten Versprechungen, den er ihr dennoch gestattet hat, an seinem Grab sprechen zu lassen, da es ihm, Zitat, Zu dem Zeitpunkt voraussichtlich wurst sein wird und da es ihm wichtig sei, dass Elisabeth und die Zwillinge gut durch den Tag kommen, den letzten Tag über Tage mit diesem seinem verdammten stinkenden Körper, dessen er bereit war sich zu entledigen, Wochen vor dem klinischen Aus.

Der Sarg wird abgeseilt, Elisabeth kniet vor der Grube nieder, sie reicht Fjodors Viola möglichst tief hinunter, es erklingt ein dumpfer Schlag aus beiden Holzbäuchen, da die Schnecke des Instrumentes auf den Sargdeckel prallt, polternd zur Seite fällt und auf dem Rücken landet, durch den Ruck löst sich eine Zarge aus der Nut und der Stimmstock aus seinem Gehäuse, er rollt für ein paar Sekunden haltlos durch den Bratschenkorpus, scheppert leise wie ein herrenloser Knochen, die Zwillinge streuen Rosenblätter, die zur Farbe ihrer Kleider passen, über die beiden Leichen, wir schippen Erde hinterher, während Fjodors Seele endlich den Durchschlupf findet.

Beim Leichenschmaus nimmt mich Elisabeth beiseite, sie wirkt erfrischt vom Essen, nötigt mir Teigtaschen verschiedensten Inhaltes auf, Fjodors Lieblingsspeise, als er noch die Kraft hatte zu kauen, Fjodor ginge es jetzt mit Sicherheit bedeutend besser, ich aber sei auffallend dünn, sie fragt, ob das wahr sei, das mit dem Franz und mir, und was uns einfalle, Was fällt euch denn ein, ihr wart das perfekte Paar, und ich schäme mich ein wenig, weil Elisabeth und Fjodor gerade der Tod geschieden hat, was wirklich ein Grund ist, und Elisabeth winkt ab und legt fröhlich den Kopf auf die Seite und zwinkert mir zu voller Sommersprossen, Na gut, seufzt sie, und dass der Kontrabass ein Auge auf mich geworfen habe, ich sähe aber auch unverschämt gut aus so ganz in Schwarz, die üblichen verdächtigen Komplimente, und wir tratschen ein bisschen über Susa und ihre tolle Haut und ihre Seifenoper und das viele Geld, das sie da verdient, obwohl wir alle uns damals geschworen haben, Seifenoper niemals, nie nie nie pfui das Ekel, und nach und nach geschmeidiger geworden sind und unseren Dünkel beim Arbeitsamt abgeben mussten, wie das Leben so spielt. Selbst Elisabeth, seit sie zurückgekommen ist nach Berlin, Elisabeth räumt ein, dass selbst sie bei den Dreharbeiten zu dieser Makingofpornotelecomedy Blut geleckt habe und dass sie allein schon wegen der Zwillinge jede Festanstellung annehmen würde neuerdings, auch wenn sie früher am lautesten gebrüllt hatte, Seifenoper niemals, pfui Teufel zum Ekel, sie habe Susa sogar gefragt, ob die ihr nicht zu einem Kontakt verhelfen könne bei ihrer Produktion in Potsdam, stell dir das mal vor, ich und bei Susa betteln, die beiden waren die schärfsten Konkurrentinnen gewesen, immerzu neidisch die eine auf die andere, weil die eine, mit der reinen Haut die, die lukrativen Angebote vom Fernsehen bekam, während die andere an bedeutenden Häu-

sern mit renommierten Regisseurinnen arbeiten durfte, achso und dann will Elisabeth noch wissen, who the fuck meinen
Cousin eingeladen habe.

Neben dem Buffet wartet mein zukünftiger Liebhaber, dass
ich mich in die Schlange stelle, und ich tu ihm den Gefallen,
er reiht sich hinter mich und raunt mir Sachen ins Ohr,
Empfehlungen, was ich probieren soll und was auf keinen
Fall, so fängt man also heutzutage ein Gespräch an, das dem
einen Zwecke dient, Die Bohnen in Knoblauch sind exzel-
lent, der Couscous abscheulich, er spricht mit einem leichten
französischen Akzent, zum Beispiel abschölisch, was seine
Chancen um achtundneunzig Prozent erhöht, fehlen nur
noch zwei, die macht er mit seiner Erscheinung wett, mein
zukünftiger Liebhaber, wie gesagt, Gauloiseswerbung, nur
ganz in Schwarz statt mit dem lässigen weißen Hemd aus
der Jeans, seine Augen sind hellblau, so blau, dass ich es nicht
schaffe, länger hineinzusehen, zum Glück bleibt er hinter
mir, ein guter Vorwand wegzusehen, so blau, dass es weh tut,
mehrere Blaus ineinander.

Er kommt mit zwei Gläsern Rotwein an das Tischende, an
dem eigentlich Corinna auf mich warten wollte, die wiederum
auf halber Strecke von Bernd in Beschlag genommen
wurde, Schicksal. Die Gauloiseswerbung heißt Carlo, sie
klingt, als sei sie gerade erst über den Stimmbruch hinweg-
gekommen, très charmant, Carlo lädt mich auf einen Spaziergang über den Friedhof ein, sobald ich aufgegessen habe,
ich zucke die Achseln, Von mir aus, lächele haarscharf an
seinen Augen vorbei, Elisabeth schwebt heran und streicht
uns beiden mütterlich über die Köpfe, als wären wir ihre
Zwillinge oder als wolle sie uns ihren Segen geben, Selig
sind die Verlassenen und die Gauloiseswerbungen, sie fragt
Carlo, ob es in einer halben Stunde okay sei, und er nickt,

und als sie weg ist, sagt er zu mir, Jetzt oder nie, weil er gleich wieder auftreten soll mit der kleinen Combo, und zieht mich einfach hoch mitsamt Teigtasche.

Nach der ersten Biegung nimmt er meine Hand, was ich verwundert geschehen lasse, dazu spricht er, als wäre nichts gewesen, weder seine Hand in meiner noch unser überstürzter Aufbruch eben, noch die fragenden Blicke von Bernd und Corinna, Carlo erzählt aus seiner Kindheit auf Korsika, seiner Familie, der Wildschweinjagd, dass er von seinem Vater schießen gelernt habe, und von seinem großen Bruder, der es nie von der Insel geschafft habe, der immer noch Eis verkaufe in einem Kaff an der Westküste, von seiner Großmutter, die er besonders gern habe und mit der er zweimal die Woche telefoniere, Ach komm, das erzählst du jedem Mädchen, um sein Herz zu erweichen, die Geschichte von der kranken Großmutter auf deiner Insel, die dich im Arm gewiegt hat, wenn du dir das Knie aufgeschlagen hast. Neben dem Gitter eines Komposthaufens liegen Orangenschalen hingeworfen, die gepellte Frucht, denke ich, und ob auch ich gleich geschält daliegen werde, was sich außerhalb meiner Vorstellungskraft bewegt, so lange ist das her, diese Sorte Schäferstunde, andererseits bitte schön halte ich eine Hand in meiner, eine lange schmale Hand, kräftige Finger, eine Kontrabassistenhand mit dick Hornhaut an den meisten Kuppen, mit verstärkten Kuppen ohne Fingerspitzengefühl, und wenn ich mich nicht irre, aber ich kann mich auch irren, kribbelt das im Schritt, nahörmal.
Carlo ist in seiner Erzählung bei seiner Schwester angelangt, die in Paris in einem Kosmetiksalon angeheuert hat und sich vor Heimweh nach ihrer Insel verzehrt, das könne ich verstehen, sage ich aufs Geratewohl, bloß um auch etwas zur

Unterhaltung beizutragen und von den Händen und dem Kribbeln abzulenken, weil ja klar halt eine Stadt Paris zum Beispiel nicht denselben Sonnenuntergang zu bieten hat wie die Westküste Korsikas, wo er die vorgelagerten Halbinseln in immer andere Farben taucht, wo der Himmel nicht ständig an Dächer stößt und Dachfenster und Dachrinnen.

Bei einem verrotteten Familiengrab aus dem letzten Jahrhundert bleibt Carlo abrupt stehen und sagt etwas Belangloses, so was wie, Fanden Sie die Grabpredigt auch so langweilig, und bevor ich antworten kann, Geht so ging eigentlich, drückt er seine Lippen auf meinen Mund, saugt sich einen Moment daran fest, lässt los und grinst und sagt, Mh pardon ist ja auch egal, und schließt die Augen und küsst mich gleich nochmal vor der Gruft der Familie Schnür, Anna Schnür, geborene Hansel, geboren neunzehnhundertzwei gestorben neunzehnhundertachtundsechzig, Ruhe in Frieden, Hartwig Schnür, geboren achtzehnhundertvierundneunzig gestorben neunzehnhundertvierundvierzig, viel zu jung, mitten im Krieg, und er nimmt mich in beide Arme und streicht mit seiner Griffhand meinen Rücken entlang und lässt nicht locker, und ich schiele zur Seite und hab aber meine Linsen nicht drin, weil sie vorhin so gedrückt haben, und kann nicht erkennen, ob uns jemand sieht, Bernd zum Beispiel, der das alles brühwarm dem Franz mh pardon ist ja auch egal, ist egal, ich bin vogelfrei und küsse zurück und lege mal probeweise meine Arme um den Hals dieses Fremden, ein bisschen schwindlig wird mir schon davon, so ein unbekannter Hals, viel zarter als vermutet, sehnig und zart zugleich und am Nacken ausrasiert wie frisch vom Frisör Coiffeur, ein junger Hals, ein Junge noch, Carlito, Carlo murmelt, Oh du, oder so ähnlich oder etwas Entsprechendes auf Französisch oder Altkorsisch, obwohl wir vor wenigen

Minuten noch beim Sie waren, wie in einem üblen Film, eben haben sie sich noch gesiezt und so kultiviert gescherzt über das Totenmahl und die Art der Bestattung, Schnitt, Carlo schiebt mich mit seinem Mund zwischen zwei riesige Grabstätten mit schwarzen Tafeln mit goldener Schrift durch das hohe Gras und atmet immer vernehmlicher rhythmisch und lehnt mich in seine Armbeuge wie seinen Kontrabass und zupft mit der Bogenhand an den Knöpfen meiner schwarzen Strickjacke herum und murmelt, Oh du, mit so eine winsisch fransösische Akson und entlockt mir zaghafte Laute der Zustimmung. Ich bin auf seine Augen reingefallen, in das Blau, die diversen Blaus, ich bin Teigware in seiner Hand, eine Teigtasche, ein Kontrabass aus Teigware, dem Carlo seine Zunge in den Hals schlängelt, dazu legt er sanft eine Hand auf den Saum meines Rockes, sieh da, so eine unverschämte Hand, soso, so kurz ist mein kleiner Schwarzer, dass er aufrecht stehen kann, der lange Mann, und meinen Saum erwischt beim ersten Griff, er gleitet unter den Saum mit jener frechen Hand, und ich hechele dazu in sein tiefes blaues Ohr. Auf dem Parallelweg ist eine Horde Jugendlicher zu hören, eine Klasse auf Schulausflug über den Friedhof, oder sie haben gerade Pause zwischen Mathe und Sport, pardon ist ja auch egal, die einen Popsong nachsingen und um den Text streiten und sich gegenseitig schubsen und auslachen und die Kopfhörer ihrer Dingsdaplayer austauschen und rumpöbeln und eigentlich auch nur knutschen wollen, die wollen knutschen und fummeln, wir halten gespannt inne wie zwei von ihnen, Mädchen und Junge in den Klauen der Pubertät, voller Pickel und Sinnfragen und Selbstfragen und unzulänglichen Verstecken, ich grinse rauf, er grinst runter, und kaum sind sie einigermaßen vorüber, gleitet Carlos Hand unter dem Rock hinauf auf seinem Griffbrett bis zum dreigestrichenen

146

A und dazu murmelt es, Oh du, mit dieser brüchigen Stimme und als ich seiner Hand Einhalt gebieten will, schiebt er meine kleine Hand höchst bestimmt beiseite, als wäre dies nicht ihr Zuständigkeitsbereich pfui und ertastet dabei wie versehentlich meinen Ehering, bleibt sozusagen daran hängen und murmelt, Merde, und dass er mich vom Fleck weg heiraten würde, wenn ich nicht schon weggegeben wäre, Merde alors, weil ich doch so niedlich sei.

Darüber muss ich dann doch herzlich lachen, ich und niedlich ehrlich mal, très charmant, laut lachen, und ich halte mir die Hand vor den Mund, damit die Jugendlichen nicht noch auf uns aufmerksam werden und zurückkommen und uns zu Brei schlagen aus einer Laune heraus, weil sie knutschen wollen und wir tun es hier mir nichts, dir nichts, obwohl wir raus sein müssten aus dem Alter, gewissermaßen, ich jedenfalls, oder bin ich bloß verrostet, von der Feuchte zwischen den Schenkeln zum Beispiel, hahaha l'univers de la paradoxie, jedenfalls kommt mir die Unterbrechung gelegen, eine meiner Hände stopft mir den Mund zu, die andere umklammert feste Carlos Zupfhand, ehe wir uns gegenseitig nass machen, auch wenn ich ein Faible habe für Jungs, die von ihrer Großmutter schwärmen und sie angeblich alle zwei Wochen anrufen oder zweimal pro Woche was weiß ich, Wart mal, flüster ich, Wart mal kurz, und kichere leise und mache mich ganz los von ihm und nehme einen Fuß Abstand und verwandele mich von einer pubertierenden Kontrabassgeigenteigtasche in eine Frau von Mitte dreißig und ein paar Gequetschten, die auf Fjodors Totenfeier mit einem jungen Korsen rummacht zwischen den Grüften der Familie Schnür und der Familie Meyerling, und denke, warum eigentlich nicht, um uns herum ist es ganz still, die Vögel halten die Luft an, die anderen Kinder sind verschwunden.

PICCOLINA

Nachher kann ich es kaum erwarten, dass seine Combo die Instrumente wegpackt und der Korse seinen Kontrabass schultert und wir auf den Kuchen verzichten und uns scheinbar unabhängig voneinander verabschieden von allen, Du errätst es nicht, raune ich Corinna ins Ohr, und er am Eingang zur U-Bahn nach meiner Hand greift und wir den Weg quer durch die Stadt zu Fuß zurücklegen, am Ufer entlang, über den Kanal mit vielen Pausen wegen des Gewichtes seines Instrumentes und der Küsse, im Park fallen wir mehrmals ansatzweise übereinander her, bis es dunkelt, vorbei an ein paar alten Sehenswürdigkeiten und Berliner Theatern und an den vielen Schuhgeschäften, die alle schon zuhaben, und den Cafés, die alle noch offen haben, und bei Franzens Spätkauf kaufen wir eine Flasche Wein für nachher oben, aber dann ist es so mild draußen, dass wir sie gleich auf der Bank am Spielplatz knacken, und Carlo dreht sich einen Joint dazu. Ob ich mal ziehen mag, und ich schüttele den Kopf, weil ich Kiffen auf Rotwein nicht vertrage, und möchte lieber eine normale Zigarette, und ich werde von einem kleinen Lachanfall überrascht, als Carlo mir ein Päckchen Gauloises vor die Nase hält, und lasse mich schließlich doch zu einem Zug von seiner Tüte hinreißen, nur so aus Spaß, wovon mir umgehend anders wird, schummrig und schwer, tonnenschwer, und wieder dreht sich die Decke über mir, wir sind plötzlich in unserer Wohnung, die nur noch meine Wohnung ist, was mir gar nicht in den Kram passt, an der Wand neben dem zerrissenen Bett liegt der Kontrabass auf der Seite, ein stiller Beobachter unserer Lust, die Kabel an der Decke drehen sich zwar zu einem sinnvollen Muster, und Carlos Augen sind noch blauer als zuvor und noch tiefer als seine Ohren, ich könnte ein Boot nehmen und in See stechen, aber andererseits kauert der Franz neben dem Kontrabass und schaut uns zu und nickt und sagt, Siehst du Katze, Carlo erkennt den Franz nicht, nur den Kontrabass, der in seinen Augen ein Sarg wird, ein hübscher Sarg für später, ich muss runter von meinem Ehebett, eine halbe Ewigkeit brauche ich wegen meines neuartigen Gewichtes, schleppe mich neben die Miniatur von Franz beim Kontrabass, Carlo kommt dazu mit seinen Händen und seiner Zunge, er leckt uns einen See aus Lust, schwerer Lust wie schmutziges Öl, Siehst du Katze, Oh und Mh, bis wir Auftrieb bekommen und auf den dunkelblauen Fluten schaukeln, Carlo duftet wie ein fremder Mann, denke ich, ein fremder Mann in unserem Schlafzimmer, zugegeben ein schöner Mann, ein Mann mit schwarzem Haar und blauen Augen und einem Reißverschluss. Ich reiße mich los, rufe uns ein Taxi, ich streife meinen Schlüpfer über, der eine Badehose geworden ist, wir sperren den kleinen Franz in der Wohnung ein, wir tragen den Kontrabass die Treppe runter und wieder rauf, weil er nicht ins Taxi passt, wir stellen den Kontrabass zum Franz in meine Wohnung, draußen ist mir wohler in der Badehose, im Taxi schmiegen wir uns aneinander und schmieden Reisepläne, zum Beispiel nach Korsika zu seinem Bruder für das Wochenende oder Paris zu seiner Schwester, bei einer Apotheke springe ich aus dem Wagen und kaufe eine Familienpackung

Kondome, Carlo kommentiert mit italienischen Redegesten, schmusen und kichern.

Seine Wohnung wirkt unbewohnt bis auf den Notenständer vom Kontrabass, der neben dem Flachbildschirm auf seinen Herrn und Meister wartet, Carlo hat von Fjodors Quintett erzählt und von Straßenmusik mit seiner Jazzcombo, die Wohnung riecht nach Geld, desinfiziert mit Limonenfrische, alle Zimmer sind blitzblank, auch die Antiquitäten aus Paris und die Schiffstruhen aus Korsika, die Küche ist weiß und verschlossen, Carlos Bett ist aus dem Ei gepellt, die Bezüge gebügelt, fehlt nur die Willkommensschokolade auf den Kopfkissen. Ich mache Ferien in Carlos Limonenfrischewohnung, seine Mutter habe das Haus gekauft und ihm die Wohnung geschenkt, erklärt Carlo, seine Schwester habe die Möbel besorgt, Carlo mache sich nichts aus Inneneinrichtung, nur die drei Bilder habe er eigenhändig an die Wand gehängt, das von seinen Großeltern, das von seinen Brüdern, dem Vater und den Cousins mit langen Flinten auf Wildschweinjagd und das von seinem Vater als kleiner Bub auch mit einer Flinte, einen nackten Fuß auf der erlegten Wildsau. Nirgends ist seine Mutter zu sehen, seine Mutter habe Korsika verlassen und sei vor ein paar Jahren zurück nach Paris, nur seine Schwester habe noch regelmäßig Kontakt zur Mutter, alle paar Jahre käme die Mutter mit teuren Geschenken zu Besuch wegen ihres schlechten Gewissens, seine Mutter habe seinen Vater einfach auf der Insel sitzenlassen, für einen Korsen sei das ein harter Schlag, seine Mutter sei die mit dem Geld gewesen, sein Vater der auf der Jagd, sagt Carlo und beißt mich in die Seite. Wir liegen nackt auf dem Bauch auf seinem Bett, das so sauber ist, dass zu befürchten steht, Partikel des Desinfektionsmittels mögen in meine Möse kriechen, stattdessen bittet ein Schwanz um

Einlass, dazu italienische Redegesten mit französischem Akzent wie niedlich ich sei, wie gerne der Fremde mich vom Fleck weg heiraten würde, Vom Fleck weg ist Carlos Lieblingswendung in deutscher Sprache, die Wirkung des Joints lässt rapide nach, ich bin glücklich, mehrmals hintereinander, mein Handy klingelt in irgendeiner Tasche in irgendeiner Ecke, wo die Kleider verstreut liegen, so glücklich war ich schon lange nicht mehr, wer hätte das gedacht, dass ich noch eines Tages wieder so glücklich sein könnte, wer, Siehst du Katze, der Franz ist in meiner Wohnung eingesperrt, er schrumpft neben dem Kontrabass, dass er demnächst, durch die F-Löcher hineinschlüpfen kann in seinen Sarg.

Tags drauf öffnet Carlo den Eisschrank, der von außen vollkommen leer aussieht, er nimmt Toast und Butter und Salami und eine Flasche Weißwein heraus, womit wir uns die Bäuche vollschlagen, ich erlaube, dass er währenddessen seinen Kopf zwischen meinen Beinen vergräbt, mit vollem Mund, voller Salami, wir liegen auf den blitzblanken Fliesen des Küchenfußbodens, der langsam vom Lustwasser überflutet wird, sein Speichel, meine Feuchte, beider Schweiß, unsere Unkenlaute unter Wasser in dieser bis auf die Schwarzweißfotografien an der Wand vollkommen unpersönlichen Ferienwohnung, es klopft, ich greife nach einem gebügelten Geschirrtuch, er lächelt. Er weiß alles, ich weiß nichts, außer, dass er wirklich Kontrabass spielt, der Rest pardon ist ja auch egal, es klingelt, Carlo läuft nackt zur Wohnungstür und führt ein Gespräch auf Italienisch, ich linse in den Flur, lächele über seine Redegesten vor der verschlossenen Tür, da steht ein nackter Mann in voller Länge, und hier hocke ich notdürftig mit einem Geschirrtuch verhüllt, mein fremder Liebhaber, ich schleiche mich von hinten an und helfe seinem verzagten Schwanz in die Höhe, während Carlo eine energische Italienerin abwimmelt, nachher will er mir weismachen, das sei seine Putzfrau gewesen beziehungsweise die Putzfrau, die ihm seine Mutter aufgedrängt habe, da sie seine Schlamperei nicht billigen konnte, die Putzfrau, die einmal pro Woche seine Bude wischt und die Schmutzwäsche abholt auf Kosten seiner Mutter, und heute sei normalerweise Waschtag, nur dass heute eben ein ganz besonderer Tag sei, weil Carlo mir begegnet sei, wodurch sich sein ganzes Leben vom Fleck weg ändere.

Mir läuft es kalt und warm den Rücken runter, mh pardon, Carlo brauche eine Pause, sagt er und will sich einen Joint drehen, aber ich sage, Ausruhen können wir, wenn wir tot sind, oder so ähnlich, irgendein Spruch aus der rebellischen Phase anderer Leute, und betrachte seinen aufragenden Schwanz und frage ihn, wozu er sonst seine Putzfrau weggeschickt habe hehe, und ziehe ihn rüber auf sein gebügeltes Bett, das von uns zerwühlt ist und fleckig, und Carlo lässt sich breitschlagen und seufzt, Du bringst mich um, Piccolina, und dreht sich später seinen Joint, und so geht das drei Tage und drei Nächte bis zur völligen Erschöpfung, ich heiße jetzt Piccolina, wir lassen unsere Handys klingeln, wir gehen nur vor die Tür, um neuen Toast oder Butter zu besorgen, Zigaretten oder Wundcreme aus der Drogerie.

Eine abtrünnige Mutter, die ihrem Sohn die Putzfrau organisiert, ein Vater, der seiner Frau Rache geschworen hat und sich weigert, dazu die Insel zu verlassen, ein Bruder, der an der Westküste Eis verkauft und den Touristinnen schöne Augen macht, seit er denken kann, sein Bruder habe die schönsten Augen der Familie, behauptet Carlo, der in meinen Augen die schönsten Augen hat, ich dürfe auf keinen Fall seinem Bruder begegnen, scherzt Carlo, ich mit meinem Faible für blaue Augen zu schwarzen Haaren.

Am vierten Tag fährt Carlo seinen Kontrabass abholen, Carlos Combo spielt am Nachmittag auf einer Geburtstagsfeier, ich habe keine Lust, meine unsere Wohnung wiederzusehen mit den halbleeren Bücherregalen, den fehlenden Möbeln, dem kleinen Franz, der an der Fußbodenleiste im Schlafzimmer kauert und das entfleischte Bett bewacht, ich bleibe allein in Carlos Ferienwohnung, streife durch sein Viertel, das mir so fremd ist wie eine andere Stadt, kaufe Kaffee, Schlüpfer im Dreierpack, ein Deodorant im Drogeriemarkt, schnuppere mich durch die Reinigungsmittel, wo ich schon mal hier bin, auf der Suche nach dem Limettenduft aus Carlos Wohnung, nach dem ich süchtig geworden bin und den seine Zimmer inzwischen eingebüßt haben, weil unser abgestandener Lustsaft bis in die letzten Ritzen vorgedrungen ist, ob die Putzfrau ihre Reinigungsmittel extra aus Italien importiert, frage ich mich.

Zurück in der Wohnung bin ich versucht, Carlos Bett frisch zu beziehen, damit es wieder fremd anmutet wie ein Hotel oder die teure Ferienwohnung, aber ich kann mich gerade noch beherrschen, ich mampfe ein bisschen Toast mit Trauben, studiere die Liste der Telefonnummern, die Carlo auf einen Zettel neben sein Festnetz notiert hat, viele Frauennamen vor den Ziffern, Bianca, Zoë, Antje, Lina, Maman, wenige Männernamen, lange Vorwahlen, ich rede mir ein, dass ich mir diese Auszeit verdient habe, der Mensch braucht Pausen, bevor er stirbt, ich schreibe Piccolina unter die Telefonnummer seiner Mutter und halte inne und frage mich, ob Piccolina eine seiner Nummern ist und ob ich da was gegen hätte.

Nein, wer hätte das gedacht, ich habe keine Fragen, ich gebe keine Auskunft, auf der Fensterbank gegenüber liegen zwei Orangen, die Nachmittagsonne holt das saftigste Orange aus ihrer Schale heraus, Carlos Festnetz klingelt, ich hebe nicht ab, ich lege mich auf das helle Sofa, in den Nähten riecht es noch nach Carlos Wohnung, ich denke, ich sollte dem Franz dankbar sein, Franzl Franz Liebling, ich hätte mich doch im Leben nicht auf eine Gauloiseswerbung eingelassen, hättest du nicht, wärest du nicht, gute Besserung Franzl Franz, ich bin so lebendig wie lange nicht mehr, Quelle plattitude, jauchze ich, laufe ins Bad, nachschauen, ob man es mir ansieht, das ist dasselbe Gesicht wie zuvor, mein Gesicht, dieselben graugrünen Augen, vielleicht ein winziger Schalk in den Augenwinkeln, wenn ich mir Mühe gebe, ich wirke wahrlich nicht um Jahre verjüngt nach all dem Flüssigkeitsverlust, ich lege Carlos Zahnbürste neben seinen polierten Zahnputzbecher, trinke drei Glas Leitungswasser, während im Wohnzimmer eine kleine Frauenstimme auf den Anrufbeantworter piepst, irgendwas wegen der Verabredung gestern, warum er nicht abgesagt habe, sie habe lange vergeblich gewartet, ich schlender in die Küche, stöber in den Vorratsschränken, in denen sich nur das nötigste Geschirr befindet, ein Sixpack Weingläser ist noch im Karton verschweißt, öffne den großen weißen unpersönlichen Schrank mit dem deckenhohen Spiegel dran, Schau wie schön du bist Piccolina, hat Carlo mir auf frischer Tat zugeflüstert, und ich hab verstohlen einen Blick in den Spiegel geworfen, auf die zwei ineinander verwursteten Körper im grellen Tageslicht, und schnell die Augen wieder geschlossen, um nur noch Ohr zu sein und Geruchssinn, Haut und Höhepunkt.

Ich erwache von Carlos Duft, da er ins Bett geschlichen kommt, es ist zwei Uhr nachts, Carlo riecht neben seinem warmen Körper nach Bier und nach Gras, er hat sich nicht mal die Zähne geputzt, Hast du deine Zahnbürste nicht gefunden, frage ich, denn vielleicht habe ich sie neben dem Zahnputzbecher liegen lassen und damit die heilige Ordnung seiner Mutter zerstört, und Carlo grinst und sagt, O pardon, und ich sage, Ist ja auch egal, und bin hellwach vor Lüsternheit, und er sagt, Mh piccolina, und wir vernaschen uns, keine weitere Fragen, ich werde nicht zur verzagten Frauenstimme auf deinem Anrufbeantworter werden, schwöre ich mir, der Mensch braucht Pausen, die Pausen brauchen Pausen, vive la liberté. Ich weine ein bisschen zur Krönung, und Carlo erschrickt, als wäre ich die erste Frau, die auf ihm anfängt zu weinen, Ich weine gerne, schniefe ich und gebe unter Tränen möglichst viel Blödsinn von mir und coole Sprüche wie ein Cowgirl, was ihn noch mehr verwirrt, ich wische also alle Tränen ins Laken und streichle sein Gesicht, bis er sich beruhigt und in sich zusammenrollt wie ein Embryo, und ich hinterrücks in Ruhe weiter weinen kann, ich werde Carlo die ganze Gebrauchsanweisung vorlesen müssen, von Anwendungsgebiete bis Nebenwirkungen. Ich weine ganz gerne, nicht nur klassisch beim Sex, wahrlich nicht, der Franz hat das gemocht, ich weine auch, nur mal so als Beispiel, wenn ich einen dicken Mann alleine in einem Bistro vor seinem Schnitzel sitzen sehe, über den Inbegriff von Einsamkeit, hat der Dicke denn kein Zuhause, gibt es niemanden in seinem Leben, der sich mit ihm um das größte Schnitzel streitet, dicke Männer alleine mit Messer und Gabel, es kann passieren, dass ich über Orangenschalen neben dem Komposthaufen losheule, dem Franz hat das nie Angst eingeflößt, nur gewundert hat er sich zu Beginn, später hat er geholfen, mir Zugang zu meinen Tränen zu verschaffen, und dazu coole Sprüche losgelassen wie ein Cowboy.

Will ich Carlo wirklich den Beipackzettel vorlesen, Carlo ist kein Cowboy, Carlo hat sehr sehr blaue Augen zu schwarzem Haar, Carlo ist sehr schön, viel schöner als ich, selbst im Schlaf, besonders im Schlaf, wenn ihn das fahle Licht der letzten Straßenlaterne beschattet, Carlo ist Schneeweißchen und schwarz wie Ebenholz, ich habe plötzlich Lust auf das unvollständige Bett in unserer verlassenen Wohnung, ich sehne mich nach meinem zerrütteten Zuhause, meinen Traurigkeiten, die eine Art Selbstvergewisserung sind, und die ich dir nicht erklären werde, weiß Gott, es wird Zeit, leise streife ich die schwarzen Sachen über, stehle mich ins Wohnzimmer, klaube die Schlüpfer vom Boden auf, suche meinen Schlüssel in Carlos Jeans, in seiner Jacke, auf der glänzenden Anrichte neben dem Anrufbeantworter, er hat meinen Wohnungsschlüssel an seinen Bund gehakt. Es dauert, bis ich ihn lautlos entfriemelt habe, ich lasse Carlos angebrochene Zigarettenschachtel mitgehen für das Warten im U-Bahnschacht, im Kühlschrank liegt noch eine Stange Gauloises, Reserve aus dem letzten Survivalpaket von seiner Mutter, Adieu, kritzele ich vor meinen neuen Kosenamen Piccolina statt einer Telefonnummer und fühle mich noch freier als vor ein paar Tagen auf dem Friedhof, so wie zuletzt mit Mitte zwanzig, kurz bevor ich den Franz kennenlernte während meiner rebellischen Phase.

Es war einmal ein Franz, der hatte eine Frau, und eines Tages hat er sie verlassen, und nach vielen Wochen, nach Monaten des Grames, der Kasteiung mit Fragen und des Selbstmitleides fand sich für sie ganz von selbst ein Liebhaber, ein sehr schöner Knabe von einer Insel, auf der sie Wildschweine jagen und Rache üben, und siehe da, im Augenblick ist es ihr vollkommen plunzen, ob daraus etwas wird, etwas Greifbares, Benennbares, etwas mehr als drei Tage ficken. Das

Ganze fühlt sich nach einem veritablen Neuanfang an, nicht mal finde ich zu Hause einen noch so kleinen Franz vor, wie auch, der steckt in Carlos Kontrabass fest und muss dem beim Telefonieren zuhören, ich fühle mich erlöst, I feel free, wie mein schwachsinniger Cousin es formulieren würde, aber machen wir uns keine Illusionen, bleiben wir auf dem Teppich, wir alle kennen solche Episoden, sie sind voller Tücke, nicht wahr, das Leben wird neue Fallstricke spannen, du stellst dir alle Fallen selbst, Katze, dennoch, so viel steht fest, ich darf einen Moment Atem schöpfen, eine Etappe ist genommen auf dem Weg der Erholung, der Entfremdung von Franzl Franz, und wem hab ich das zu verdanken, wem. Fjodor, dem ersten Toten unter meinen Freunden.

Ich nutze den Tatendrang, um die Zeitungen nach günstigen Mietwohnungen für eine Person inklusive Avocadobaum zu durchstöbern, mache für Sonntag Besichtigungstermine klar, entwerfe bereits Flugzettel für die Untervermietung unserer Dreizimmerwohnung mit Dachterrasse, lehne den neuen Spiegel in den Flur, da sich ein Nagel für diese letzte Übergangsphase nicht rentiert, entdecke dabei unten auf der Rückseite des Spiegels sein Preisschildchen, zehn Euro steht da, und ich muss einsehen, dass ich demnach einen alten Fabrikteller mit Sonnenblumenmotiv für zwei Euro zwanzig gekauft habe, ungefähr zum Preis eines halben Kilos Geschirr, bravo bravissimo, kein Grund zur Aufregung.
Dafür habe ich einem neuen Liebhaber an den nackten Lippen gehangen, das ist der Preis, ich lauschte süchtig auf den Klang und den verborgenen Sinn seiner Worte, und ich folgere im Nachhinein mit kühlerem Kopf am Esstisch in unserer halbleeren Küche, jetzt in der Minute, vor dem ersten Entwurf für mein Untermietergesuch, dass der schöne junge

Korse in mir die Mutter zurückerobern wollte, nicht zufällig hat er sich eine verheiratete Frau aus den Trauernden gepickt, eine etwas ältere Frau, die eine Trennung hinter sich hat und die Scheidung noch nicht vollzogen, noch lange nicht, nebenbei bemerkt, womöglich bereitete ihm unsere Wolllust masochistische Freuden, und jeder meiner Freudenschreie hat den Bub im Mark erschüttert. Genug der Deutung, wozu die Begierden domestizieren, lassen wir ihnen freien Lauf, genießen den Augenblick, vertrauen den Instinkten, pflücken den Tag yeah und wenden uns derweil frohen Mutes den handfesten Herausforderungen des Augenblickes zu, Schöne helle Dreizimmerwohnung mit Dachterrasse sucht Nachmieter, ab sofort, bitte sehr, und meine Mobilnummer zum Abreißen.

Mit fünfzig Kopien, Schere und Klebstreifen bewaffnet, stiefele ich durch die Straßen und plakatiere mein Wohnungsangebot an Ampelmasten, Laternenpfähle, auf Stromkästen, Schaufenstern und den schwarzen Brettern der Cafés, die Stadtstadt hat ihr Antlitz verändert, sie trägt grau mit Hang zum Nieselregen, die Menschenmenschen werfen fragende Blicke zwischen die Dächer, heute sind sie mir nicht mehr zu viele, sie sind gerade genug für ein Meer der Möglichkeiten, ich unter ihnen, ich auf der Welle, ich bin überzeugt, dass mir die letzten drei Tage nun doch anzusehen sind, ich spüre sie ja deutlich, bin imstande, mit wenigen Gedanken den Brustraum vibrieren zu lassen und den Beckenboden zu fluten, ich grinse forsch in fremde blaue Augen, und taha, fasse einen folgenschweren Entschluss, nämlich dass ich ab jetzt allen Ballast hinter mir lasse, inklusive der Hausfrauenpsychologie, der bohrenden Fragen nach dem Warum, was auch bedeutet, dass ich gnadenlos ausmisten werde im Zuge der Umzugsvorbereitungen für mein Folgeleben, vor allem aber, dass ich dem Verkauf unseres Bauernhofes in Frommholz keine Stöcke mehr in den Weg werfen werde, weder absichtlich noch unbewusst, ganz gleich, zu welchem Preis.

Ich schalte mein Handy ein, falls Anfragen für unsere schöne helle Wohnung mit Dachterrasse eingehen, der Apparat meldet vier Kurzmitteilungen und sage und schreibe achtzehn Anrufe in Abwesenheit, ich kriege kalte Füße, sehe bereits den Nachmieter bei mir einziehen, obwohl ich selbst noch gar kein passendes Nest gefunden habe, sehe mich bei Carlo unterschlüpfen, obwohl ich mich ihm als Ausbund an Unabhängigkeit präsentiert habe, sehe unsere vielbesungene Leidenschaft ratzfatz im Alltag ersticken, vom Fleck weg, ich höre mich bei Corinna und ihren Katzen um Asyl bitten mit all meinem Hab und Gut, da reißt mich Ottmars Stimme aus dem Tagtraum, Pass auf, sagt er, Wir haben alles im Griff, sagt er, Sisch alles unda Kondrolle, beschwichtigend wie zu einem aufgeregten Kind, so dass es mir gleich weiter von den Fersen die Wirbelsäule entlangkribbelt, und dass nämlich die Moni es nach der Schule unsere Hauswand hat runterrinnen sehen, und das habe sie gleich ihrer Mutter, seiner Regina, gezeigt, und die hätte ihn angerufen über Handy, was für ein Glück, dass er den Apparat überhaupt eingeschaltet gehabt hätte, den stelle er sunschd immer aus im Kundegespräch, und er habe der Regina gesagt, sie solle sofort bei uns unter der Spüle in der Küche den Hauptwasserhahn abdrehen, und er sei daraufhin so schnell wie möglich auch hin, hätte seinen Kunden vertröstet, um zu überprüfen, wo das Wasser herkam, und, Also kurz, Mir habe alles im Griff, sagt der Ottmar, der Elfmederjohnny habe ihm eine halbe Tonne Sägespäne ranngekarrt, Bei euch sind ungefähr dreißig Kubikmeter Wasser durchs Haus geflossen, im Heizungsraum oben habe sich ein Ventil gelöst, und es wär super, wenn einer von uns, der Franz oder ich, jetzt nennen sie uns schon Der Franz oder Du, einer von euch, wenn einer von uns raufkommen könnte sich den Schaden angucken.

WER DEN SCHADEN HAT

Frommholz ist in Not, ich muss hin, mein Haus retten vor dem Zerfall, vor dem Befall mit Schimmel, Fäulnis und Schwamm, ich muss Frommholz trockenlegen, ehe die Krankheit chronisch wird und unheilbar, ehe die tragenden Balken morsch werden, das Knochengerüst sich weiter zur Seite neigt und in sich zusammenstürzt, ich muss die Heizung aufdrehen und den Heizlüfter und den Holzofen befeuern und den Föhn an besonders betroffene Stellen halten, stundenlang, wenn es sein muss, und die Fenster aufreißen, auch wenn die Wärme dadurch rasch verloren geht, und Frommholz helfen, die Krankheit auszuschwitzen, bis alle Erreger tot am Boden liegen.

Wasserschaden in Frommholz. Du Aas. Ich weiß genau, was das bedeutet.

Die nächsten siebzehn Anrufe sind Variationen zum Thema. Dreimal noch Ottmar, jedes Mal ein wenig sachlicher, da der Sensationswert im Zuge der verstreichenden Zeit verloren geht, einmal die Mailbox, die von weiteren Versuchen Ottmars kündet, mich zu erreichen, ohne eine Nachricht zu hinterlassen, der Franz, der mich fragt, ob ich Zeit hätte, nach Frommholz zu fahren, sehr fremde Stimme, von weit weg, viel Rauschen in der Leitung, Franz Lichtjahre entfernt, ich sei schließlich zuletzt da gewesen, er habe gerade überhaupt keine Zeit für so was, soso, denke ich, Frommholz läuft inzwischen unter Sowas bei dir soso, nochmal der Franz, kühl, amtlich, er erwarte meinen Rückruf, dazwischen Bernd, der wissen will, wieso ich so plötzlich aufgebrochen sei auf Fjodors Funeral und ob an den Gerüchten was dran sei, nochmal der Ottmar, der beteuert, dass alles halb so schlimm sei und dass sie alles im Griff haben, und ich solle mich einfach melden, ein Anrufer, der ungeduldig atmet, ein Anrufer, der still wartet, eine Anruferin, die etwas zu meiner Wohnung wissen will, womit wir ziemlich im Hier und Jetzt angelangt sind, und ich stelle fest, dass ich bereits eilig den Heimweg eingeschlagen habe, ich kann gar nicht so schnell gucken, wie ich oben in meiner Nochwohnung ein paar Sachen in meine Reisetasche stopfe, mir den Autoschlüssel greife, wieder unten auf der Straße bin, wieder oben, weil ich Friedas neuen Teller vergessen habe, wieder unten, um den Block gerannt, gegenüber der Tramhalte, wo das Auto steht, jedoch steht da kein mir bekannter Wagen, dort steht überhaupt kein einziges Fahrzeug mehr, Alles abgeschleppt, geifert der Dackel der alten Dame, die Schweine, überdeutlich ein absolutes Halteverbotsschild, an dem ein Zettel befestigt wurde, genauer gesagt, mein Wohnungsinserat, dessen Rufnummernfransen im Wind flattern, und keine einzige Nummer wurde abgerissen. Ein zweites Mal Bernd, diesmal in Franzens Auftrag, ich möge bitte zurückrufen, es sei dringend, es gehe um Frommholz, nicht um den Verkauf, ich könne doch nicht ewiglang meine Mailbox nicht abhören, das sei unmöglich, schließlich lebe ich nicht auf dem Mond, hast du eine Ahnung, Bernd, Blödi, der versucht, es spannend zu halten, mich ans Telefon zu locken, als wäre ich nicht längst im Bilde, ich klappere das ganze Viertel ab auf der Suche nach unserem Wagen, vergeblich, sie haben sich neue Verstecke für unverschämte

Parker gesucht, sie wollen mir eine Lektion erteilen, ich soll bei der Polizei anrufen, um den neuen Wohnort meines Wagens zu erfahren, genau genommen aber kenne ich weder unser Kennzeichen auswendig, noch habe ich die Papiere griffbereit, weit gefehlt, noch Franzens Ausweis, auf dessen Namen der Wagen zugelassen ist, Mensch Franz, dabei war ich gerade dabei, den zu vergessen.

Wenige Minuten später sitze ich in einem Taxi Richtung Hauptbahnhof, wieder eine halbe Ewigkeit darauf in einem Zug, der mich bis Mannheim mitnimmt und der schon vor seiner Abfahrt zwanzig Minuten Verspätung hat, Willkommen bei der Deutschen Bahn, kann mir vielleicht jemand sagen, wo ich unterkomme, falls ich den letzten Bummel nach Seebrugg nicht erwische, kann keiner, kaum hab ich Ottmar an der Strippe, sausen wir mit zweihundert Sachen ins Funkloch, ich gebe auf, schalte das Handy aus, schaue raus, wo Landschaft davonrast. Normalerweise erreiche ich auf dem Fensterplatz einen anderen Aggregatzustand, die Augen springen von Mast zu Mast Baum zu Baum Bussard zu Bussard, das Gehirn wird weichgerüttelt und leer, Gefühle bekommen einen Schweif, die Gedanken fliegen zurück, der Landschaft auf den Fersen, so schnell kannst du gar nicht gucken, Zugzeit ist eine Extraportion, ich bin nicht mehr hier und noch nicht da, zwischen der Zeit bin ich, auch wenn der ICE nicht gerade mit Lichtgeschwindigkeit unterwegs ist, heute wird das natürlich nicht passieren, denke ich, heute bin ich voller Sorge um meinen Bauernhof, und ich habe einen derartigen Groll gegen den Franz, der sich hinter seiner verfluchten Arbeit verschanzt, weil er keine Lust mehr hat, sich um unser gemeinsames Haus zu kümmern, weil er neben der Verantwortung für das Gelingen unserer

Ehe auch die Verantwortung für unseren großen Schatz abgegeben hat, mein zärtlich geliebtes Frommholz, gemischt mit gefährlich innigen Gefühlen für Carlo, den von der Mutter verlassenen Lustknaben, den schönsten Mann seit Jahren, den Buben, der so oft mit seiner Oma telefoniert, Bedenken, ausgerechnet jetzt abzureisen, da mein neues Leben mit Macht beginnt, schieres Begehren aus Brustkasten und Konsorten, dazu ein Durcheinander an irrationalen Ängsten, als würden zum Beispiel die neuen Untermieter in meiner Abwesenheit Besitz von unserer Wohnung und der schwarz errichteten Dachterrasse ergreifen, ob ich eigentlich den Avocado gegossen habe, als ich feststellte, dass er kurz vor dem Dürretod stand, ganz im Gegensatz zu Frommholz, ob ich den Gasherd abgedreht habe in der Eile, um eins vorwegzunehmen, ich hatte ihn überhaupt nicht aufgedreht. Ich klappe den Tisch runter und lege Friedas neuen Teller darauf, bei genauer Betrachtung handelt es sich um ein schrecklich hässliches Fabrikmodell, die einzelnen Pixel des Blumenaufdrucks sind deutlich zu erkennen, das Ding hätte nicht mal neu zwei Euro gekostet, nicht mal einen, und ich habe mir eingeredet, einen guten Deal gemacht zu haben, die Macht der Einbildung, wie wir uns permanent unser Leben schönreden, das ekelt mich an. Neben mir packt ein älteres Ehepaar Leberwurstbrote aus einer Tupperdose, apropos Ekel, genau genommen packt sie das Leberwurstbrot aus Dose und Serviette, reißt es in der Mitte auseinander, wobei Wurst aus den Seiten quillt, die sie mit dem Finger verstreicht, sie reicht ihrem Mann seine Hälfte, nimmt ihre in den Mund, wischt sich die Finger mit der Serviette ab, legt ihr Brot auf die Serviette, öffnet eine zweite Tupperdose, gibt ihrem Mann zwei entkernte Apfelviertel, die er auf seinem Schoß deponiert, legt ihre zwei Viertel

neben ihre Brothälfte auf die Serviette, verpackt die Tupper-
dosen ineinander, verstaut sie in einer Plastiktüte, stopft die
Tüte in einen grauen Rucksack, seufzt wie nach einer enor-
men Anstrengung. Er hat ähnlich einem Messdiener abge-
wartet, bis sie das Ritual vollendet hat, jetzt beißt er ab, jetzt
beißt sie ab, seufzt erneut wie nach übermenschlichen Mü-
hen, sie kauen eine Weile einträchtig an ihrem Leberwurstbrot mit Apfelschnitzen, bis der Mann Durst bekommt und
etwas darüber verlauten lässt und sich über den Proviant
beugt, und die Frau ihn barsch abdrängt, als wäre er unfähig,
eine Flasche aus einer Tasche zu bergen, und sich selbst am
Rucksack zu schaffen macht, sein rituelles Murren über-
hörend, die Plastikflasche mit Saugverschluss verwahrt sie
zur Sicherheit doppelt in Plastiktüten, falls mal was ausläuft,
gewappnet für alle Eventualitäten.

Ich schaue aus dem Fenster, aus der Zeitkapsel in die Welt,
die Schöpfung zieht Fäden, die Wiesen haben Flecken von
Wolkenschatten, auf einem Feldweg führt ein Mann seinen
Hund spazieren, der Hund trottet aus dem Licht in den
Schatten, der Hund verwischt mit seinem Schatten, in der
Ferne fliegt ein Dorf mit Kirchturm vorbei, ein deutscher
Nachmittag, etliche weitere Kirchtürme, Hunde trotten vor
Menschen einher oder hecheln hintendrein, eine Autobahn
nähert sich bis auf wenige Meter, entfernt sich wieder, Autos
werden so klein, dass sie in die F-Löcher von Carlos Kontrabass passen würden, alles bleibt flach, Mann und Frau teilen
einen Müsliriegel, ich kriege auch Lust auf Was Süßes,
möchte beim Zugservice ein Eis am Stiel bestellen, jedoch
der Bahnangestellte mit dem Servierwagen ist unterwegs in
die erste Klasse und weist mir freundlich den Weg zum
Bordbistro, immer geradeaus in der Zeitkapsel, unmerklich
erreiche ich den anderen Aggregatzustand, die Franzwut

verfliegt, die Sorgen um den Avocado, ich existiere relativ friedlich in einem Wurm außerhalb der Zeit, und es gelingt mir für eine halbe Stunde, mein Leben neutral aus dem weißen Etui mit eigenen klimatischen Bedingungen heraus zu betrachten, ich mache mangels Skizzenbuch ein paar Notizen auf das Faltblatt der Deutschen Bahn und ernte einen bösen Blick von der älteren Dame.

Im Sackbahnhof ist die Beleuchtung ausgefallen, an der Zugnase steht ein Bahner mit einer großen Taschenlampe, wir tasten uns in Zeitlupe aus dem Waggon in die Dunkelheit, der einzige Bahnsteig von Seebrugg liegt zu allem Überfluss etwas tiefer als alle anderen. Jemand hält mir sein Handydisplay vor die Nase, an der Stimme erkenne ich meinen Mann, Franz, Na endlich, brummt er, ein mittlerer Schock, einen inneren Erdrutsch ergibt das, mir schlittert buchstäblich das Herz aus dem Brustkästchen in die Unterhose, er will mich mit Kuss rechts und links begrüßen, als wäre nichts gewesen, weder unsere Trennung noch die ix Jahre davor, noch seine Arschlochansagen auf meiner Mailbox, nee Franz, deine Wangenküsschen kannst du dir sonst wohin schmieren, wir sind kein Paar, keine Freunde, wir sind nicht mal mehr entfernte Bekannte, I don't know you anymore, was hast du hier überhaupt zu suchen, du versinkst in Arbeit, ich wende wie zufällig das Gesicht ab, scheinbar suchend, dass seine Lippen in die Leere neben meinem Ohr sacken, murmele verstört, Ich wollte den Bus, Pause, nehmen, so wie ich früher immer Luftholer an den unpassenden Stellen setzte, mitten im Satz und Gedanken, viel zu große Pausen, und wie früher freut der Franz sich an dem Rest Anarchie, Da kannste lange warten, schnaubt er, fehlt nur, dass er mich Katze nennt wie eh und je, wie kann er so locker sein, was gibt es zu grinsen, wenn einer unsere Ehe zerstört hat und Frommholz am Verfaulen ist, kann mir das mal einer erklären, nein, kann keiner, alles muss man selber machen.

Wo ist unser Auto, ich schlitze die Augen und scanne den stockdunklen Parkplatz, bin heimlich erleichtert, dass der Franz demnach unser Auto genommen hat, ohne Bescheid zu sagen, und das arme nicht von den Bullen nach Hohenschönhausen verschleppt wurde, aber der Franz ist mit dem Flieger gekommen und von Basel aus mit dem Mietwagen, er leuchtet uns mit dem Handydisplay zu dem silbernen Fahrzeug, das viel zu winzig ist für Franzens lange Beine, viel zu rund auch für seinen Geschmack, er öffnet mir die Beifahrertür wie ein Gentleman aus dem vorletzten Jahrhundert, wovon die Innenbeleuchtung andimmt, und siehe da, mein Exfranz faltet sich hinter dem Lenkrad zusammen, winkt auffordernd, lässt den mickrigen Motor an, er trägt übrigens seinen olivgrünen Strampelanzug aus Militärzeiten, in Höhe seiner Knie kleben helle Holzspäne oder so was Ähnliches an den Nassstellen, widerwillig werfe ich meine Tasche auf den Rücksitz, steige ein, mein Aggregatzustand ist zunichte, warum ist Ottmar nicht hergekommen mich abzuholen, woher wusste der Franz, was hat der überhaupt hier zu suchen, warum warte ich nicht auf den Bus, welchen Bus, Fragen über Fragen, der Schreck hat mir die Sprache verschlagen, sei ehrlich, Katze, du bist froh, dass du nicht ohne Strom am Ende der Welt auf den letzten Bus warten brauchst.

Das Auto stinkt nach Plastik und nagelneu, als der Franz in den Rückwärtsgang schaltet, suppt das Innenlicht weg, und ich bin wieder nicht sicher, ob ein echter Mensch neben mir sitzt, mein leibhaftiger Ex oder das Gespenst aus dem Kino mit Popcorn an den Knien, ich werde jedenfalls den Teufel tun und ein Gespräch mit dem Schemen anfangen oder auch nur rüberschielen, ich vertiefe mich in das Schwarzgrau am Straßenrand, die wulstigen Nachthemden der Nadelbäume, die Leitplanken, Bauchmuskulatur anspannen, Katze, damit die Übelkeit in den Kurven nicht Oberhand gewinnt, der Franz pfeift leise vor sich hin, einen Walzer vermutlich, natürlich einen Walzer, fährt wie der letzte Henker zu seinem Dreivierteltakt, überholt halsbrecherisch die letzten Sonntagsfahrer, er bringt uns beide ins Grab, denke ich, eine Familiengruft, hier ruhen in Frieden Katze und Franzl Soundso, als wäre nie was gewesen. Der Franz riecht nach seinem Schweiß, immer noch besser als der Neuwagengestank, ich bin versucht, ihm das Popcorn von den Knien zu kratzen, Franzens Rechte ruht nah meinem Oberschenkel auf dem Schaltknüppel, die Regenwürmer auf seinem Handrücken wollen rüberkrabbeln, Komm putt putt putt, aber vielleicht bilde ich mir das auch nur ein, ich bin groß im Tagträumen, wie bereits erwähnt, früher hab ich mir ganze Romanzen zusammenphantasiert und mich am Ende der Kinderfreizeit gewundert, dass mein Objekt der Begierde der besten Freundin den Willstemitmirgehenzettel zusteckte statt mir, Ja, Nein, Später, dabei hatten wir jede Menge vielsagende Blicke gewechselt, wir hatten beim Mittagessen fast immer an einem Tisch gesessen, er hatte mich beim Fußball in seine Mannschaft gewählt, ich hatte seinen Namen gezogen zum Wichteln, wenn das kein Omen war, und bei der Gruselgeschichte auf der Nachtwanderung hatten wir zufällig so im Gras gelegen, dass sein Kopf meinen Oberarm berührt hatte, jedenfalls war ich ziemlich sicher, dass es sein Kopf war, einmal hat er sich am Ohr gekratzt und dabei meine Schulter gestreift, Gänsehaut, und als der

Pfarrer uns zum Höhepunkt der Story mit lautem Gejaule zu Tode erschreckte, nachdem alle außer mir weggedöst waren, ich war ja viel zu erregt, da hat mein Schwarm sich kurz ganz doll feste an mich geklammert beziehungsweise an meinem Pulli.

Das erste Treffen mit dem Franz hat übrigens unter einem ähnlichen Stern gestanden, von wegen jedem seine Regenwürmer, auf die Stillewassersindtieftour ist der Franz nun mal nicht zu ködern, während demnach mein Ex sich bei dem mittelmäßigen Italiener scheinbar um eine adrette Unterhaltung bemühte, habe ich mich damit begnügt, in seinen Blicken den Grad des Begehrens zu lesen und zu rätseln, wie lang er wohl brauchen werde, um wie zufällig seine Beine unter dem Tisch so lang auszustrecken, dass sie endlich meine berührten, der Franz dagegen überlegte undercover, wie es anzustellen sei, dass wir den Nachtisch überspringen und er die Rechnung nicht allein begleichen müsse, wenn er sich schon in Grund und Boden langweilte mit der schroffen Tussi.

Vor unserem Bauernhof parken so viele Fahrzeuge wie sonst nur zur Donnerstagabendmesse oder früher zu Mittag, als die Frommholzer Kinder noch so klein waren, dass sie vom Bus abgeholt werden mussten und ihre Mütter sich mit den Zweitwagen am Rondell vor der Bushalte trafen auf einen Schwatz. Ich erkenne den roten Kombi vom Elfmederjohnny, Manfreds Geländewagen samt Anhänger, den neuen Traktor vom Sohn vom Hollenweger, einen Feuerwehrwagen, einen weiteren Traktor und oben in der Einfahrt, direkt vor den Küchenfenstern, Ottmars Unimog, auf dessen Führerhaus sich wichtigtüchtig eine gelbe Warnlampe um sich selbst dreht, dazu der Bauernhof in Feierstimmung, in allen Fenstern Licht, vor dem Haus stehen Männer in Arbeitssachen

169

mit Schaffhandschuhen, gestikulieren, dischgudiere, packen an, einer raucht, zwei halten den Feuerwehrschlauch in Position, durch den immer noch Wasser aus unserem Keller in den Abwasserkanal gepumpt wird, und zwar in rauen Mengen, dem Ottmar seine Moni kommt mit einem Reisigbesen aus der Garage gerannt und ruft dem Vater etwas im tiefsten Alemannisch zu, sie scheint was gefunden zu haben, wahrscheinlich den ollen Besen, der Ottmar bedeutet ihr, dass sie aus dem Weg gehen soll, Sofort weg da, da jetzt aus dem Fenster der Räucherkammer ein Sack vollgesaugter Holzspäne geworfen wird, den der Keilbach-Schmittel mit dem Hollenweger das kurze Stück Wiese bis zum Anhänger runterrollt zum Verladen, während Ottmar mit Hilfe des hydraulisch betriebenen Kranes auf seinem Unimog in das zweite Fenster im ersten Stock eine trockene Ladung Späne befördert, der Greifarm des Ungetüms senkt sich über das riesige Paket, die Zangen fassen zu, der Arm spreizt sich mit dem Gewicht zu voller Länge, wovon der Wagen ins Wanken gerät, das untere Gelenk klappt langsam ein, das Paket schwenkt rüber, direkt vors Fenster, wo jemand dem Ottmar an der Lenkung Zeichen macht wie zum Einparken. Keiner der Anwesenden nimmt groß Notiz von den Hausbesitzern, den einzigen Schaulustigen ihrer eigenen Katastrophe, viel zu beschäftigt sind alle mit Anpacken, Zuwinken, Werkzeugholen, viel zu pferdestark brummt der Motor vom Unimog, der Elfmederjohnny steckt den Kopf aus dem Fenster meines Arbeitszimmers und brüllt dem Ottmar zu, dass es fürs Erste reicht, Sell isch gnug, dass er mit der nächsten Ladung Späne warten soll, bis sie hier oben die Dielen aus dem Boden gerissen haben, da wird mir sehr sehr anders, die ich mir ausgemalt hatte, Frommholz mit dem Föhn zu retten.

Der Franz schnappt sich ein Paar Handschuhe von der Fensterbank und nimmt mit dem Keilbach-Schmittel den nächsten Sack nasse Späne aus der Küche entgegen, der Hollenweger tritt beiseite, ein paar Schritte zurück und verschwindet in der Dunkelheit vor seiner Güllegrube, jetzt erst bemerke ich die Frieda, die dort wie angewurzelt steht mit vor der Brust verschränkten Armen, von ihrem Gesicht ist kaum etwas zu erkennen, ich winke so fröhlich wie möglich rüber, deute auf unser armes Haus, zucke selbstironisch die Schultern, rufe unverständliche Worte über den Lärm der Maschinen, Ach ja, und dass ich den Teller für sie dabeihabe, wende mich zum Auto, um das gute Stück aus meiner Tasche zu nehmen und ihr zu bringen, augenzwinkernd, da auf dem Weg von Berlin auf den Berg ihre Gerbera zu einer Sonnenblume mutiert sei hahaha, doch bereits wie ich die ersten Schritte Richtung Leihwagen tue, fällt mir ein, siedendheiß versteht sich, dass ich Friedas Teller, nachdem ich ihn im Zug eine Weile auf dem Klapptisch liegend betrachtet und für scheußlich befunden hatte, in dem kleinen Gepäcknetz darunter verstaut hatte, weil ich sehr plötzlich ungeheuer müde geworden bin, und den Teller in Sicherheit bringen wollte vor hochschnellenden Knien, unvorsichtigen Sitznachbarn und dergleichen, allerdings zu faul war, noch einmal aufzustehen, ihn oben in meiner Tasche zu verstauen, um ein Haar hätte ich im Anschluss das Umsteigen verpennt, so tief war ich in Schlaf gefallen, hätte mich nicht die ältere Dame mit dem Dackel angerempelt, indem sie ihren Rollkoffer in den Gang zerrte, der Zug stand bereits, die ersten Fahrgäste hatten ihn schon verlassen, ich schoss hoch, schleppte der Alten ihren Rollkoffer zum Ausstieg, wo ihn der Dackel in Empfang nahm, griff mir meine Tasche, die Jacke, weg war ich, und der Teller blieb im Netz hängen, Friedas neuer alter

Teller zum Preis von einem halben Kilo setzt somit seinen Weg fort made in der Tschechei über Berlin nach Paris, und wenn das Schicksal es so will, von Paris sogleich zurück nach Berlin und weiter bis Moskau, ein Billigteller auf Europareise, wie kann man nur so blöd sein.

Mit leeren Händen stehe ich vor Frieda und Hubert, die zu zweit eine Art Front bilden, oder rede ich mir das ein, einen Moment lang weiß ich nicht, wie ich sie begrüßen soll, Der Hubert wird das gar nicht gut aufnehmen, hat die Frieda gesagt, Der Hubert wird sich nicht mehr an neue Nachbarn gewöhnen, aber was kann ich dafür, dass der Franz, ich lege die Arme um meine kleine Freundin, die die Geste widerspenstig erwidert, oder ich bilde mir das ein, Ich habe deinen Teller im Zug liegenlassen, sage ich dicht bei ihrem Ohr, Genau genommen nee, dein Teller ist mir in Berlin runtergefallen, ich hab dir einen neuen besorgt, und den hab ich heute im Zug liegenlassen in der Hektik. Die Frieda macht sich los und nickt, als hätte sie es genauso kommen sehen, und deutet auf die Rettungsarbeiten für unser zweites Zuhause, das eigentlich unser erstes war, unser einziges, und sagt, Gut, dass ihr wieder da seid, der Franz und du, mit Betonung auf dem Und, und lächelt unbeholfen und drückt meinen Arm noch einmal extra fest wie zur Beschwörung und ruft laut hintendrein, dass auch ihr Mann es hören soll, Scherben bringen Glück, und der Hubert nickt fachmännisch, obwohl er von unserem kurzen Gespräch kein Wort verstanden hat, und schreit, sie hätten schon gedacht, dass uns der Hof jetzt egal sei, jetzt, wo, und bricht ab und grinst verlegen, streift mich mit einem herausfordernden Blick und setzt neu an zum Gebrüll, gerade als der Motor vom Unimog den Geist aufgibt, So ein altes Haus, das hat eben auch seinen Willen, so dass alle es hören müssen.

Da können sie noch so klug fachsimpeln über die möglichen Ursachen, während der Ottmar mit Reginas Zweitwagen Spezialwerkzeug für sein Ungetüm besorgen fährt und ich in der entstandenen Zwangspause die Pacht vom letzten Jahr an unsere Helfer verköstige, den Schnaps vom Keilbach-Schmittel in den Gläschen vom verstorbenen Pfunder Eugen, da können sie noch so wild spekulieren, wer am Ventil im Heizungsraum geschraubt haben mag und wann, ob ich, ob der Franz, ob die dicken Kohlbrennerbrüder, deren Firma vor drei Jahren Bankrott gemacht hat, das Ventil schon beim Einbau nicht richtig festgezogen hatten, eine Zeitbombe sei so was, nicht umsonst hätten die Brüder Insolvenz anmelden müssen, oder ob sie sich gar haben rächen wollen an uns, da sie damals in ihrer Rechnung den neuen Warmwasserboiler vergessen hatten und wir uns weigerten, im Nachhinein draufzuzahlen, bis sie vors Gericht zogen und wir einen Vergleich zu unseren Gunsten erwirkten zur Strafe für ihre Schlampigkeit, und das, obgleich wir vollauf begeistert gewesen waren von der behutsamen Verlegung der Kupferrohre in den historischen Räumen. Ich entsinne mich der Schritte auf dem Dachboden vor wenigen Tagen, abends vor dem Fernseher mit dem Gurkenmesser, der Schritte im Garten, des fettleibigen Schnaufens, wenn das gar nicht der Alois, wenn das einer der Kohlbrennerbrüder gewesen ist.

Oder, knurrt der Manfred, Die Hausherrin selbst hat die Schraube gelöst, und feixt verschwitzt in meine Richtung, dass ich der Frieda fast den Schnaps über die Hose kippe, schließlich sei ich zuletzt hier gewesen, auf die Tour lasse sich vor dem Abverkauf noch schnell eine hübsche Summe von der Versicherung einstreichen. Der Franz baut sich zu meiner Verteidigung vor dem Manfred auf, was er damit andeuten wolle, Nix, behauptet der Manfred, Nix, und, man werde wohl noch laut denke dürfe Prooschd, aber dem Franz steht es bis hier, der Manfred soll das zurücknehmen, das mit der Versicherung, sagt er, und ich staune, wie ritterlich mein Ex für mich in die Bresche springt, und der Manfred schaut sich um, leert sein Schnapsglas und wiederholt, dass das nicht bös gemeint war und dass man ja wohl noch laut werde dengge dürfe, knallt sein Glas auf die Fensterbank und murrt, ob das der Dank sei, dass man uns Berlinern zur Hand gehe, und dehnt das Wort Berliner genüsslich wie ein schlüpfriges Schimpfwort und blickt sich wieder Beifall heischend um, wenn das der Dank sei, dass die Hauptstädter einem das Dengge verbiede wolle, der Franz solle nicht glauben, dass er, de Manfred, nix Besseres zu tun habe, als unseren alten Hof trockenzulegen, seit Stunden wartet zu Hause seine Gemahlin mit dem Abendessen, er habe nämlich eine intakte Familie, er sei it der, der si Frau verlasse habe. Der Franz verblasst als Ritter und blitzt mich fragend an, mir nichts, dir nichts wendet sich das Blatt gegen ihn, und mein Ex wird zum Aussätzigen, dem keiner in die Augen schauen mag außer der Hubert, der wieder nur zum Viertel folgen konnte und sich ein zweites Viertel von seiner Frieda simultan hat übersetzen lassen, das mit der Versicherung sei eine gute Idee, brüllt er, da wär er gar nicht drauf gekommen, der Franz solle schleunigst die Versicherung verständigen, die wären schließlich zuständig für die Höhere Gewalt, und der Elfmederjohnny ruft aus dem ersten Stock, dass wir das vergessen könnten, die zahlten nur bei sachgemäßer Bedienung und nie bei menschlichem Versagen, woraufhin alle einträchtig über die raffinierten Paragraphen der Versicherungen herziehen.

Übrigens macht der Manfred keinerlei Anstalten, sich nach Hause zu seinem Abendessen zu begeben, es geht auf eins zu, als der Ottmar mit der Unimog-Werkzeugkiste, zwei alten Besen und einem Kasten Bier aus seinem Keller eintrudelt, die Frieda bringt Brot und Speck vorbei und einen zusätzlichen Besen, weil der Elfmederjohnny lange vor meiner Ankunft Besen geordert hatte und im Haus keiner fündig wurde, nicht mal der Franz, weil ich die Besen, Schrubber und Wischmops nämlich vor Ankunft der Hamburger allesamt in das Verlies zum stillgelegten Plumpsklo gesperrt hatte.

Inzwischen sind wir Schnapstrinker bei den Wetten auf die wirksamsten Rettungsmethoden für ein nasses Schwarzwaldhaus angelangt, Heizen oder Lüften oder abwechselnd beides oder gleichzeitig, und ich mache mich, um die angespannte Stimmung von eben zu lockern über mich selbst lustig, meine hehren Pläne mit dem Föhn, der Franz findet das nicht besonders komisch, aber der Manfred und der Keilbach-Schmittel hauen sich auf die Schenkel, und der Hollenweger Hubert schreit, Da hilft nur niederbrenne, du musches niederbrenne, wenn du sicher sein willst, dass dein Haus ganz und gar trocken isch, und der Manfred, dessen Frau immer noch zu Hause mit dem Abendessen wartet, knackt eine Bierflasche und reicht sie mir und öffnet die zweite für sich zum Anstoßen und ruft, mit den roten Haaren hätte ich ihm viel besser gefallen, seit wann ich mir die Haare nicht mehr rot färbe und warum, und nach der nächsten Fuhre Späne, dem dritten Bier und dem achten Schnaps, rückt er mir nah auf die Pelle auf der heißen Ofenbank und erklärt, dass er mich mal im Fernsehen gesehen habe, damals noch mit ganz langen Haaren, ob ich das gewesen sei undsoweiter, und er zupft an meinen kurzen

Zotteln, als wäre ich Freiwild nach der Trennung vom Franz, und atmet mir ins Ohr und lässt ein paar zweideutige Bemerkungen los, und der Ottmar fragt, ob der Manfred nicht langsam nach Hause müsse zu seiner Frau, und der Manfred winkt ab, die sei doch längst im Bett und außerdem, die wisse ja, wo sie ihn finden könne, und der Ottmar merkt, glaub ich, dass mir dem Manfred seine Anzüglichkeiten langsam zu viel werden, und der Franz sowieso, der schaut schon ganz verdrießlich, aber ich lächele tapfer und denke, den Manfred abwimmeln nach allem, was er heute für uns getan hat, dass das ja nun auch nicht anginge. Ich weiß, so soll man nicht denken als Frau im einundzwanzigsten Jahrhundert, erst recht nicht, wenn es um nichts weiter geht als ein bisschen freiwillige Feuerwehr, was nimmt man nicht alles für einen alten Bauernhof in Kauf als weibliches Wesen, als ich jedoch aufstehe, um mir ein Stück Speck abzuschneiden, weil ich ja kaum was gegessen habe den ganzen Tag, und der Manfred mir im Vorbeigehen ganz selbstverständlich seine Pranke auf den Hintern legt, so klopf klopf an die Pobacke, als befänden wir uns in einem Film aus den Fünfzigern, da wird's mir doch zu bunt, und ich schlage erschrocken die Hand weg und sage zum Manfred, Na hör mal also ehrlich, und er schaut ganz unschuldig und was gemeinhin glasig genannt wird und sagt, So e Prachtstück, und ich darauf streng und vermutlich immer noch viel zu gutmütig für heutige Verhältnisse, Manni Manni jetzt musst du aber wirklich nach Hause gehen und das Abendessen aus dem Kühlschrank holen und aufwärmen und dann nix wie ab ins Bett, und er steht tatsächlich auf und stützt sich am Kaminsims ab und verbrennt sich die Pfoten, weil der Ofen bollert wie blöde, und flucht auf, übellaunig wie am ersten Tag, und der Hollenweger lacht schadenfroh, und der Elfmederjohnny macht Anstalten, den Manfred hinauszubegleiten, weil die beiden vermutlich entfernte Verwandte sind, und zwar mindestens bis zur Fußballwiese, damit der Manfred nicht versehentlich kehrtmacht und in sein Auto steigt und sodann das eigene Garagentor zu Brei fährt wie vergangenes Jahr, und im Gehen, wie er seine Jacke packt, wendet der Manfred sich mit todernster Miene an den Franz, So ein Prachtstück, Mann, sagt er und schüttelt lange den Kopf.

Vom Aufbruch angesteckt, legt die Regina meine olle Frauenzeitschrift beiseite und zwickt ihren Großen in die Seite, der Ottmar nimmt die Kleine auf den Arm, die auf dem Fernsehsofa eingeschlummert ist, einer nach dem anderen schüttelt uns die Hand, und wir sagen Danke und, Wie sollen wir euch bloß danken und Bis morgen undsofort, bis nur noch der Franz und ich übrig sind, und die Mäuse, die emsig ihr Hab und Gut vor den Fluten in Sicherheit bringen.

GAULOISES

Bis dahin haben der Franz und ich kaum ein Wort gewechselt, wir haben uns aus den Augenwinkeln beobachtet und gewundert, wie perfekt wir funktionieren wie eh und je wie ein intaktes Ehepaar oder eine ältere Frau mit Dackel, bevor der Franz den Mund aufmacht, um anzubieten, dass er auf der Fernsehcouch übernachtet, bin ich aus der Stube gehuscht, die Treppe rauf in den ersten Stock, der das meiste Wasser abgekommen hat, der einen Teil des Wassers gespeichert hat, was eben in all die Zwischenräume und Ritzen und Mäusetunnel und Wurmlöcher passt. Seit meiner Ankunft hab ich nämlich noch keinen Blick ins Obergeschoss geworfen, so sehr war ich vor dem Haus mit Staunen und nachher drinnen mit Leutebeilaunehalten durch Scherzen und Schnapsverkösten und Speckbroteverteilen beschäftigt. Die grob verputzte Flurdecke hat sich gierig vollgesaugt, das Taubenblau trieft als Dunkelviolett, die Tür zur Räucherkammer lässt sich nicht mehr öffnen, auch nicht mit Gewalt, sie streikt, Komm, rede ich ihr gut zu, Mach auf, was soll denn das, ich will doch nur sehen, was da drin los ist, komm, lass mich durch, komm schon komm. Die Tür ächzt protestierend in den Angeln, als ob sie beleidigt wäre, zutiefst gedemütigt, ich rüttle heftiger, sie wehrt sich mit Händen und Füßen gegen den Eindringling, will nicht nachgeben, nie wieder, ich hebe ihre Klinke an, schiebe zugleich, keinen Millimeter, nichts, ich trete sachte mit dem Fuß gegen das Türblatt, dann fester, brutal, Mach schon auf, verdammtnochmal, ich werde wohl noch einen Blick in mein Arbeitszimmer werfen dürfen, aber die Tür bleibt hart, triumphiert mit kreischendem Stakkato, das verzogene Stück, bis ich mich mit dem ganzen Gewicht dagegen stemme, da klappt sie plötzlich unten weg, scheppert oben nach und springt mitsamt Zarge aus der aufgeweichten Wandverankerung, über mir sackt der Türstock nach, ein schädeldicker Balken kommt auf mich zu, ich mache einen Satz nach vorne, lande bäuchlings auf dem pappigen Sägespänehaufen, der Sparren verhakt sich zwanzig Zentimeter tiefer im Rahmen, knarzt, schweigt für die Ewigkeit, Frommholz schüttelt sich vor Schadenfreude.

Das Haus wird hinterhersinken, der Boden wird nachgeben, dreißig Kubikmeter, denke ich, rechne nach, wie viele Badewannen das macht, die ganze Nordseite ist vollgesogen, angefüllt, aufgeweicht, die Stützbalken werden morsch werden und schwach, das Knochengerüst des Hauses wird faulen und nach und nach alles mit sich in den Abgrund ziehen, auch die Zimmer auf der Südseite, schließlich ruhen sie auf denselben Querstreben, zwölf Meter langen Baumstämmen, die jetzt, die, O weh, auch die Hofeinfahrt, auch Friedas Haushälfte. Jetzt erst bemerke ich, dass die Bodenbretter unter den Spänen zum Trocknen lose im Raum verteilt liegen, jeden Moment kann ich mitsamt ein paar Dielen durch die Küchendecke krachen, vorsichtig robbe ich auf einem Stützbalken an den Zimmerrand, Richtung Kamin, nach Luft schnappen, kaum welche vorfinden, um Atem ringen, in der Kammer läuft seit Stunden unser kleiner Heizlüfter auf höchster Stufe, die Fenster sind geschlossen, bloß warum, was waren noch die Argumente, wenn das so weitergeht, bilden sich Wolken am Zimmerhimmel, die abregnen, sobald sie an die Glühbirne stoßen, die Stahltür des Räucherofens schwitzt bereits winzige neue Sturzbäche aus. Ich lege meine Hand darauf, spüre den heißen Puls des Hauses, es fiebert, jammert leise, pocht schwach, Ruhig, Frommholz, flüstere ich, Wir geben dich nicht auf, ruhig, mein großer Liebling, Altes Haus, halte durch, komm wir trotzen der Gefahr, dem inneren Feind, der Verwässerung, gemeinsam sind wir stark, wir sind zwei, drei, und die Nachbarn packen ja auch mit an, halte durch, du hast gute Freunde, beste, wir sind für dich da, hier, du wirst gebraucht, siehst du, du darfst dich jetzt nicht aufgeben, think pink, wie Bernd sagen würde, think dry. Ich streichele die feuchtwarme Stahltür, möchte mein Haus auf den Arm nehmen wie die kleine Ziege damals, der die Mutter ihre Zitzen verweigerte, und ihm die Flasche geben, Ruhig, Kleines, alles wird gut, wisper ich, und wir erinnern uns doch beide, das Haus und ich, dass dem Zicklein nicht zu helfen gewesen war, dass es vom ersten Atemzug an dem eigenen Untergang geweiht war, genau wie der Hubert prophezeit hatte.

Fieberhaft versuche ich mich an dessen Worte unten an der Bushaltestelle zu erinnern, was der Hubert sagt, hat manchmal ein Gewicht, weil es ihn solche Anstrengung kostet, den Gesprächen zu folgen, da mischt er sich nur notgedrungen ein, hat nicht auch der Hubert behauptet, dass das Haus sich seinem Verkauf verweigert, hat er nicht angedeutet, dass wir nur deshalb in dem Schlamassel sitzen, weil wir uns getrennt haben und Frommholz abzustoßen planen. Es wird nicht geschehen, murmele ich, ich habe den Verkauf vermasselt, du warst dabei, Frommholz, wir haben doch alles unternommen, um die Fremden zu vergraulen, alles in unserer Macht Stehende, erinnerst du dich nicht he he, wir werden eine bessere Lösung finden, der Franz und ich, zum Beispiel eine getrennte Sommerwinterlösung, was hältst du davon, Frommholz, ich die Sommerfrische, er den Winter, und im folgenden Jahr umgekehrt, so lange, bis wir uns neu sortiert haben und auch du die veränderten Verhältnisse kennst, und akzeptierst natürlich, zum Beispiel Carlo, nur mal so als Beispiel, das ist ein netter Bursche, der würde dir gefallen, er hat schön blaue Augen und so dunkles Haar, weißt du, und er riecht interessant, aber das nur so als Beispiel, jegliches zu seiner Zeit, heute trocknen, Liebling, trocknen. Soll ich mal die Fenster aufreißen, soll ich, ja ich soll, ich steh auf, bemerke jetzt erst den Franz hinter mir in der Tür. Er lehnt unter dem lebensgefährlichen Türstock und lächelt erschöpft, er sieht fast so aus wie ein Franz aus alten Tagen, die Sorte Franz, der sich den ganzen Tag in seinem Militäranzug verausgabt hat, beim Fenstersanieren beispielsweise, oder wenn er den Holzabfall vom Ottmar mit der Machete zu Zündholz verarbeitet hatte und stolz bis zum Rand seine kleinen Bengele in der Einfahrt zum Wirtschaftsteil geschichtet hatte oder sie später nach dem Sommer mit der Schubkarre in unser Holzreservoir im Schweinestall transportiert hatte oder wenn er die halbe Westwiese auf einen Schlag gesenst hatte oder oder oder, Sommer ist das Stichwort, Alles wird gut, flüstere ich dem Herz des Hauses zum Abschied zu, der feuchten roten Klappe, auf den Frühling folgt der Sommer, da hast du Zeit zum Trocknen, Liebling, mein Großes, und reiße die Fenster auf, und die beste Luft der Welt strömt herein.

Spaziergang, fragt Franz, Klar, sage ich und wunder mich, wie einfach das geht und gar nicht weh tut, eine Nachtwanderung mit dem Verflossenen, why not, auf dem Nachttisch im unteren Flur liegt der Umschlag vom Ministerium für Forschung undsoweiter, ich muss lachen, als er unter meiner Wolljacke zum Vorschein kommt, der Nachmittag mit den Hamburgern scheint einer anderen Zeitrechnung anzugehören, Ottmars Aufregung, meine Beklemmung, all die sinnlose Heimlichtuerei, die törichten Hoffnungen, die sich dahinter verbargen, der Haufen Überwindung, den es mich kostete, Frieda schließlich die Wahrheit zu sagen, und wie mir das keinerlei Erleichterung verschaffte, das Gefühl der Schande, des Versagens, überall lauerten Schmerzen, jede Erinnerung barg Gefahr, selbst die an die Zeit vor der Franzzeit, da ich womöglich dem Franz eines Tages die Erinnerung aus der Zeit davor erzählt hatte an einem bestimmten Ort zu einem gewissen Stand der Sonne, und so war die alte Erinnerung mit einer frischeren verknüpft und einem Sonnenstand obendrein, mit Franzzeit wie gesagt, einer Reise mit dem Franz, einem Abendessen mit dem Franz und Tortellini, einer Nachtwanderung mit dem Franz und meinem ersten Angebeteten, wir hatten unsere Leben brüderlich geteilt und ineinander verwoben, kein Wunder. Ich wedele vor Franzens Gesicht mit dem Umschlag, Guck mal, die Antwort auf unseren Extraum, und er versteht nur Bahnhof, und ich trällere, Ottmar wollte unbedingt wissen, was das Ministerium dazu sagt, ach, ist ja jetzt auch egal mh pardon, und lege den Umschlag genauso ungeöffnet zurück, wie ich ihn vorgefunden habe, schlinge mir meinen alten grünen Schal um den Hals, den ausrangierten, mit dem du dich in Berlin nicht sehen lassen kannst, nicht mal, wenn du cool bist, zwanzig Grad unter null bist, so out ist der und so lieb gewonnen zugleich, und hüpfe aus dem nassen Haus raus ins trockene Gras und weiß, das werde ich dann doch wie wahnsinnig vermissen, auch wenn ich heute gar nicht betrübt gestimmt bin, dass ich aus dem Haus auf die Wiese treten kann und über die Wiese den Hang rauf zum Alpenblick und ein Stück weiter runter in den Wald laufen und immer so weiter stundenlang ohne Ziel und Verstand zwischen Grashalmen und Baumstämmen, Brombeersträuchern, Fuchsbauten und den Hochsitzen der Wildpfleger, und keine Dachrinne kratzt am schönen Firmament.

Der Franz kommt hinterher ins Freie und lässt die Hintertür offen wie eh und je, weil es hier oben seiner Meinung nach kein Verbrechen gibt, und wenn, höchstens einmal pro zwanzig Jahre ein paar gelangweilte Jugendliche, die in deiner Garage stöbern, und die sind erst wieder in zwölf Jahren reif.

Ein gutes Stück gehen wir schweigend nebeneinander her, bemerken den Seitenblick des anderen, ignorieren ihn, streifen mit dem Popcorn an den Jackenärmeln aneinander, das krümelt neonweiß zu Boden, Sterntalern gleich, ich beginne belanglose Fragen zu stellen als Meister des kleinen Gesprächs, meine geschmeidige Phase, Ich dachte, du hast so viel zu tun, Ich dachte, du hast gar keine Zeit zu kommen, Woran arbeitest du denn grade, Was macht das Geschäft, und der Franz erzählt ein bisschen vom Zeichnen, von Folge acht seines Erfolgscomics, dass er die Nase voll habe von dem Genre, dass jedoch die Agentur drängele und dass er das Geld brauche, von irgendwas müsse er schließlich leben, der Franz und seine Geldsorgen, wie er sich über das Angebot für den Vorschuss geärgert habe, er redet, als wären seine Sorgen meine Sorgen, nur weil Folge sechs und sieben sich nicht mehr so gut verkauft haben wie die vorigen fünf, pardon, aber deine Sorgen sind nicht mehr meine, Franzl Franz, außer die um das Haus, unser armes altes nasses.

Dort, wo es runtergeht nach Schöndt, wo das Marterl am

Straßenrand vom Heiligen Michael kündet und die Straße eine Biegung macht, fällt die Temperatur urplötzlich ins Bodenlose, den Übergang zwischen zwei Witterungen haben wir früher immer Das Mysterium genannt, Komm wir gehen noch bis zum Mysterium, Nacht für Nacht, wenn unser Dorf bereits schlief, beim Mysterium kommen wir beide nach einer erneuten Stille, einer kurzen Besinnung, wie durch Zufall auf Frommholz zu sprechen, ich sage, Hoffentlich erholt sich Frommholz wieder, und der Franz sagt exakt zeitgleich, eigentlich sei er froh, dass ich Frommholz nicht verkauft habe, und die Wörter Frommholz und Frommholz aus unser beider Münder liegen deckungsgleich übereinander wie ein besonders dickes Wort, Frommholz, ein Wort mit doppeltem Boden, if you ask me, kein Zufall, eher schon eine bedeutende Koinzidenz inmitten der rätselhaften Psychologie unseres Universums mit seinen abervielen Sternen, sonst bräuchte ich es gar nicht erwähnen.

Apropos viele Sterne, noch später, sagen wir, so gegen vier halb fünf, da sitze ich vor dem Haus auf der klapprigen Holzbank, in eine klamme Decke gewickelt, und schaue rauf ins All, das, wie so üblich auf dem Lande, aber viel mehr Himmelslichter gezündet hat als der Himmel über Berlin, ich warte auf eine Sternschnuppe, um ihr einen Wunsch für unseren Bauernhof mit auf den Weg zu geben, den längst zurückgelegten, Mach, dass Frommholz trocknet bis ins Mark, oder so, aber der todesmutige Stern lässt auf sich warten, wer stattdessen vorbeikommt, ist der Franz, er setzt sich neben mich in gebührendem Abstand, greift nach der Packung Zigaretten, die zwischen uns liegt und fragt, ob er sich eine anzünden dürfe, erstaunlich wohlerzogen, und ich sage, Mh, und nicke zur Bekräftigung mit steifem Nacken und zwinkere den Sternen zu, weil sich der Nichtraucher Franz gerade eine Zigarette von seinem Nachfolger in den Mund steckt. Der Franz pafft und fragt, seit wann ich wieder rauche, und ich sage, Ich hab nie geraucht, und er schnaubt, wobei ihm Rauch in die Lunge gerät, und er hustet und schüttelt die Packung Gauloises vor meiner Nase, Und was ist das, fragt er, und ich schwindele, Das sind Corinnas Zigaretten, und derweil schnappt der zerknautschte Deckel auf und aus der Packung kullert eine Aluminiumkugel, Du kiffst, ruft der Franz, und wir bücken uns synchron nach der Kugel, Corinna kifft, korrigiere ich, während sich unsere Finger berühren und elektrische Blitze wie Sternschnuppen von einer Kuppe zur anderen züngeln, viel zu flott allerdings, um ihnen Wünsche an den Schweif zu binden, viel zu überraschend auch, na hör mal, ich habe gerade erst unsere Trennung verwunden, jedenfalls bilde ich mir das ein.

Dem Franz sind die Blitze auch aufgefallen, immerhin zuckt er genauso zurück wie ich, die ich die Silberkugel aufhebe und zwischen den Handflächen rolle, es duftet schwach nach früher, Ferien bei meiner französischen Brieffreundin, Zusammenkünfte auf dem Pausenhof, Corinnas Küche, wenn ihr One Night Stand zu Besuch ist, und Carlo natürlich, Carlo aus der Jetztzeit, mein blauer Prinz und Lückenbüßer.

Ich schlage vor, dass wir einen Joint rauchen, der Franz und ich, obwohl der Franz Drogen grundsätzlich keine Chance gibt, weil der Franz wie gesagt vehement was gegen Kontrollverlust hat, fuck off your principles, wir sitzen in einem Zeitloch zwischen den Tagen, ich finde Blättchen bei den Gauloises, nur dass weder der Franz noch ich wissen, wie man professionell eine Tüte baut, ich klebe drei Blatt überlappend aneinander, streue Tabak darüber, ein paar Brösel aus der Silberkugel, wie ich es öfter bei Corinna oder ihrem One Night Stand beobachtet habe, rolle das Ganze zu einer dünnen Tröte, einer extrem langen, wie wir davon high werden sollen, kann mir das mal jemand verraten, ich will das Ding soeben an Franzens Zigarette entzünden, weil uns die Streichhölzer ausgegangen sind, da ist es wieder, rechts um die Ecke, Schritte im Gras, tapp tapp tapp. Dazu das Röcheln des sehrsehr dicken Mannes, tapptapptapptapptapp, er kommt näher, muss jeden Augenblick um die Regenrinne der Westfront biegen und frontal auf uns zukommen, ich wende lautlos den Kopf, lege einen Finger auf den Mund, der Franz hört es auch, wir starren uns mit riesigen Augen an, instinktiv rutsche ich ein Stück in die Bankmitte, weg von Westen, dorthin, wo zufällig der Franz sitzt, und der Franz greift zufällig nach meiner Hand, ich weiß nicht, ob er mich festhält wie ein Held oder sich daran klammert aus schierer Angst, ist ja auch egal, und Zufälle habe ich noch vor wenigen Zeilen für Humbug erklärt, ich erinnere mich an unser Telefonat, als der Besucher das letzte Mal durch den Garten gestapft ist und ich mich nicht mal traute, dem Franz davon zu erzählen, die Verkühlung in Franzens Stimme, die heute fehlt, als wäre sie ihm beim vielen Heizen abhanden gekommen, der Franz flüstert, Was war das, und ich schüttele nur den Kopf, weil es jetzt deutlich bei den Rosen zu hören ist, aber seltsamerweise immer noch nichts zu sehen, der Franz presst meine Hand so fest, dass unser erster gemeinsamer Joint dabei draufgeht, den kannst du jetzt in der Pfeife rauchen, und da, da, Oh my god, kommt das Ungetüm zum Vorschein, in seinem ganzen Ausmaß, und ist

EIN IGEL

Er hat uns nicht bemerkt, grunzend und röchelnd wie ein schwerkranker Raucher trippelt das Tier an uns vorbei, tapp tapp tapp, als schwarze Kugel Richtung Kellereingang, tierisch beschäftigt, schunkelt über die Planken von der Kellertreppenabdeckung bis ins hinterste Eck vor Franzens Studio, steckt die Nase unter eine lose Bohle, schiebt den mächtigen Stachelleib hinterher, raschel raschel kratz quiek röchel, weg ist er. Wir haben einen neuen Mitbewohner, einen dicken Igel, stell dir vor, Franz, ein Igel, ein immenser kugelrunder Igel ist vor dem Studio eingezogen, vielleicht hat er Familie, vielleicht baut er ein Nest, um seine Eier hineinzulegen, seit wann legen Igel Eier, wie dem auch sei, ich werde ihm Eier besorgen, ich werde Frieda um ein paar Eier von ihren Hühnern bitten, genau, morgen vor dem Frühstück, Igel lieben Eier, und einen Schluck Milch von den Ziegen für die Igelbabys, und ein Stück Speck vom Lidl, jajaja, ich werde in aller Herrgottsfrühe zum Lidl fahren und Speck kaufen, und für dich, Franz, bringe ich Toastbrot mit und für mich Butter, wir werden in der Stube frühstücken, die wenig Wasser abbekommen hat, selbst wenn die Sonne scheint, bleiben wir drin, damit der Igel sich in seiner Behausung wohl fühlt, damit er sich raustraut zu den Eiern, dem Speck und der Milch auf dem Silbertablett, wir werden an unserem Buttertoast knabbern und die Kellertreppe im Auge behalten, ich jedenfalls, du frühstückst ja sowieso nicht, Franz, ich vergaß, jedenfalls nicht in aller Herrgottsfrühe, du kannst dich getrost an deinen Zeichentisch zurückziehen und dein Pensum erfüllen, und den Ottmar verständigen, sobald du damit fertig bist und wieder bereit zur Hausrettung Folge vier, und wenn sich etwas tut im Bau, dann ruf ich dich leise, Komm, Franz, komm sieh dir das an, der Igel schnuppert am Speck.

Der Franz zieht sachte seine Hand aus meiner, schüttelt sie wie einen nassen Waschlappen und massiert die Gelenke, die ich vor Freude ausgewrungen habe, Du hast mir fast die Finger gebrochen, flüstert er dicht bei meinem Ohr, und ich wedele aufgeregt vor seinem Gesicht herum, dass er still sein soll, Himmelherrgott, keinen Mucks, dass er mir die Igel nicht verschrecke, die sich inzwischen zu einer Großfamilie vermehrt haben, sieh nur, die kleinen Würmchen mit den weichen Borsten, ach ach, ich streife lautlos die Turnschuhe ab und schleiche auf Zehenspitzen zur Hintertür, drücke in Zeitlupe die Klinke herunter, winke dem Franz zu, dass er es mir gleichtun soll, schsch, keinen Mucks, mit riesigen runden Augen und wild artikulierenden Lippen und Clownsarmen, Komm, sch, komm rein, wir dürfen die Igel nicht stören, sie haben das Haus bezogen, das wir hergeben wollten, komm, sch, leise, zieh die Schuhe aus, sonst knirschen sie auf dem Eugen seinem steinigen Beton, den wir nie durch Terrakotta ersetzt haben, weil das in der Gegend irgendwie albern gewesen wäre, sch, still Franz, leiseleise, Großmutter, warum hast du so große Füße, damit ich dich besser schrecken kann.

Ich dirigiere den Franz ins Haus, ziehe die Tür zu und lasse in Zeitlupe, sch, keinen Mucks, die Türklinke los, sodann jauchze ich lautlos drauflos, Jihaaa, wir haben einen Igel zu

Besuch, ein Igel hat sich bei uns eingenistet, der Wahnsinn, ist das nicht hach ach, grinse sämtliche Zähne zum Vorschein und trommel dem Franz auf den Oberarm vor Freude wegen dieses hachach Igels, der mich noch vor wenigen Tagen so zu Tode erschreckt hat, dass ich um ein Haar mein Auge mit dem Gurkenmesser aufgespießt hätte.

Der Franz steht amüsiert dabei, einigermaßen überrumpelt und froh, eines unserer althergebrachten Rituale übrigens, die Frau freut sich über ein Tier, der Franz freut sich über die Frau, das ging so weit, dass der Franz der Frau eines schönen Tages eine Ziege schenkte, wie bei anderer Gelegenheit erwähnt, nur damit er sich an ihrer Vernarrtheit laben konnte. Diese Ziege war es, nebenbei bemerkt, die eines ihrer Jungen, und zwar ausgerechnet das Mädchen, nicht an die Zitzen lassen wollte, ihren Buben hat sie wohl ernährt, die dumme Mutter, obwohl die Böcke ohnehin früh dran glauben müssen und der Frieda und dem Hubert den Weihnachtsbraten bescheren, weil sie sonst den Stall verpesten mit erwachender Männlichkeit, das Mädchen aber, das nützliche, das hat sie nicht an Kindes statt annehmen wollen, warum, weiß der Teufel, wir schauen ja den Ziegen nicht in die Seele, das Mädchen ist gestorben, bevor der Bock geschlachtet wurde, und meiner sturen Ziege blieb nichts übrig als ihr übervoller Euter, aus dem der Hubert über Winter jeden Morgen eine Tasse trank.

Ehrlich gesagt, ich weiß nicht, wie das passieren konnte, wir waren wohl beide übernächtigt und ziemlich erschöpft, wir sind spazieren gewesen und haben simultan das Wort Frommholz ausgesprochen, Na und, Na hör mal, der Franz ist zwar nicht so abergläubisch wie ich, aber hin und wieder oben auf dem Berg, wo das Leben so viel einfacher erscheint, wahrer klarer, und die Notwendigkeiten deutlicher zutage treten, essen trinken laufen pflanzen ernten schlafen und zwischendurch ein paar Worte wechseln, hier oben wird auch der Sachliker empfänglich für ein Mindestmaß an Mystik, erst recht wenn solche Simultanitäten beim Mysterium stattfinden und dazu Sterntaler auf den Asphalt regnen, zudem sind wir automatisch verschworen in Sachen Hausrettung, klar klar, das schweißt zusammen, ob du willst oder nicht, wir sind bewegt von der Igelentdeckung, wir haben wahrscheinlich beide keine Lust gehabt zu feilschen, wer im Ehebett schlafen und wer sich die Matratze ins sogenannte Kinderzimmer legen müsse, Guess what happened, ich muss jetzt nicht unbedingt ein zweites Kapitel über irre tollen Sex bemühen, ich meine, wir haben das dreizehn Jahre lang praktiziert, der Franz und ich, mal mehr, mal weniger, wir kennen uns, das hat ja auch was für sich, okay, in den letzten zwei Jahren ist es dann extrem selten geworden, nachdem es in dem Jahr davor schon recht rar geworden war, nun ist Recht Rar ein dehnbarer Begriff, dem einen sind zweimal pro Woche zu wenig, der andere ist dankbar, wenn es zweimal im Jahr noch zur Sache geht, just imagine, it's not enough to you persönlich, was nutzen meine Maßstäbe, wenn Sie ein Buch lesen und die Protagonisten verstehen wollen, Ihnen war das zu wenig, mir auch, ich war nachher sogar auf Franzens Vorschlag eingegangen, Verabredungen zum Beischlaf in den Kalender einzutragen als Pflichtprogramm, um Es vor dem Aussterben zu bewahren, als jedoch seine Lebensmittelkrise ihn knebelte, hat er unsere registrierten Rendezvous kommentarlos verstreichen lassen.

Jedenfalls ja, worauf ich hinauswill, wir tun Es, Es ist schön, Es ist anders als sonst, die letzten Male vor der Trennung, wir sind frei, wir sind ein bisschen albern, weil wir fast unseren ersten Joint miteinander geraucht hätten und uns von einem dicken Igel davon haben abhalten lassen, wir tun übrigens auch gar nicht groß romantisch von wegen, ach, mit dem Alten, mit der Alten ist es doch am schönsten oder so, oder Ah piccolina wie niedlich du bist, nee wir ficken ganz klassisch auf unserem guten billigen alten Ehebett, ach auf dem Alten ist es doch am besten, bisschen Gefummel zum Aufwärmen, und der Franz fragt noch, Wo hast du denn so blasen gelernt, und ich murmel, Aus der Frauenzeitschrift, und nachher liegen wir sogar ein bisschen aneinandergekuschelt herum unter den vermilbten Bettdecken, viel länger als früher üblich, wir denken gar nicht daran, uns waschen zu gehen, liegen da so rum, Arm in Arm in unserem knarzenden Ehebett in unserem zum Verkauf stehenden Bauernhof, der Morgen graut von ferne, und ich kriege Lust, gar nicht mehr zu schlafen, als ob ich siebzehn wäre und Derartiges verkraften könnte, ich möchte rauf an die Grundgrenze die Sonne begrüßen, ich bin wohl ein bisschen high vom Schlafentzug, und der Franzl Franz lacht so für sich und sagt, er habe den Brief vom Ministerium gelesen, vorhin, als er zum Pinkeln im Garten war, er hoffe, ich sei nicht böse, dass er ihn allein geöffnet habe, ohne meine Zustimmung, und mir, mh pardon mir ist das gerade vollkommen schnuppe, ich schwöre, ich habe keinerlei Absichten auf Nichts und Niemanden, weder hier noch da, ich habe zurückgefunden in den Zwischenzeitwurm aus dem ICE, bin lediglich am Nachsinnen, wo in dem Durcheinander unten meine Flipflops zu finden sein mögen, das Wasser kann ihnen ja nichts angehabt haben, unsere Turnschuhe sind in den Besitz des Igels übergegangen, und sonst müsste ich barfuß rauf auf den Hügel, im Slalom an dem Keilbach-

Schmittel seinen Kühen ihren Fladen vorbei, und der Franz lacht nochmal für sich und sagt, Wir haben den Zuschlag.

Hör mal Franz listen Achtung Achtung excuse me, nur weil wir gerade gebumst haben, haben Wir noch lange bitt schön gar nichts plötzlich wieder gemeinsam, Wir hätten den Zuschlag, welches Wir, Wir, wer soll das sein, Wir, unser Wir hast du umgebracht, es gibt dich, mich, und wir sind ehemalig, in Berlin freut sich unter Umständen ein Carlo auf die Heimkehr von Piccolina, vielleicht auch nicht, who the fuck cares, in Berlin wartet gewiss irgendein junges Ding sehnsüchtig auf die Rückkunft des großen Cartoonisten und Comicisten, auf dich, Franzl Franz, da kannst du noch so unrasiert tun, den schwierigen Künstler raushängen lassen, den emsigen, freudlosen, der seinen Ehering nie getragen hat, weil er ihn beim Zeichnen störte und überhaupt behinderte, ich trage meinen immer noch, weil ich einfach nicht daran denke, ihn im Klo runterzuspülen, reine Nostalgie, weil ich es mittlerweile sogar schick finde, eine Exfrau zu sein, ich habe ein Schicksal, Wir haben den Zuschlag, sagt der Franz und petzt mich sachte in den Oberarm, und ich spüre seinen übernächtigten Atem im Nacken und bis zum Ohr, und es schaudert mich, Wir haben den Zuschlag, das kommt mir jetzt aber sehr dick vor, sehrsehr, als ob die Magie beim Mysterium nicht zum Spaß gereichte, als ob es uns mit dem Zaunpfahl aufeinander weisen wollte, wer ist überhaupt Es, der Zaunpfahl, bitte schön, Franzens Pfahl klopft tatendurstig an meine Pobacke, ich springe auf, fliehe mit den Armen vor der Brust ins Kinderzimmer, streife den Bademantel über, schwupps bin ich die Treppe runter, hinten tropft es friedlich von der Decke, wo kommt das neue Wasser her, die Flipflops liegen chaotisch vor der Ofenbank bereit, voilà, unaufgeräumt wie mein Leben als Siebzehnjährige, ich renne an dem erbrochenen Umschlag vorbei aus dem Haus, unter der Birke möfft es nach frischem Herrenpipi vom Franz, rechts vor dem Keller wohnt ein fetter Igel im Bed and Breakfast, grau leuchtet das Kreuz auf dem Grab vom jungen Zicklein, grau ist der Morgen danach, grau der Elektrozaun, die Kuhfladen, die Tiere im Stall, Tau legt sich um die Waden, Kleeblätter, Grashalme an den Fersen und zwischen den Zehen, die Kälte krabbelt unter den Bademantel bis zum Nabel rauf.

Ich stehe bibbernd an der höchsten Stelle und lausche auf die einleitenden Takte des Tages, trinke leise Luft zur heiseren Puste, blinzele besoffen dem Licht entgegen, das sie über die Kuppen, über das dürre Wolkenband sendet, ihren ersten Strahl, der mitten ins Auge trifft, Tränen lockt, Geglitzer, die Lider geschwollen vom Staub, der aus der Decke in die Kissen rieselt seit Jahrzehnten, die Nase juckt, ein Vogel schreit, eine Kuh brüllt den Tag an, ich möchte einstimmen in ihr Lied, aber mein Mund schmeckt noch wie unser Bett, lauwarm und morgenscheu, rechts neben dem Sonnenaufgang schweben die Alpen am Himmel, ich erinnere mich, wie ich sie entdeckt habe, an einem grauen Nachmittag im Mai vor circa zehn Jahren, oben bei der Bank im Wasserschutzgebiet, unser erster Frühling in Frommholz nach dem Hauskauf an Weihnachten, jedenfalls waren wir dafür angereist, für den Wärmevorsprung in den Südwesten, dieser aber ließ auf sich warten wie ein verzogner Igel, es war biestig kalt, die Wiesen verharrten winterbraun, die Bäume knochig, kaum eine Knospe hatte sich entfaltet, kaum ein Falter war aus dem Kokon gekrochen, und das Mitte Mai, da die Bäume im Rheintal bereits ihre Blüten abschüttelten und sich in Schale warfen für den Sommerball. Der Franz

war wütend auf das Wetter und den Berg und den Bauernhof und den Ottmar, der uns nie etwas vorgemacht hatte,
auf unsere Naivität in Sachen klimatische Bedingungen,
mich insbesondere, da ich in seinen Augen für die Vernunft
der paarhaften Handlungen zuständig war, also gewissermaßen hauptverantwortlich für den Kauf, dabei war es mein
Rücken, der am Abend vor Vertragsunterzeichnung mit einem Hexenschuss signalisierte, dass wir im Begriff waren,
den Fehltritt unseres Lebens zu begehen, was uns keines-
wegs davon abgehalten hat.

Der Franz verschanzte sich, persönlich beleidigt über das
schlechte Betragen der Natur, der frigiden Kuh, hinter Arbeit in seinem überheizten Studio, das stark nach Bodenlack
roch, und starrte in den Pausen empört die grauen Grashalme vor dem Fenster an, während ich in Wollunterwäsche
laufen ging, bergan und -ab, obwohl ich Laufengehen noch
nie leiden konnte, schon gar nicht in den Bergen, ich rannte,
bis mir die Lungen in der Kehle brannten, am Ende meiner
Kräfte stützte ich mich auf die Lehne der Holzbank neben
dem Stromhäuschen, ich hob erst nach einer ganzen Weile
den Kopf und hätte das Schauspiel fast verpasst.

DAS ALPENGLÜHEN

bezeichnet die besondere Wirkung, die das Streulicht des Sonnenuntergangs und -aufgangs im Gebirge hat. Die Felshänge und Schneeflächen reflektieren dabei dieses Licht rot, während der Vordergrund bereits oder noch im Dunkeln liegt. Das Alpenglühen wird abends durch den Purpursaum der Gegendämmerung verstärkt, wenn im Osten nach Sonnenuntergang der Erdschattenbogen aufsteigt. *Wikipedia.*

Der Franz kommt mir nach den Hang rauf, er hat den Joint dabei, ein Feuerzeug, das einer unserer Helfer vergessen haben muss, und seinen Zaunpfahl, wir stehen ein Weilchen frierend in gebührendem Abstand und betrachten das Farbspektakel in der Ferne, wo die Alpen schwerelos über dem Horizont schweben, rosa, rot, orange und gelb, das Alpenschweben, irgendwann rücken wir einander näher, um uns am Körper des anderen zu erwärmen wie die neuen Kälber in Friedas Stall, der Franz entzündet die zerknautschte Tüte, nach wenigen Zügen verziehen wir uns aus Frommholzens Blickfeld nach hinten Richtung Waldrand zu den Felsen mit den Himbeeren und haben dort ein bisschen Himbeersex unter freiem Himmel, ich verstehe derweil etwas über die ganz großen Zusammenhänge, und wie ich es dem Franz mitteilen will, auf frischer Tat, finde ich die Worte nicht,

besonders das eine Wort, das Schlüsselwort für die endgülti-
ge Erklärung der Welt, obgleich ich das Wesen der Dinge
vollkommen durchdringe, das schwöre ich, nur das eine
Wort zur Beschreibung fehlt beziehungsweise jedes Mal,
wenn ich es auszusprechen versuche, werde ich mir nichts,
dir nichts von einem Lachkrampf geschüttelt, es kommt
nicht bis über die Lippe, jetzt will ich dem Franz dieses
Phänomen schildern, von dem Wort, das den Ausgang nicht
findet, aber auch diese Überlieferung wird von ungezähm-
tem Gekicher unterbunden, der Franz wiehert dazu, vielleicht hat er es von selbst kapiert, das Phänomen, mir wird
jedenfalls schlecht, mir ist ganz flau, ich muss mich hinle-
gen, sage ich, dabei liege ich ja längst, unter dem Franz, der
Franz prustet, dass ich ganz grün im Gesicht bin, Du bist
ganz grün im Gesahahahahaha, er hält mich fest, damit ich
liegen bleibe, und ich behaupte, das sei die Reflexion vom
Gras, dabei liegen wir gar nicht direkt auf dem Gras, sondern
auf meinem Bademantel, der Himbeerstrauch pikt durch
den Frotteestoff, nein, das sind Ameisen, eine Horde Ameisen hat mir auf den Rücken gepinkelt, sie kommen um die
Taille herum unsere Bäuche hinaufgewandert, sie haben
bereits Straßen erbaut durch das Dickicht der Bikinizone, ich
will noch etwas über das Haus sagen, das sich mit Absicht
leck geschlagen hat, aber es klappt nicht, die Würfel sind
gefallen, der Himmel ist grün, die Alpen sind verdunstet,
die Erde ist kalt und nass, sie schluckt das Geheimnis unserer Existenz für alle Ewigkeit, und wenn sie nicht gestorben
sind, dann errichten sie noch heute Straßen und geben ihre
Informationen im Vorbeigehen weiter und finden den
Durchschlupf zu unzähligen anderen Dimensionen im Gegensatz zu uns.

Gegen Mittag trudeln die Helfer wieder ein, dazu ein paar schaulustige Kinder, die der Schulbus vor unserer Küche absetzt, ich habe im Eifer des Gefechtes vergessen, bei Lidl Essen zu besorgen, wir kochen all unsere Spaghetti, der Franz und ich, knacken die Tomatendosen, die im Keller vor sich hin gerostet sind, verarbeiten endlich die verdammten Kapern aus der Vorratskammer, schneiden den Restspeck von gestern in Streifen, zwischendurch bepissen wir uns fast vor Lachen, was keiner der Nachbarn einzuordnen weiß, wir behaupten, es liege am Schlafentzug, und versuchen erst gar nicht, uns verständlich zu machen. Die Frieda mustert den Franz eindringlich, dann mich, dann wieder den Franz, ihr Gesicht ist ein Fragezeichen, der Hubert schreit, Haja, und nickt auffordernd und wissend zugleich, als hätte er uns beim Himbeerstrauch beobachtet, übermütig geh ich auf dem Manfred seine Avancen ein, worüber er so erschrickt, dass er das Flirten einstellt, wir schaffen nasse Spreu aus dem Haus, verteilen trockene in den Zimmern und im Flur, Kinder balgen durch den Flur, dem Ottmar sein Ältester dreht den Heizlüfter in der Räucherkammer alle zehn Minuten um zwanzig Grad, damit das schwitzende Holz kein Feuer fängt. Immer noch breiten sich neue Flecken unter geheimen Wasserdepots in der Decke aus, Wasser sammelt sich zur hängenden Pfütze, bis es den ersten Tropfen preisgibt, dem ein feiner Strahl folgt, jedes Mal Anlass für eine Lachkaskade, der Franz und ich, wir treffen uns versehentlich auf dem Dachboden, hatten zugleich den Impuls, den Heizraum abzusperren, damit sich keines der Gören hineinverirrt und aus Langeweile an den Ventilen schraubt, der Franz schlägt mir in aller Stille vor, dass wir die Verkaufspläne fürs Erste aufgeben, hahaha, Kaskade, so ein inkontinentes Haus wolle sowieso niemand haben, gackere ich dazu haha haha, wir könnten uns Frommholz ja teilen, bietet der Franz an, er im Sommer, ich im Winter, und im Jahr darauf umgekehrt, und ich schaudere, wovon eine Gänsehaut zurückbleibt, da ich bekanntlich denselben Gedanken nur umgekehrt vor ein paar Stunden vor mich hin gekaut habe, neben der patenten Dame im Zug, ich im Sommer, er im Winter, und im nächsten Jahr umgekehrt, wieder eine dieser Koinzidenzen, wie süß, ich starre meinen Unterarm an, auf dem die Haare alarmbereit in Stellung gegangen sind, eine Unzahl von zu Vulkanen hervorgestülpten Poren, der Franz packt meinen Arm mit einer seiner Zeichnerpranken und will wissen, was ich davon halte, und schaut mich an und will noch etwas sagen, was er sich aber verkneift, zum Glück, denn ich ahne, in welche Richtung er sagen will, Sentimentalitäten, ich denke es lieber gar nicht erst zu Ende, die Hoffnung stirbt zuletzt, heißt es, wohin soll das führen, Franzl Franz, du bist bekifft, du bist erweicht vom Mysterium, dem Igel, dem Alpenschweben, dem Gevögel, die Hoffnung aber habe ich mit Carlo letzte Woche zu Grabe getragen, die Süße, und das war gut so, nicht wahr. Wahr, Mh Carlo Piccolino, bete ich mir im Stillen vor und empfinde nichts und mache mich los und nuschele mit ernster Miene, weil mir das ganze Gekicher von eben plötzlich lächerlich vorkommt, völlig unangebracht, die Leichtigkeit fehl am Platz, Na ja ja, murmele ich unverständlich, wir können ja mal darüber nachdenken, schon bin ich aus dem Heizraum geflohen, panikartig, als ob da drin der Boden abermals nachgegeben hätte, bin die Leiter runter, an den ausrangierten Möbeln vorbei durch den Staub in den oberen Flur, und stolpere fast über dem Ottmar seine Moni, der ich vor drei Jahren einen Sommer lang Flötenunterricht gegeben habe und die von ihrer Mutti ausrichten lässt, dass wir zum Abendessen eingeladen sind, der Franz und ich.

Ich schlucke und weiß nicht, wie ich das abwenden soll auf die Schnelle, ich bin viel zu müde für ein Abendessen mit dem Ottmar seiner Familie und dem getrennten Franz, den sie der Einfachheit halber schon wieder Der Franz und du nennen, der Franz hat das Letzte mitgehört und sogleich eine passende Ausrede parat, Heute Abend haben wir keine Zeit, ruft er der Moni vom Dachboden aus zu, Sag deiner Mutter, ein andermal, so wie wir uns früher auf Das nächste Mal rausgeredet haben, wenn es mit dem Hinundherein- laden vor lauter Rasenmähen und Fenstersanieren und Zweisamkeit und Schreibtischarbeit und DVD-Gucken nicht hingehauen hat, Egal, Weihnachten seid ihr ja wieder da, dann gibts Raclette, oder, Dann kommt ihr eben im Sommer vorbei auf eine Partie Tischtennis, diesmal taugt das Ver- sprechen nicht viel, ein andermal, pfff, entsprechend heraus- fordernd schielt die Moni zu mir rauf, Wann, sagt sie mit ihrer immer noch kindlichen Fragekraft, und ich wische mir verlegen ein paar Sägebrösel von den Schultern, Beim nächsten Mal, sage ich, möglichst viel Antwortsouveränität aus der Erwachsenenwelt mobilisierend, Wann, insistiert die Moni von der hartnäckigen Sorte, Heute sind wir zu müde, aber sag der Mama tausend Dank, die Moni merkt, dass im Augenblick mehr nicht zu holen ist, macht auf dem Absatz kehrt und schreitet gemessenen Schrittes die schmale Holz- treppe runter, als handele es sich um eine Freitreppe im Herrscherpalast, dabei fährt sie mit dem Finger die tauben- blaue Nut- und Federverschalung entlang, alle Zeit der Welt um sich versammelt und die Mahnung, dass sie wiederkom- men wird zum Weiterfragen.

Im Flur unten liegt ein neuer Haufen vom Haus, unver- schämt groß, mein Blick fällt auf den Riss darüber, neben der Treppe, der sich seit dem letzten Mal um einige Millimeter, genauer gesagt Zentimeter, verbreitert hat, womit feststeht, dass das Haus sich weiter zur Seite neigt, sag ich doch, das Loch führt ins absolute Schwarz, ins Nichts mit seiner Anziehungskraft, während ich es betrachte, lässt das Haus Verdautes herausrieseln, Hausstaub, Getreidehalme, ein paar Kornhüllen, lauter totes Zeug, der Franz legt mir eine Hand auf die Schulter, der schon wieder, Ist sie weg, fragt er und meint die Moni, und ich rege mich nicht, sondern denke über die Hand auf meiner Schulter nach, die weg sein sollte, und starre den frischen Haufen vom Haus an, und der Franz mustert mich zwei Sekunden lang und bemerkt den Kehricht, schnalzt mit der Zunge und tätschelt jetzt meine Schulterblätter, Na bastelst du wieder an einer deiner haarsträubenden Theorien über unseren Bauernhof. Der Franz sagt, wir sollten uns das in Ruhe überlegen mit dem Verkaufen, er wolle mich da zu nichts drängen, das da oben eben sei bloß eine spontane Eingebung gewesen, ein Luftgespinst, der Vernunft zufolge werde es allerhöchste Zeit, dass wir Frommholz abstoßen, na klar, am besten wir vertuschen den Wasserschaden und verkaufen bei nächster Gelegenheit, jetzt bin ich restlos verwirrt, ständig dieses Wir, mit dem ich nichts mehr anfangen kann, Wir haben den Zuschlag, Wir denken mal nach, Wir vertuschen die Boykottmaßnahmen unseres Bauernhofs, ich will mit alldem nichts zu tun haben, der Herr, bumsen ist eine Sache, bumsen kann ganz nett sein, erst recht, wenn ihr zwei Jahre Krise und ein halbes Jahr Trennung hinter euch habt, ihr, wir, also da würd ich das glatt empfehlen, ein bisschen Verkehr in memoriam, jedoch mit einer Wiedervereinigung hat das nichts zu tun, die Hand soll bitte schön runter von meiner Schulter, nimm sie weg, Franz, sonst mach ich das, ich greife nach einem der Finger wie einem Rattenschwanz, hebe das Ding hoch und schleudre es weit von mir, die Ratte baumelt am Franz seinem Arm, Bist du schon wieder sauer auf mich, spult der Franz eine seiner Standardfragen aus alten Zeiten ab, ach von wegen, du das unschuldige Opfer meiner viel zu hohen Ansprüche, ich immerzu unzufrieden schon wieder, ich Schlange, Furie, Böse Stiefmutter, wo der Franz doch bloß auf Biegen und Brechen wollte, dass es mir gut ginge, jeden Tag, den lieben langen Tag von früh bis spät, I mean, ist dem Manne so was zu verübeln. Ich schüttele den Kopf und schaue dem Franz geradewegs in die Augen, Franz, sage ich und hole tief Luft und weiß nicht, was ich ihm mitteilen soll und wie erst recht nicht, am Kiffen muss das liegen, mir fehlen elementare Vokabeln, Ich muss telefonieren, stoße ich aufs Geratewohl hervor, und der Franz hebt die Brauen und knurrt Aha, so gleichgültig wie möglich und ringt sich ein Grinsen ab, Der Apparat ist nicht aufgeladen, triumphiert er, und ich behaupte, ich wisse das, und stapfe mitten durch den Haushaufen und aus dem Franz seinem Wirkungskreis in die Stube, wo mein Anorak über der Sessellehne liegen muss mit dem Handy in der Tasche.

Da ich reinschneie, verstummen der Ottmar und der Elfmederjohnny auf dem Sofa, zwischen ihnen auf der Holzbank das aufgerissene Schreiben vom Ministerium, der Ottmar streicht darüber, als wolle er damit die Angelegenheit zwischen dem Franz und mir glätten, Ihr sitt zum Abendesse bi uus der Franz un du, sagt er, De Johnny kummt au, keine Widerrede duldend, hundertmal sturer noch als seine Tochter Moni, und der Elfmederjohnny nickt zur Bestätigung und nickt Richtung Briefumschlag, Dass des geklappt hätt, sagt er, das grenze an ein Wunder, e Wunder, seine roten

Wangen leuchten über das Gegenlicht aus den Fenstern hinaus, der Elfmederjohnny lüftet die Mütze und streicht darüber, als wolle auch er die Angelegenheit zwischen dem Franz und mir glätten, dass die ausgerechnet unsere Region unterstützen wollten, die von der Regierung, Dass die hier inveschdiere däde, zehntausend geschenkt obendrein zum Darlehen, das hätte der Elfmederjohnny denen von der Regierung nicht zugetraut, da sei unsere Idee vom Hoftheater ja eingeschlagen wie eine Bombe, und da müsse man sich schon überlegen, und gerät nach dem Halbsatz ins Stocken, während sein Kopf noch ein bisschen weiter wippt und er verlegen seine Mütze wieder aufsetzt, und der Ottmar übernimmt, Das mit der touristischen Attraktion, bestimmt habe denen das gefallen, und das mit den langfristig in Aussicht gestellten Arbeitsplätzen fürs Management, die wir erfunden haben, die Europäische Union habe übrigens auch ihre Finger im Spiel, falls uns das nicht aufgefallen sei, und er zieht den Briefbogen aus dem Kuvert, blättert zur Seite drei des Schreibens und zitiert, Punkt Punkt Punkt hat der Zuwendungsempfänger bei Projekten mit Gesamtkosten unter drei Millionen Euro für mindestens drei Monate eine temporäre Erinnerungstafel in Form eines Plakates mit dem Emblem der Europäischen Union und dem Hinweis auf Kofinanzierung durch die Europäische Union anzubringen, das Plakat wird anbei zur Verfügung gestellt, und der Ottmar fischt auch das Plakat aus dem Umschlag und entfaltet es stolz vor seiner Brust, ein hellgelbes Europa vor blauem Grund mit dunkelblauen Sternen und dem Wappen seines spendablen Bundeslandes.

Ich murmele so was wie, Ja wa, wer hätte das gedacht, schnappe mir die Jacke mit dem Handy drin, ich müsse mal eben dringend mit Berlin telefonieren und sei gleich zurück, wir immer mit unserem wichtigtüchtigen Stadtgebaren, im Flur raune ich dem Franz zu, dass er was unternehmen müsse in Sachen Abendessen beim Ottmar, dass der Ottmar da nicht mit sich scherzen lasse, dass der Elfmederjohnny auch schon eingeladen sei, dass die beiden sich verschworen hätten mit dem Bundesland und der Europäischen Union, dass die da drin in der Stube hockten und den Brief vom Ministerium streichelten.

ROTZ UND WASSER

Unter der Linde vor der Bushalte hab ich zwei Balken, immerhin, an der Grundgrenze oberhalb der Weide sind es an manchen Tagen vier, im Wasserschutzgebiet erst recht, zwei müssen reichen, ich weiß nicht mal, wen ich sprechen will, wähle Corinnas Nummer, wie immer bei grundsätzlichem Verkehrschaos, ihr Handy ist abgeschaltet, vermutlich dreht sie gerade Episode zwölf der zensierten Makingofpornointernetsoap oder sie liegt immer noch mit einem ihrer One Night Stands im Bett, nachdem es gestern spät geworden ist Punkt Punkt Punkt, ich wähle Elisabeths Nummer, im Grunde aus Versehen, als sie meine Stimme erkennt, spricht sie genau so großmütterlich wie sie uns bei Fjodors Beerdigung die Köpfe gekrault hat, Na willste och seine Nummer, gurrt sie, und ich brauche eine Weile, bis mir klar wird, von wem die Rede ist, und dass ebender vor ein paar Stunden Elisabeth um meine Nummer gebeten hat, Warum nicht, gute Idee, sage ich und merke, wie mein dummes Herz sich dreist im Brustkorb ausbreitet, trallallatäteräh, ein Liebhaber hat nach meiner Nummer gefragt, und schiele verstohlen Richtung Küchenfenster, ob der Franz, nicht dass der Franz, geht ja den Franz nichts an, und die Elisabeth klingt plötzlich dumpf wie nach einem Schwindelanfall, wie sie ihren kleinen Erhatangerufenbericht beendet hat, ohne Spektralfarben in ihrer ausgebildeten Stimme, dass das bei ihr bestimmt Jahre dauern werde, bis sie wieder, bis sie sich wieder, sie fände das großartig, wirklich, dass ich mich so schnell auf jemand neuen einlassen könne, das, das gönne sie mir ehrlich aus ganzer Seele, und der Carlo sei auch wirklich ein ganz Bezaubernder, sie brauche Jahrzehnte jetzt, nachdem, jetzt, obwohl es ihr insgesamt gut ginge, doch, ihr und auch den Zwillingen, es sei am Ende für alle Beteiligten vor allem eine Last gewesen, und die Zwillinge seien ohnehin zu klein, um zu begreifen. Mir fehlen ein paar Passagen zwischen den Sätzen, weil die Anzahl meiner Balken zwischen zwei und null schwankt, je nach Windrichtung und Wolkendichte, so viel verstehe ich, dass die Elisabeth überlegt, ein Engagement in Saarbrücken anzunehmen, der gemütlichen Landeshauptstadt an der französischen Grenze, dass denen jemand abgesprungen sei, mitten in der Spielzeit, und sie händeringend nach Ersatz suchten, dass sie, also Elisabeth, Funklücke, irgendwas mit Verhandlungsspielraum, dann wieder von den Zwillingen, vermutlich, ob sie denen den Wechsel zumuten könne, Ablenkung sei die beste Medizin, habe ihr Vater gesagt, die Saarbrücker hätten ihr eine wundervolle Rolle in der nächsten Runde versprochen, die Eve im Zerbrochenen Krug, obwohl sie dafür viel zu alt sei, den Monolog vor Gericht habe sie damals in ihrem Repertoire gehabt, die Eve, ob ich mich noch daran erinnere, aber selbstredend, Elisabeths Eve war der Abräumer beim Intendantenvorsprechen, was ich ihr denn nun rate, ob sie das Angebot annehmen solle oder nicht.

Soll Elisabeth die Gage hochhandeln und den Dreijahresvertrag unterschreiben, soll sie ihr Hab und Gut sowie die Zwillinge in Kisten packen und der Großstadt den Rücken kehren, soll sie sich in Saarbrücken einen Babysitter suchen und von heute auf morgen in die Probenarbeit stürzen, soll sie, Klar mach, sag ich, Das wird dir gut tun, dein Vater hat sowieso immer recht, da machst du endlich deinen Frieden mit der Eve, und die Trauer, um die mach dir mal keine Sorgen, die findet ihre Zeit, früher oder später, die lässt sich sowieso nicht zwingen, wenn du ihr jetzt massig Platz einräumst, zeigt sie dir die kalte Schulter, und irgendwann erwischt sie dich aus dem Hinterhalt, da kannst du genauso gut mitten im Engagement stecken, endlich wieder spielen, Elisabeth, du verkümmerst doch, wenn du nicht auf der Bühne stehst.

Die Garagentür geht auf, der Franz kommt mit gezücktem Handy aus dem Haus gelaufen, er habe ganz schlechten Empfang brüllt er in den Apparat, er melde sich, versprochen, sobald er besseren, jetzt erst bemerkt er mich, Hier bist du, ruft er und hält die Hand über die Sprechrillen und errötet, jedenfalls bilde ich mir das im Nachhinein ein, ich winke großspurig, als ob ich Weißgottwen wichtig tüchtig am Apparat hätte, als dürfe ich absolut nicht gestört werden bei Wichtigtüchtig, wende mich vielbeschäftigt ab, und der Franz beendet sein kümmerliches Schreifonat abrupt, weil die paar Kubikmeter Empfang vor dem Haus nicht ausreichen für zwei Gespräche, der Franz lässt sein Handy im Arbeitsanzug verschwinden und entfernt sich ein paar Meter Richtung Friedas Haustür und Kohlbrenners neue Garage mit den Sonnenreflektoren, er kreist mit den Armen, hüpft auf und ab wie einer von der Reservebank, dem der Trainer gerade Bescheid gegeben hat, dass er dran ist beim nächsten Auswechseln, und obwohl der Franz wahrlich respektvoll Abstand hält bis zu hundert Metern, das muss man ihm lassen, im Wahren der Privatsphären ist der Franz Europameister, und er demnach garantiert nicht verstehen kann, was ich sage und wem, traue ich mich natürlich nicht, die Gauloiseswerbung anzurufen, deren Nummer mir Elisabeth soeben gesimst hat.

Ich winke dem Franz aufmunternd zu, das Wohnzimmer an der Bushaltestelle ist frei für sein Geturtel, ich ruf dich zurück, wenn ich besseren Empfang hab, Schatzi Mausi Muschi, ich gehe ins Haus auf Abstand und bin traurig und auf einen Schlag hundemüde, so erschöpft wie wohl seit meiner Geburt nicht mehr, ich stehe in der Küche vor dem Herd, der mit einer Plastikplane abgedeckt ist, das weiß ich noch, und kann mich nicht mehr rühren, ich schlafe ein vom Fleck weg, das weiß ich schon nicht mehr, ich wollte eigentlich einen Blick aus dem Fenster werfen, auf den Franz am Telefon, denke noch so was wie, Oha dunkel, schwarz wie der Riss vom Haus, dann sacke ich hinein, und drinnen ist es schön weich, und die Gedanken stehen geduldig Schlange, sie haben Gesichter von Menschen, die ich kenne, der Frieda ihr Gesicht ist auf eine Tüte gehaucht, ich bin sicher, dass es die Züge von der Frieda sind, die kleine Frieda trägt den wichtigsten Gedanken in ihrem hauchdünnen Gesicht, das Haus von außen, von oben, das Haus von der Grundgrenze aus, der Igel ist größer als das gesamte Doppelhaus, er stößt die Toreinfahrt mit der Nase auf und presst sich durch die Öffnung ins Innere, seine Stacheln ritzen Querstreifen in die Flurverkleidung.

Nachher erzählt mir der Ottmar, dass sie ein Rascheln gehört haben, einen Rums und das Zerbersten von Glas, ich habe mich wohl an der Plane über dem Herd festhalten wollen und dieselbe mitsamt vier leeren Bierflaschen zu Boden gerissen, als ich nach wenigen Minuten von einem ewig weiten Ausflug zurückkomme, sind drei Männerköpfe über mir, der vom Franz ganz nah, er ruft meinen Namen, immer wieder, obwohl ich längst die Augen aufgeschlagen habe, oder sind sie noch zu, ich antworte dem Franz, Ja Liebster, hörst du mich nicht, warum telefonieren wir denn mit den anderen, wo wir doch verheiratet sind, Franzl, warum hast du so große Zähne, damit du mich besser in Stücke reißen kannst, warum trägst du deinen Ring denn nicht. Der Ottmar erstattet nachher Bericht über so ziemlich alles, was ich angeblich von mir gegeben habe, der Franz bestreitet die Hälfte davon, aber die beiden anderen beharren auf ihrer Version, der Ottmar und der Elfmederjohnny, ständig wiederholen sie mir ihre Lieblingspassage, wo ich mich an dem Franz seinem Hals habe hochziehen wollen und dabei vom Theaterspektakel im Sommer gefaselt habe, dass da eine Elisabeth mitmachen müsse, die Schauspielerin, wegen der Trauer, und die schöne Susa, an die sich beide doch bitte von der Hochzeit erinnern müssten, ich hätte nach ihren Ärmeln gegriffen, dem Franz, dem Elfmederjohnny und dem Ottmar seinen Ärmeln und nachgebohrt, ob sie sich nicht an die schöne Susa erinnerten, die doch dem einen von der Blasmusik den Kopf verdreht habe, und habe gekichert und behauptet, dass wir mit der Susa in der Hauptrolle sensationelle Einschaltquoten bekämen, auf den Einschaltquoten fürs Freilufttheater ist der Ottmar am längsten herumgeritten.

Scherben bringen Glück, ruft er, als wir notgedrungen zum Abendessen bei dem Ottmar und der Regina zu Hause eintrudeln, ich habe inzwischen eine halbe Stunde geschlafen und eine halbe Stunde geduscht, der Franz umgekehrt, er hat erst geduscht und dann geschlafen, kaum wach gekriegt hab ich ihn zum Aufbruch, Geh du allein, hat er gemurrt und sich zur anderen Seite gedreht, als wären wir einander angetraut wie ganz normale Eheleute, das würde dir so passen, die Regina hat Nudelauflauf gemacht und Salat, die Sauce vom Salat aus der Fertigflasche und den Knoblauch kleingeschnitten auch aus der Tube, trotzdem lecker, wir schlagen uns die Bäuche voll, der Johnny, der Franz und ich. Die Kinder schauen mit ihren großen Augen zu und kommen wieder kaum zum Kauen vor lauter Staunen und auf der Lauer liegen für etwaiges Stadtverhalten, anzügliche Scherze und Clownseinlagen, der Johnny und der Ottmar erzählen der Regina zum wievielten Mal von meiner kleinen Ohnmacht, den Scherben und meinen Besetzungslisten, die Regina erinnert sich sehr wohl an die Susa, dem Manfred seine Frau habe noch lange von der schönen Schauspielerin gesprochen, weil sie die aus dem Fernsehen kannte, das halbe Dorf habe doch nachher die Seifenoper von der Susa eingeschaltet, manche täten das immer noch, dem Manfred seine Frau zum Beispiel, mittlerweile weniger der schönen Susa wegen als vielmehr, weil sie unbedingt wissen wollten, wie es weitergehe mit dem Clan.

Später fordert der Ottmar den Johnny auf, uns von seiner Scheidung zu erzählen, er schickt die Kinder rüber zum Fernsehen, die Regina holt immer neues Bier aus dem Kühlschrank, obwohl der Franz und ich kaum was trinken, dem Johnny sein Schädel glüht dunkel, er setzt mehrmals an mit seinem Bericht, wird aber verlässlich vom Ottmar unterbrochen, was er demütig hinnimmt, als wäre der mit ihm verheiratet statt mit der Regina, dem Johnny ist vor Jahren die Frau davongelaufen, da waren seine Töchter noch klein, jetzt ist die eine schon verheiratet, wie schnell die Zeit vergehe, einen Idioten habe die geehelicht, zu schade, einen richtigen Blödmann, die andere habe zum Glück einen netten Freund gefunden, die sei aber auch nicht einfach, die andere, die habe einen gehörigen Dachschaden, genau wie ihre Mutter, der Johnny lebt seit Jahren allein mit seinem Esel in dem viel zu großen Bauernhaus, der Esel schreit so laut, dass die Mäuse Reißaus genommen haben, der Johnny hat sich im ehemaligen Schweinestall das Büro eingerichtet, jetzt verlässt er das Haus nur noch, wenn er irgendwo einen Bau beaufsichtigen muss oder den Bauernhof von Freunden retten, da ist er entsprechend ausreichend unterwegs, Gelächter, Prost, Auf die Freundschaft, ruft der Franz, Jawoll auf uns, übertönt ihn der Ottmar und schließt mich mit schallendem Lachen mit ein und reißt seine leere Flasche hoch, schon springt die Regina auf, die eigentlich hier die Hosen anhaben soll, und bringt neue Flaschen aus dem Kühlschrank.

Von seiner Scheidung will der Elfmederjohnny nicht reden, auch wenn der Ottmar pausenlos Vorlagen bietet, der Ottmar hat sich auf Abschreckung versteift, er will uns zeigen, wohin das führt, wenn Leute sich allen Ernstes und von Amts wegen trennen, er denkt offenbar, bei uns, das sei noch nicht allen Ernstes, wie denn auch, wo wir fast so zutraulich wirken, so entspannt miteinander wie anno dazumal, so luschdik ebe au, Verzähl von dem Prozess, den sie dir nachher gemacht hat, fordert der Ottmar den Johnny auf, Verzähl, wie sie dir verbieten wollte, die Töchter zu sehen, verzähl, wie sie dich angezeigt hat, du tätest die Kinder belästigen, sexuell, verzähl, wie ihr neuer Freund das bestätigt hat, der Moosbacher, die meineidige Sau, verzähl Johnny verzähl, ich sage euch, keucht der Ottmar, Schön ist das nicht, ta, es ginge ihn zwar nix an, den Ottmar, aber eine Scheidung, das gebe jedes Mal eine Schlammschlacht, nur deshalb seien er und seine Regina noch ein Paar tahahahaha. Schon allein der Verkauf vom Hof, nur mal so als Beispiel, ob wir uns das wohl überlegt hätten, damals bei der Beurkundung hätten wir meinen Namen bewusst nicht eingetragen, den der Frau, weil wir sonst den Kredit nicht bewilligt gekriegt hätten, weißt du noch, weil ich zu dem Zeitpunkt alles andere als gut verdient habe, genauer gesagt hab ich zu der Zeit vor allem

Geld gekostet, kein Wunder, wenn die Produktionsfirmen Pleite machen, während du ihre Drehorte sammelst, und verheiratet seien wir aber eben auch noch nicht gewesen damals, demnach gehöre die Immobilie faktisch, also auf dem Papier, dem Franz, wenn sich der Ottmar nicht irre, ob ich mir darüber eigentlich im Klaren sei, der Franz habe sie später mit in die Ehe gebracht, aber investiert hinein hätten doch schließlich wir beide, daran wolle der Ottmar erinnern, ich, die Frau, habe einen Teil, wenn auch einen geringen, hinzubezahlt, zum Einbau der Heizung erneut ein paar tausend, wenn er sich recht entsinne, inveschdiere tue man ja aber nicht nur finanziell, nicht wahr, und gerade emotional taha, also gefühlsmäßig, oder auch, was die Arbeiten im und am Haus anginge, die Renovierungsarbeiten, die wir da geleistet hätten, der Franz und ich, das müsse im Grunde alles zu Buche schlagen, jedoch allerdings vertraglich, also vor Gericht, falls es zum Prozess komme, der Ottmar hebt beschwichtigend die Arme, um zu verdeutlichen, dass ihm daran am allerwenigsten gelegen ist, nicht, dass wir ihn da missverstünden, im Gegenteil, er wolle nur unser Bestes. Eben, knurrt der Franz und stellt vernehmlich seine halbleere Bierflasche auf dem Wachstuch ab, schnellt hoch, zupft mich am Ärmel, klopft mit beiden Fäusten auf die Tischplatte, dann dem Ottmar auf die Schulter mit der flachen Hand, Schönen Abend noch, wirft mir auffordernde Blicke zu, blinzelt verwirrt, da ich nicht umgehend aufspringe, der Franz und seine Abgänge aus heiterem Himmel, mein unberechenbarer Ex.

In der Tür babbeln wir dann doch noch geschlagene zehn Minuten über die Zusage vom Ministerium und der Europäischen Union, das lässt der Ottmar sich nicht nehmen, was für eine Chance für die Region, E Wunder, nickt der

Johnny und brummt, er hätte das im Urin gehabt, dass das klappt, also von denen ihrer Seite aus, und der Ottmar reicht dem Franz zum dritten Mal die Hand und bittet ihn zum siebten Mal, dass er das bitt schön nicht übelnehmen soll, dass er da vorhin so drauf rumgeritten sei, auf den Besitzverhältnissen, er habe sich nur so seine Gedanken gemacht, man mache sich schließlich so seine Gedanken, besonders, wenn einem was an den Leuten liege, damals beim Elfmederjohnny, als das mit dem seiner Frau anfing, die Scherereien, da hätten sie fast jeden Abend zusammengesessen, der Johnny und er, Weißt du noch, schubst er den Johnny, nach dem Training, dann sei immer einer von ihnen mit viel zu viel Alkohol intus noch nach Haus mit dem Auto, aber das dürften wir bitte seiner Frau nicht sagen, der Regina, die Strecke, die kenne er schließlich im Schlaf, dann wieder über die Zusage vom Ministerium, und ich denke immer Mysterium, wenn sie Ministerium sagen, und einmal sag ich sogar Die Zusage vom Mysterium, und der Ottmar und der Johnny merken es gar nicht, und der Franz macht eine pupstrockene Bemerkung dazu, Desillusion par excellence, und der Johnny kommt ganz kurz richtig in Fahrt, als es um die geplanten Bauten fürs Hoftheater geht, nicht nur die Zuschauertribüne auf der Weide, auch die Idee mit den Puppenhauszimmern vor der echten Fassade, dass er die viel billiger hätte machen lassen als veranschlagt, dass sie ja alles absichtlich hoch berechnet hätten, damals, der Franz und er, um das Ministerium ordentlich zur Kasse zu bitten, und endlich platzt es aus dem Ottmar raus, was er sich den ganzen Abend verbissen hat, ob wir nicht das Hoftheater trotzdem veranstalten könnten, der Franz und ich, trotz der, also trotz der Trennung, natürlich nur, wenn sich das Haus bis dahin nicht verkauft habe, aber da kenne er sich aus, It kann daure.

Zu Hause hängen wir vollgefressen vor dem Fernseher und haben keine Kraft mehr zu reden, wir sind zu müde zum Denken und zum Schlafen, ich jedenfalls, dem Ottmar seine Monologe geistern durch den Bauernhof auf der Suche nach Komplizen, ich denke ja doch, ich denke, komisch, denke ich, alle wollen die Zeit zurückdrehen, sogar der Franz, huch, der zum ersten Mal in unserem gemeinsamen Leben neben mir vor dem Fernseher eingeschlafen ist, und zwar vor mir, zeitlich bemessen, sieh da, sensationell, das muss ich fotografieren, wo ist mein Handy schon wieder, Franzens Atem hebt und senkt die Hände, die er seltsam kindlich vor der Brust gefaltet zu haben scheint, ich ziehe sachte mein Bein unter seinem Oberschenkel hervor, der im Einschlafen rübergesunken ist, was ich fälschlicherweise für einen Annäherungsversuch hielt, weit gefehlt, Achtung Achtung, wie gesagt, die Welt als Wahrnehmungsfalle, ich drehe den Fernsehton ab, hör mal, die Banklehne ächzt leise unter Franzens Gewicht, das Haus schmatzt, der Igel grunzt ums Eck, mein Handy hängt an der Garderobe im Flur, ich schleiche zu ihm, leise leise, kein Geräusch gemacht, das Display kündet trotz null bis einem halben Balken von sieben eingegangenen Kurzmitteilungen, eine von Elisabeth, eine von meiner Mailbox, fünf von anderen Handys, die mein Handy noch nicht kennengelernt hat, weil ich Carlos Nummer noch nicht gespeichert habe, Comment ça va, piccolina, und weil die ersten Anfragen für die Berliner Mietwohnung eingegangen sind.

Ich bin versucht, mit dem Apparat durch die Dunkelheit rauf an die Grundgrenze zu rennen, um den Anrufbeantworter abzuhören, ja ich räume ein, ich habe Lust, die Stimme von der Gauloiseswerbung leibhaftig zu hören, mh pardon, eine Mailbox ist auch bloß Konserve, weiß ich, also seine Stimme zu hören, Carlos Stimme auf meinem Band, Carlo mh, zugleich erleichtert, fast stolz, dass ich nicht die Erste war, die sich gemeldet hat, sondern er, ätsch, Runde Nummer eins im Machtkampf der einander Begehrenden geht an mich, taha, Fazit, ich bin schon ein wenig regelrecht verknallt, nicht wahr, ein Teenager in der Zigarettenpause, das sollten wir bei dieser Gelegenheit der Vollständigkeit halber festhalten.

Ich schwelge in den wenigen Erinnerungen an den Neuen, während ich den Alten fotografiere, den Exfranz als schlummerndes Kind, das ein Gebet gen Himmel schickt, Carlos Hornhaut auf den Fingerkuppen, sein fremdmännisches Aftershave, auch wenn er gar nicht rasiert war, seine französischen Markenunterhosen, Limonen in den Laken, die Pixel auf dem kleinen Monitor flimmern unentschlossen durch die Dunkelheit, looking for Franz, Franzens Lippen sind unter Spannung, gespitzt, als wolle er an etwas saugen, ein Lied pfeifen, der Mensch, den ich recht gut kenne, seine Füße liegen unordentlich auf dem Boden herum, als wüssten sie nicht, zu wem sie gehören, Franzl Franz mein Lieblingsmensch, der aus unserer Ehe desertiert ist und den nun ich verlasse, auf immer, in dieser Nacht, nach ein paar verrückten, schönen Stunden, plötzlich sehe ich es präzise vor mir, ich werde allein sein, ich bin nüchtern, es gibt kein Zurück, da liegt der eine Mann, hingegeben an die Brust des Schlafes, während ich den Duft des anderen in der Hand wiege, der noch kaum Bedeutung für mich hat, kein Gewicht, ich werde ganz allein sein, so so so.
Ich hocke mich neben den Franz auf die Plane über dem Sofa in unserer ausgewrungenen Küche, der Fernseher flackert, über dem Herd tropft schon wieder was, das sei normal, hat

der Elfmederjohnny behauptet, in manchen Nischen brauche das Wasser Wochen, bis es sich seinen Weg gebahnt habe, sell sei gar kei Problem, hat der Ottmar beschwichtigt, weil es ja jetzt immer wärmer werde, das Haus habe genug Zeit zu trocknen, Wenn jetzt der Winter käme, das wär, ich sag mal, kritisch, hat der Ottmar gesagt, Vor allem, wenn keiner zu Haus isch und das Gebäude abkühlt unter null, aber so, um unseren Bauernhof brauchten wir uns keine Sorgen machen, haben die beiden erklärt, trotzdem gut, dass wir gekommen seien, das sähe auch einfach besser aus.

Von der Seite wirkt die Nase vom Franz noch größer als sonst, die vorgestülpten Lippen sind ein zweites Riechorgan, unter den Augen die Ränder sind krustig, drei Jahresringe mehr von deiner großen Krise, ich hab den Franz absichtlich nicht gefragt, wie es ihm geht, er hat es umgekehrt auch vermieden, vielleicht hat der Franz das Tal des Leides durchschritten und befindet sich am Anstieg, jedenfalls ist er gewissen Hoffnungen gegenüber nicht länger verschlossen, des bin ich gewiss, welchen auch immer, ohne Grund, ziellos, einfach so überrumpelt, da der Frühling kommt mit Macht, am Nachmittag haben wir einen Schwarm später Enten beobachtet, die in Formation nach Norden zogen, der dicke Igel hat die Eier von der Frieda in einem unbeobachteten Moment abgeholt mitsamt der Wurst und den Brotrinden, die Sonne schien so unverdrossen, dass wir unsere gewellten Bücher und Videokassetten zum Trocknen vors Haus legen konnten, nachher im Heizungsraum wollte der Franz mir etwas sagen, was ich partout nicht hören wollte, was mir wieder den Boden unter den Füßen weggezerrt hätte, mein kleines Floß aus französischen Zigaretten, er war kurz davor, er konnte sich gerade noch beherrschen, zu schade aber auch.

Danke Franzl. Vor ein paar Wochen hätte ich deine Worte gierig aufgesaugt und daraus mit dir eine Zukunft gesponnen, heute mag ich das nicht mehr, ich sehe dich an und fühle eine angenehme Leere, ein ausgeräumtes Zimmer, das Inventar trocknet draußen im Mondlicht, schließlich wird es verkauft oder verschenkt, für den Raum denke ich mir neue Farben aus, ich liebe dich nicht mehr, mein Bub, ich bin schön menschenleer, ein Rest Zärtlichkeit liegt noch am Boden wie ein durchgelaufener Teppich, den werde ich aufheben und an die Wand hängen im oberen Flur, lustige Leidenschaft hat es gegeben, gestern, ach ja und heute morgen zum ersten Licht, aber nur, weil wir frei sind, Franzl Franz, das wirst du verstehen, weil wir unsere Liebe, die alt war und störrisch, rausgeworfen haben, vielleicht war es besser so, vielleicht war es sinnlos, so lange an ihr festzuhalten, aber ehrlich mal, was macht schon Sinn, Franz, nicht wahr, was was. Eines Tages werde ich dich aus der Ferne lieb haben, das ist der Plan, statt des Zimmers werde ich einen Schrein bei dem Teppich einrichten, übrigens werde ich es mit dir, Frommholz, genauso halten, wir werden Nachfolger finden, die dir gefallen, sie werden dich mit Leben füllen, sie werden sich an deiner Ruhe freuen, an deiner Schönheit, an deiner Vergangenheit und Standfestigkeit, an deiner Ehrlichkeit und deinem Grün und Himmelblau, sie werden dich stützen, wo du drohst zu kippen, sie werden alle Lücken schließen, sie werden hier wohnen ohne Unterlass, nicht wie wir Unsteten, Zweifelnden, Zerrissenen, Stadtlandmenschen, wir Suchenden, die nicht gewillt sind zu finden.

Mir gefällt es, solo zu sein, da der Schmerz nachlässt, vor mir liegt ein unbekannter Lebensabschnitt, ich werde frei über meine Zeit verfügen, ich werde mir keine Klötze ans Bein binden wie alte Bauernhäuser oder ältere Herren, auch jüngere nicht, auch extrem schöne Korsen nicht, ich werde meine Ansprüche dem neuen Lebensverhältnis anpassen, am besten kaum welche haben, ich werde eine Zeitlang ohne festen Mann leben, mein eigener Geltungsbereich sein, famos wird das, ich werde ein Stadtsingle.

Ich sage noch heute dem Landleben adieu, Adieu, Frommholz, mein guter Kamerad, und danke für die schöne Zeit, Adieu Franzl Franz, als ich dem Franz Tschüß sage in Gedanken, schlägt er die Augen auf und murrt, Warum hast du den Fernseher ausgemacht, es war doch grad so spannend, die beste Szene. Ich vermute mal, der Franz hat einen guten Film geträumt, im Fernseher lief nichts, in Franzens Augen kommt das übrigens auf das ein und dasselbe raus, ob ein Ereignis in der äußeren Wirklichkeit stattgefunden hat oder nur innen bei ihm, sein Erleben ist Maßstab genug, adieu Franz von und zu Maßstab, ich werde dich nicht mehr beschützen können vor der Wirklichkeit und dem Fernsehprogramm, vor deinen Mitmenschen, den Schlangen am Checkin, dem Gedränge am Gate, den lahmarschigen Idioten am Schalter der Rentacars und bei der Post, du wirst eine neue Behüterin ausbilden müssen, sie wird dich erst ein wenig bewundern, aber nicht zu sehr und aus einer gewissen Distanz heraus, dann einigermaßen erschrecken über deine Marotten, sobald du die Wolfsmaske fallen lässt und den Pyjama tagsüber anlässt, sie wird sich gewöhnen und die Gewohnheiten lieb gewinnen und, wie gesagt, dich beschützen, und du wirst ihre Macken ebenso pfleglich behandeln, ihre Neigung, vieles zu ernst zu nehmen zum Beispiel, ihre unadäquaten, unvorhersehbaren und oftmals zu heftigen Reaktionen, bis du sie kommen siehst, eines Tages, weil du sie jetzt besser kennst, da passiert etwas Unbedeutendes, zum Bcispiel sitzt ein Mann alleine in einem Restaurant vor einem großen Teller mit Knödeln, und sie muss mir nichts, dir nichts weinen, du wirst sie mögen, Franzl, ihr Vernarrtsein in alles, was da kreucht und fleucht, auch die Mäuse, die sich an deinem Speck laben und die du nicht töten sollst, ihre Zerrissenheit, die allein zu dir passt, ihre Haare, die nie eine Frisur ergeben, adieu, mein tapferer Ritter im Schlafanzug, warum sollen die Menschen auch partout zu zweit sein, wo es alleine so ruhig ist und reich.

So schnell habe ich im Kampf um meinen Traum die Waffen gestreckt, ich bin erstaunt und zugleich ganz ruhig und bei mir, auch wenn das blöd klingt. Aufgeräumte Zimmer, ich habe mein Leben im Griff. Diese Wahl zu treffen, fühlt sich richtig an. Durchatmen. Es ist aber auch seit langem meine erste im vermeintlichen Vollbesitz meiner Kräfte gefällte Entscheidung, Jawohl ich will die Trennung, die Scheidung und die Abstoßung von Frommholz, und zwar bald. Ich reagiere nicht auf Überrumpelungen, die mich zu unreflektiertem Handeln zwingen, o nein, nein.
Wahlakte dieser Natur haben es übrigens nicht nötig, umgehend vermittelt zu werden. Im Gegenteil. Es ist ratsam, sie in leeren Räumen zu unverrückbaren Gewissheiten anwachsen zu lassen, insbesondere dem Franz gegenüber ist das ratsam. Ich war doch sein offenes Buch.

Dem Franz ist die große Ruhe mindestens ebenso ungeheuer wie Mit sieben Personen und zwei Kinderwagen im Aufzug festsitzen, der Franz will durchaus die plötzliche Fremdheit überwinden, meine Souveränität entschlüsseln, sein Buch aufklappen. Der Franz fragt, Is was, und ich schüttele nur den Kopf und lächele geheimnisvoll. Ich halte die Buchdeckel fest in meinen kleinen runzligen Händen.

Das Kapitel Rotz und Wasser zu nennen, war irreführend, Verzeihung, wer weiß schon vorher so genau, wohin uns die Geschichte führt, ich hatte in Erinnerung und daher fest damit gerechnet, dass wir uns heulend in den Armen liegen, der Franz und ich, von mir aus auch auf dem Fernsehsofa, während die Tropfen über dem Herd zum Rinnsal anschwellen. Das Kapitel endet aber ganz ohne Tränen. In trügerischer Ruhe sitzen wir beide nebeneinander auf unserem alten Sofa in der Küche, angeschimmert vom Fernsehprogramm ohne Ton, ein Bild des Friedens, zwischen uns eine diskrete Spannung, die es nur zwischen einst Liebenden geben kann, dies feine Netz aus gelesenen Gedanken, Ahnungsdrang, schöner neuer Fremdheit, Verlustangst, Sehnsucht.

ROTZ UND WASSER ZWEI

Wann teile ich dem Franz meine friedvollen Entscheidungen mit. Wie kommt es doch noch zu Rotz und Wasser. Und vor allem. Was hat die Blondine hier zu suchen.

Am nächsten Morgen nämlich klopft es ans Küchenfenster, als ich gerade den gelben Sack verschnüre und merke, dass die Maus unten ein tellergroßes Loch hineingenagt hat, da purzeln jetzt neben angeschimmelten Joghurtbechern und halbvollen Pistazientüten haufenweise Mäusehaufen raus, Bon Appétit, ich bin noch im Nachthemd, obwohl es sicher schon auf halb zehn zugeht, wenn man das hässliche Riesenshirt überhaupt als Nachthemd bezeichnen möchte, dazu gehört schon einiger guter Wille, ich trage außerdem sehr sehr dicke Wollstrümpfe, die vor vielen vielen Jahren mal cremeweiß gewesen sein müssten, über meinen recht feisten Waden und meine ausgelatschten Schaffellpantoletten mit Rissen vorne und hinten, ich habe nicht geduscht, weil ich ja erst gestern Nachmittag nach der Drecksarbeit geduscht hatte, ohne Haarewaschen versteht sich, und klar, ich hab die Brille auf, warum weiß ich nicht mehr, eigentlich trage ich die nur zum Schreiben und Fernsehen und im Auto, jedenfalls hab ich sie auf, damit ich auch verlässlich wie der hundertprozentige Nerd aus Franzens Comics aussehe yeah.

Klopft da dieses blonde Gift ans Fenster, und ich denke noch, wow, die neue Postbotin ist ja vielleicht ein scharfer Besen, Schneewittchen persönlich, wowowow, obwohl Briefträger ja eher selten mit roten Köfferchen ans Haus gestöckelt kommen, und sie sind auch nicht mit dem Taxi unterwegs, sie pressen eigentlich nicht ihr Näschen gegen die Fensterscheibe und sie rufen auch dem Franz meist nicht beim Vornamen, Frahanz, flötet die Neuauflage von Brigitte Bardot, Überraaaschung.

Unserer Briefträgerin hab ich vorletztes Jahr bei der Wahl zum Beliebtesten Briefträger gleich zwei Stimmen gegeben, Franzens, ohne ihn zu fragen, und meine, was unsere Briefträgerin nämlich mit jener Brigitte gemeinsam hat, ist ihr unfassbar sonniges Bestlaune versprühendes Gemüt allen Wetterlagen zum Trotz, es ist jedes Mal die helle Freude, von ihr ein Päckchen überreicht zu bekommen, tja, nur was stelle ich jetzt mit der Lady in den pinkfarbenen Gummistiefelchen an, der Franz ganz offenkundig, ohne mich zu fragen, seine Stimme gegeben hat und unsere Adresse und mh pardon noch einiges mehr, der aber niemand sich bemüßigt fühlte mitzuteilen, dass es um diese Jahreszeit zu dieser Uhrzeit bei Bewölkung auf diesem Berg bisweilen empfindliche vier Grad hat, selbst wenn es auf Ende Mai zugeht.
Ich schiebe die Brille in das dürre Gestrüpp, das gemeinhin als Haare bezeichnet wird, wasche mir die Mausekacke von den Händen und öffne das Küchenfenster, Ja bitte, frage ich freundlich in den kalten Frommholzer Morgen, als hätte ich immer noch nicht begriffen, dass Brigitte nicht der neue Briefträger ist, Hi, raunt sie zurück und lacht verlegen und etwas zu laut und etwas zu lange und aber gar nicht so piepsig, wie ich angesichts der rosa Gummistiefel angenom-

men hätte, und schiebt jetzt ihrerseits ihre große Sonnenbrille auf den goldschimmernden Scheitel und mustert mich irritiert, weil sie nicht damit rechnete, dass hier außer dem Franz noch eine Horde Zombies haust, und fragt, Ist ähm der Franz da, und nestelt am Reißverschluss ihres durchsichtigen Regenmantels herum und deutet mit einem wackeligen Zeigefinger auf die Fünfzehn, Hier wohnt doch ein Franz Soundso oder, und ich erwäge kurz, ihr weiszumachen, dass unser Frommholz eins von Hunderten sei im Südlichen Schwarzwald und dass es nur zweieinhalb Stunden seien, bis der nächste Bus komme, der sie dann mitnehme in die nächste kleine Stadt, wo sich vielleicht sogar mit etwas Glück ein neues Taxi finde, das sie dann in das richtige Frommholz bringe, mit sehr viel Glück, wie gesagt. Brigitte klappert mit den Zähnen, das sieht niedlich aus und irgendwie filmreif und sehrsehr hilfsbedürftig, wie sich vermutlich der Mann in der Lebensmittelkrise das Weiblein wünscht, immerhin hat die Kleine schon alle Zähne, denke ich, nicke aber schon wieder scheißefreundlich, jedenfalls so nett, wie das einem Zombie in meiner Lebenslage noch möglich ist, und deute auf die Garagentür und sage, Sekunde, ich mach dir auf, und schlage das Fenster zu und stolpere selbstverständlich mindestens so filmreif über den Gelberpunktsack und schlage mit dem Handgelenk gegen den Spülstein und fluche über den doppelten Schmerz und beschließe, die Kleine mit ihren Ende zwanzig oder Anfang dreißig, jedenfalls gefühlten siebzehn Jahren noch ein bisschen frieren zu lassen in der Hofeinfahrt und erst mal dem Franz Bescheid zu geben, der nichtsahnend in seinem Studio über dem Coverentwurf für seinen nächsten Comic grübelt, Brigitte Bardot steht draußen und verlangt nach dir.

Der Franz fällt aus allen Wolken, er winkt mich rein ins Zimmer, lässt sich das Wesen beschreiben, schwört, dass er keine Ahnung habe, wo Brigitte, bleiben wir der Einfachheit halber bei diesem Namen, unsere Adresse herhabe, beteuert, dass es sich um ein einmaliges Techtelmechtel gehandelt habe, eine unbedeutende Begegnung auf einer dieser schrecklichen Partys auf der Comicmesse letzte Woche in Hannover, bittet mich, ihn zu verleugnen, der Franz fragt mich allen Ernstes, ob ich die junge Dame nicht wegschicken könnte unter irgendeinem guten Vorwand, ich hätte doch sonst immer blitzschnell meine geistreichen Theorien parat, einen Riesengefallen würde ich ihm damit tun, ewig in meiner Schuld würde er sodann stehen, Bitte please lass sie auf keinen Fall rein, sag ihr, dass ich krank bin, schwer krank, sag ihr, sie soll verschwinden, so dass ich schon fast Mitleid empfinde für die Hannoveranerin, die vor der Garage friert, von wegen, die soeben in ihrem luftigen Regenmäntelchen auf ihre kecke Art ums Haus gestiefelt kommt, Licht in Franzens Studio entdeckt und uns beide ins Gespräch vertieft, die auf Franzens zarte Rosentriebe keine Rücksicht nimmt, durch das Beet trampelt und auf die alten Dielen über der Kellerluke, an Franzens Fenster klopft und winkt mit diesem breiten sonnigen Briefträgergrinsen im Gesicht kurz vor dem Erfriertod. Dass sie den Igel und seine Brut mit dieser Aktion ein für alle Mal aus seinem Bau vertreibt, werde ich ihr bis an ihr Lebensende nicht verzeihen, basta, überhaupt steht mir nicht der Sinn nach Vergebung, und wenn noch so hoch und heilig Franz unsere Adresse angeblich nicht ausposaunt hat, wenn da mal wieder, wer sonst, mein Cousin Bernd die Finger im Spiel gehabt haben soll, alles dürfen wir nicht getrost auf Bernd schieben, das nimmt uns kein Mensch ab, Figuren, die nur doof sind, aufdringlich und nervtötend und zugleich viel zu offenherzig, nee, immerhin hat Bernd Familie, wo soll er die herhaben, wenn er nichts als ein blöder Angeber ist, Bernd ist nämlich mit einer besonderen Frau verheiratet und hat eine sehr eigenwillige Tochter gezeugt, Viola, mein Patenkind, zu dem es mir seit seiner Geburt schwer fällt, eine herzliche Beziehung aufzubauen, tja, verdammt, umgekehrt genauso, jedes Mal, wenn wir uns treffen, und ich mache einen Witz, über den ihre Mutter sich halb totlacht, dreht die Kleine sich erschrocken ab, neuerdings schlägt sie mir schon ins Gesicht, bevor ich überhaupt den Mund aufgemacht habe, erst recht, wenn ich die Brille noch aufhabe, und Bernds Frau, Violas Mutter, behauptet dann, das sei eine Phase, das mache sie im Moment mit jedem so, ich möge das bitte nicht persönlich nehmen, aber nicht doch, wer nimmt schon einen Schlag in die Fresse persönlich oder den unangekündigten Besuch von Brigitte Bardot, wer, Bernd hat auch seine guten Seiten, das schwöre ich, Bernd hat ein Herz, doch, klar, Bernd kann zum Beispiel wahrhaft großzügig sein, und er ist seinen Freunden treu, nicht den Frauen, den Freunden aber wohl, und er beherrscht sein Handwerk wie kaum ein Zweiter, was wiederum ein gewisses Maß an Menschenkenntnis voraussetzt, nicht wahr, Bernd ist halt einer dieser großen Buben, die dauernd einen auf dicke Eier machen müssen, aber Bernds Enthusiasmus zur rechten Zeit am richtigen Ort, ich beteuere, das ist Gold wert, Milch und Honig, das wird sich noch zeigen, so wahr ich hier sitze.

Ich reise jedenfalls mit gleichgültiger Miene zum bösen Spiel ab, was bleibt mir anderes übrig, soll Brigitte ins Elternschlafzimmer einziehen, mir schnuppe, ich bitte Frieda, mich nach Seebrugg auf den Zug zu bringen, Frieda merkt natürlich, dass ich einigermaßen aufgewühlt bin, auch wenn ich das hinter eiskalter Ironie zu verbergen suche, ganz tiefe Stimme und so Blicke aus dem Fenster, die den Temperaturen draußen den Rang ablaufen, Frieda checkt erst einmal in Ruhe die Abfahrtzeiten der Züge im Zugplaner, dazu braucht sie den Zugplaner und ihre Lesebrille, und stellt fest, dass heute, weil irgendein katholischer Feiertag ist, erst in drei Stunden wieder ein Zug von Seebrugg in Richtung Freiburg geht, Frieda schlägt also vor, dass ich in zwei Stunden wiederkomme, das passe ihr auch besser, da haben der Hubert und sie zu Mittag gegessen, und als ich nichts darauf sage und auch keine Anstalten mache rauszugehen und als der vermeintliche Humor angesichts der Tatsachen Taxi, Gummistiefel und Co., die falsche Coolness recht flott zu einem Haufen Elend zusammenschmelzen, und ich also einigermaßen nicht abgeholt in ihrer großen Küche herumstehe und mein Gewicht ratlos vom Standbein zum Spielbein verschiebe, die Scham mag dabei auch eine gewisse Rolle spielen, schließlich habe ich mir gerade noch Weißgottwas eingebildet von wegen, der Franz der Franzl Franz hat wieder zu sich gefunden, und nicht nur zu sich, mehr sage ich dazu nicht, endlich geht der Frieda ein Licht auf, Habt ihr doch wieder gestritten, fragt sie, und ich schüttele den Kopf und zucke die Achseln und schaue sie bestimmt relativ weidwund an, und die Frieda wiegt enttäuscht den Kopf, wischt die Hände an ihrer Schürze ab, seufzt und lässt sich in die Eckbank sinken, Komm, schnauft sie, Setz dich, befiehlt sie, Dann isst du eben bei uns mit, sagt die Frieda.

Es gibt Bratwurst von den eigenen Schweinen, Kartoffelpüree und Rotkraut, wenn dir gerade der Himmel auf den Kopf gefallen ist, hilft das, Bratwurst mit Kartoffelbrei und Rotkraut, zu Hause bei uns hat es nach der Schule auch

manchmal Bratwurst mit Kartoffelbrei und Rotkraut gegeben, und das Haus hat noch bis am nächsten Morgen nach
dem Bratfett gerochen, der Hubert hetzt bei Tisch über die
Ausländer, die, statt ordentlich Geld zu verdienen oder noch
besser, statt daheim zu bleiben, Sozialhilfe einkassierten und
Pfandglas sammelten, Die machen einen Reibach unten am
Rhein, behauptet der Hubert, Die zocken uns alle ab, ich
nehme einen Nachschlag, ich habe Appetit, ich habe so lange
kein waschechtes Mittagessen vorgesetzt bekommen, nicht
mal das bei der Regina gestern Abend lasse ich zählen, ich
esse dem Hubert und der Frieda mehr als die Hälfte weg, ich
überlege sogar für einen Moment, statt zurück nach Berlin
zu fahren, einen Abstecher bei meinen Eltern zu machen
und meine Mama zu bitten, mir all die alten Mittagessen,
die die Frau Niederländer früher für uns gekocht hat, zuzu-
bereiten, Kartoffelpuffer, Geschnetzeltes, Blumenkohl, Ro-
senkohl, Brokkoli, Bratwürste, Spinatauflauf, Griespudding,
Kartoffelsuppe mit Zwetschgenkuchen, Hackfleisch mit Pa-
prika, Nierchen mit Reis, samstags Nudeln mit geriebenem
Käse und Ketchup und einmal im Jahr ihre Dampfnudeln.
Ich schnappe dem Hubert die letzte halbe Bratwurst vor der
Nase weg, und er meint, daran seien die Ausländer schuld,
die aus dem Balkan über die Schweiz in den Schwarzwald
schwappen, ich schaue fragend und kauend zur Frieda, die
die Augen verdreht und abwinkt und den Hubert anschreit,
ob er noch einen Löffel Kartoffelbrei möchte und dass er
besser den Mund halten solle und essen und dass es Apfelkuchen von gestern gebe zum Nachtisch.

Geheult wird dann erst im Zug auf dem Klo ein bisschen
halbherzig, widerwillig, den reißenden Sturzbach, Rotz und
Wasser, hebe ich mir für die halbleere Berliner Wohnung

auf, da hilft auch kein Anruf von der Gauloiseswerbung, die fragt, ob ich nicht Lust hätte auf einen Spaziergang über den Friedhof, ich sage zu, aber ich verspüre nicht die geringste Regung, ich lasse ihn zur Tür herein, wir reden ein bisschen deutsch und französisch, dann schicke ich ihn wieder weg unter dem Vorwand, dass ich dringend arbeiten müsse. Der Franz solle das verfickte Theater absagen, hab ich ihm im Gehen zugerufen, es gebe andere, die das Fördergeld eher verdient hätten als wir.

ZWEI DREI VIER WOCHEN

Bei der Blondine habe ich übrigens übertrieben, sie war in Wirklichkeit glaub ich ganz in Ordnung, jedenfalls auf den ersten Blick, lustig und wagemutig undso, sie hat auch nicht im Falsett gepiept, im Gegenteil, sie hatte sogar etwas Burschikoses an sich, trotz der langen Haare, was ich an und für sich gern mag bei Frauen, und sie war auch nicht siebzehn, sondern vielleicht zwei Jahre jünger als ich, vielleicht auch zwei Jahre älter, nur dass sie jünger aussah, so was kommt vor, wie dem auch sei, hat sie keine rosa Gummistiefel getragen, sondern hellgraue, mein ich, ohne Absätze, richtig wasserfeste Gummistiefel halt, weil sie dachte, unser Haus steht unter Wasser, so, jetzt wissen Sie Bescheid.

So vergehen zwei bis drei Wochen, in denen sich die Gauloiseswerbung mehr oder weniger bei mir einnistet, ohne die Wohnung komplett zu machen, sie sorgt lediglich dafür, dass immer ein Päckchen Tabak herumfliegt mit Haschisch in Alufolie und eine Flasche Wein angebrochen ist. Wenn ich heimkomme, sitzt die Gauloiseswerbung am Küchentisch und hört Jazzradio oder sie liegt auf dem Bett und raucht, oder eine ihrer Jeans liegt auf dem Bett, und sie selbst ist bei einem Gig, sie will nichts vom Franz wissen, was mir entgegenkommt, da ich nicht über den Franz reden will, jedenfalls nicht mit Carlo, mit Corinna schon, der Franz schickt fast jeden Tag Briefe mit bunten Zeichnungen drin von ihm und von mir, manchmal ganze Heftchen, zuweilen hab ich auf den Bildern rote Haare, oder sie sind durchsichtig, ich sehe nicht wirklich wie eine Frau aus auf den Bildern, eher ein Faun aus dem Reich der Märchen, jedenfalls nicht wie Brigitte Bardot oder eine ihrer Schwestern, dabei hab ich tolle Brüste auf den Bildern, viel toller als in Wirklichkeit, das gefällt mir, der Franz hat immer vier Stoppeln auf dem Kopf und trägt einen Pyjama, manchmal hat der Franz auch vier Pfoten, und hier und da bin ich in Gesellschaft einer Ziege, und einmal hab ich selbst Hörner, auf sehr vielen Skizzen sitze ich kerzengerade auf einem Traktor, auch auf denen, die in der Stadt spielen, dabei bin ich in echt noch nie Traktor gefahren, in einem Cartoon sitze ich auf dem Dach von Frommholz, das unter meinem Gewicht auseinanderbricht, das ist der einzige Comic, in dem ich eine Sprechblase hab und eine Brille trage, der Riss in der Mitte des Hauses ist sehr deutlich zu sehen, wie die Verlängerung eines Comicblitzes, der ins Dach eingeschlagen ist, die Andere oder Carlo kommen in den Zeichnungen nie vor, nur Corinna manchmal mit unheimlich langen Strümpfen an den Beinen und mit schwarzen Zöpfen und mit einer Axt.

Ich mache die Tür nicht auf, wenn der Franz klingelt, ich geh auch nicht mehr ans Telefon, wenn er anruft, auch nicht, wenn ein Unbekannter Teilnehmer anruft, weil das mit Sicherheit der Franz ist, der seine Nummern unterdrückt, ich habe Carlo gebeten, meine Telefone nicht abzunehmen, ich denke jetzt manchmal an Carlos Worte bezüglich seiner Eltern, dass an einer Trennung immer zwei beteiligt sind, binsenweise, I know I know, ich denke dann, dass jetzt ich dran bin mit der Beteiligung, der Franz steckt manchmal sogar Blumen in den Briefkasten, obwohl er Schnittblumen scheiße findet, Schnittblumen seien so ziemlich das Perverseste, der Franz mit seiner Narrenliebe zu den Pflanzen, die sein Urmisstrauen den Menschen gegenüber beinahe wettmachte, der Franz hätte sich damals am liebsten für Berlin einen Presslufthammer geborgt und den Beton im Hinterhof entfernt, die Mülltonnen und Fahrräder in den Keller entsorgt, Erde in den Hof gekippt, containerweise Erdreich, Rasen gepflanzt, Schattenrasen und Rosen, einen Apfel- und einen Birnbaum, vielleicht hätte das den Franz rund gemacht, das Landei, das sich mir zuliebe eingeredet hat, nicht auf die Stadt verzichten zu können, schon allein aus beruflichen Gründen, vielleicht war auch das mit ein Grund gewesen.

Zweimal hat der Franz in letzter Zeit lange Briefe ohne Zeichnungen verfasst, so ähnliche Erklärungsversuche wie der eben gerade, so gar nicht franzig, eher der Text unserer Paartherapeutin, weil doch der Franz ursprünglich und zu Recht Worten nicht über den Weg traut, seither verstaue ich Franzens Post ungelesen im Gefrierfach, ich will weder in Versuchung kommen noch noch trauriger wieder werden, ich wäre lieber wütender, ich bin schon ein bisschen wütend, weil das alles erst jetzt kommt, ich war so lange voller blöder Hoffnung und dadurch immer wieder bitterlich enttäuscht, und jetzt kann ich nicht mehr, Franz, es ist aus, der Herr Franz, das Fass ist in Frommholz übergelaufen, Frommholz hat dem Fass den Boden ausgeschlagen, und ich bin wohl das Fass, angeblich hat das nichts mit Brigitte zu tun, das beteure ich jedenfalls gegenüber Corinna und ihrem One Night Stand, ich fühle mich am wohlsten alleine, behaupte ich, und die beiden verstehen das, die bleiben auch jeder für sich mit einem ganzen Stadtteil dazwischen und tun so, als

wären sie nicht insgeheim längst einander versprochen, Corinna und ihr Never Ending One Night Stand, ich jammere
denen vor, dass wir unser verdammtes Haus nicht loswerden, jetzt erst recht nicht mehr, auf einem nassen Haus
bleibst du sitzen bis an dein Lebensende, bis du selbst an-
fängst zu schimmeln, aber dann, dann, eines schönen Tages
im Juni, ruft eine Hamburger Nummer an, ich denke, das ist
wegen des Drehbuchs, ein älterer Stoff, der Rundfunk von
dort, und die Stimme zur Nummer klingt auch irgendwie
Fernsehbusiness, sagt aber stattdessen, Verzeihen Sie, dass
wir uns so lange Zeit gelassen haben, wir mussten hier
einiges sortieren, also falls Ihr Bauernhaus noch zu haben
ist, würden wir es sehr gerne kaufen.

Ich habe Bernd Bescheid gesagt, dass er den Franz informie-
ren soll, dass der den Ottmar bittet, einen Termin beim
Notar zu vereinbaren, ich hab Bernd gesagt, dass ich da nicht
dabei sein bräuchte, weil ich nicht im Vertrag stünde, daraufhin hat der Franz es fünfmal bei mir versucht und zuletzt auch die Mailbox vollgequasselt, von wegen, dass er
doch gar nicht mehr verkaufen wolle, verdammt, dass er
doch mit mir einen neuen Anfang habe wagen wollen, ob ich
das nicht begriffen hätte, mit oder ohne Frommholz, wie es
mir gefalle, dass allerdings wenn, dann ich den Verkauf über
die Bühne bringen müsse, weil ich sowieso die sei mit dem
Verhandlungsgeschick, oder dass ich wenigstens mitkommen müsse zum Notar, dass er mich im Auto mitnehmen
werde oder dass ich wenigstens mal das Telefon abheben
solle.
Carlo heute Abend, groß und schlank und dunkelhaarig und
dunkelblauäugig und immer noch winterhäutig, knapp vor
vierzig und ewig sechsundzwanzig, mehrere Tage hinter-

einander unrasiert, damit er nicht pikst, er trägt das weiße Hemd mit dem übertrieben großen Kragen, in dem er zumeist auch auftritt, aufgeknöpft, sonst nicht besonders viel, Carlo war auf meinem Bett eingeschlafen, jetzt steht er mit bed head oder bad hair oder wie das heißt in unserem Flur, der ihm zwei Nummern zu klein scheint, und sagt, Hey Piccolina, was essen wir heute, als hätte er nicht genau Franzens Erguss mit angehört, und ich laufe rot an, weil also, wie soll ich das beschreiben, einerseits das mit Franzens Anwesenheit plötzlich zwischen uns im Flur, die ist mir ein bisschen peinlich, andererseits, mh pardon, Carlo sagt ja nicht direkt, Was kochste heute, oder, Wo gehste was besorgen da sag ich dir die Bestellnummer, er fragt ganz unverfänglich, was wir heute essen, qu'est-ce qu'on mange aujourd'hui, aber tippen Sie mal, wie oft ich uns in den letzten drei, vier Wochen was gekocht habe, einfach weil ich manchmal gerne was anderes esse als Käsebrote mit rohen Tomaten, und wie selten er, genau, deswegen, und ich hasse es, das zu hassen, und zudem ärgert mich das jetzt doch, dass er einfach so tut, als existiere zwischen uns keine Vergangenheit, als wären wir zwischen den Grabsteinen neulich erst zur Welt gekommen und noch taufrisch wie Säuglinge mit ihren elementaren Bedürfnissen, fressen und ficken, keine Probleme in Sicht, weder in Paris noch an der Westküste, noch auf dem Anrufbeantworter. Ich weiß schon, dass ich überreagiere, aber Hallo, klar klar ja raten Sie mal, wer die Gauloiseswerbung praktisch ohne Worte eingeladen hat, alles Passierte weit hinter uns zu lassen, ich natürlich, ich kratze mir verwirrt den Kopf, ich würde den schmalen Carlo in dieser Wohnung jetzt gerne löschen, mir rieselt Reisig aus den Haaren, oder ist das meine Kopfhaut aus den Fingernägeln, und ich bin in Auflösung begriffen, zerstäube wie das Dämmstroh in den Frommholzer Zwischendecken, ich antworte mit einer hohlen fremden Stimme, Keine Ahnung, die Einsilbigkeit in Person, und Carlo, für den Deutsch eine Fremdsprache ist, bemerkt den Unterschied nicht, die fehlenden Klangfarben, er kennt mich halt nicht, er weiß nichts, Carlo kommt näher und küsst mich auf den Mund und riecht nach Carlo feine Auslese und sagt, Soll ich uns eine Pizza holen, und für Sekundenbruchteile schleicht sich erneut der Gedanken von der gemeinsamen Verschuldung ein, sein oller Gedanke, diesmal bezüglich Carlo himself, mit dem ich meiner Meinung nach gar nicht wirklich zusammen bin, nur dass er permanent hier schläft, wenn es zwischen Carlo und mir demnach zur Auflösung kommt, dann habe ich zu oft freiwillig gekocht, ohne es zu wollen, und er hat sich zu selten erboten zu kochen, obwohl er gar nichts dagegen gehabt hätte, so simpel ist das, malentendu, ist das nicht grässlich.

Carlo grinst und fragt, Du rouge, die nächsten zwei Silben, und ich denke, jaja weiter weiter, vas-y, wenn wir nur Silbe an Silbe hängen, Geste an Geste, wird schon ein Leben daraus werden, ein Stadtstadtleben, scheiß drauf, hör auf zu denken, Rotwein, übersetzt Carlo, immer noch sein unverwüstliches Grinsen im Gesicht, und ich streiche ihm vorsichtig über die Wange, Geste für Geste, sein Fell knistert, er macht auf dem Absatz kehrt und schlurft zurück in unser Schlafzimmer, das neuerdings auch sein Schlafzimmer und sein Wohnzimmer und sein Esszimmer ist, Carlo überreicht mir ein leeres Glas Wein und lässt sich schwer auf mein Bett fallen, beziehungsweise auf die Matratze, jetzt erst fällt mir auf, wie intensiv das Schlafzimmer nach Gras riecht, deswegen drückt er mir ein leeres Glas in die Hand statt eines vollen, der Unterschied fällt ihm nicht auf, Inhalt ist nebensächlich geworden, die Welt ist weich, Carlo grinst, Carlo sagt, Wenn du willst, begleite ich dich, Carlo ist schon ein bisschen richtig, der lange Carlo in Frommholz, darüber muss ich lachen, auf meinem Schreibtisch liegt seine Haschischpfeife neben einem orangenfarbenen Päckchen, aus dem Tabak quillt wie unbändige Schambehaarung, ich sehe einen Moment lang einer möglichen Zukunft ins Auge und bin wie erschlagen von ihr, ich wünschte fast, auf dem Schreibtisch läge eine Tafel Schokolade für Katze und im Kühlschrank warte Sushi Nummer dreizehn, das der Franz mitgebracht hat, ich bin noch lange über nichts hinweg.

Carlo der Richtige räkelt sich und winkt mich zu sich, aber ich greife nach dem Telefonhörer, verziehe mich in die Küche, ich muss eben kurz Corinna sprechen, rufe ich, eine, die mich ein wenig kennt, mich und den Franz und Frommholz, ihr von der Stimme aus Hamburg erzählen und ein paar von den anderen Gedanken, Corinna fragt, Alles okay, just da sehe ich im Augenwinkel, dass Carlo sich im Nebenzimmer auf die Seite rollt wie ein biegsames Baby und einschläft, ich halte die Luft an, gehe auf Zehenspitzen auf die Weinflasche zu, die neben dem Bett auf den Dielen steht und rote Ringe malt, Carlo, mein eiskaltes Herz, ich leihe mir eine Zigarette zum Telefonieren, Er ist eingeschlafen, flüster ich.

Du liebst den alten Kasten, flüstert Corinna zurück, worüber wunderst du dich, du warst immer total verschossen in Frommholz, ihr seid dabei, zu verkaufen, das hat mit deinen Männern nix zu tun, das musst du auseinanderhalten, versuch, das auseinanderzuhalten, mit Frommholz bist du hoffnungslos romantisch, Carlo kann echt nix dafür, wenn du jetzt ein bisschen durcheinander bist, lass mal Carlo in Ruhe.

Corinna wundert sich, dass ich Briefe von den zwei Atomkraftwerken ungeöffnet aufbewahre, Das ist aber schon irgendwie schizophren, findet Corinna, Entweder liest du die Dinger, oder du wirfst sie weg, und ob Carlo davon wisse. Den interessiert das alles nicht, was mit Franz zu tun hat. Good boy, flüstert Corinna, und dass sie das auch so halten würde und dass ich ihn dafür mal bloß nicht schon wieder verdammen dürfe, jetzt nennt die mich auch schon schon wieder. Carlo hat sogar angeboten mitzukommen zum Notar, flüstere ich, woraufhin Corinna sich halb totlacht, Geil, ruft sie, Geilomat, dann film ich das Ganze und verkauf es an Pro sieben, das gibt ja alle Dokusoaps auf einem Haufen.

COUNTDOWN

Bernd kriegt mich rum, das Schlitzohr, den Franz eine Woche vor dem Notartermin in Berlin zu treffen to talk about it, ich sage Carlo lieber nicht, was ich heute Abend vorhabe, er wollte es ja ausdrücklich nicht wissen, nicht wahr, das mit dem Franz, der Franz, der sonst nie freiwillig essen geht, schon gar nicht mit seiner Frau, weil er da warten muss zwischen fremden Menschen, jedenfalls in den guten Lokalen, da ist man ja um die Uhrzeit nicht allein, der Franz hat sogar einen Tisch reserviert, der Laden ist rappelvoll bis auf einen winzigen Tisch beim Durchgang zum Klo, der Franz gibt sich erst Mühe, freundlich zu bleiben, mir zuliebe, und ich rechne ihm das hoch an, ich sehe schließlich genau, wie ihm der Hals schwillt, aber als die Kellnerin pampig wird, veranstaltet der Franz dann doch einen Riesenterz, schließlich habe er einen anderen Tisch bestellt, den in der Nische beim Fenster da drüben, den mit der Bank, er verlangt, umgehend den Geschäftsführer zu sprechen, und fragt die Kellnerin nach ihrem Namen, nein nicht dem Vornamen, den Nachnamen will er wissen, der forschen Kellnerin bricht der Schweiß aus, sie rennt erschrocken in die Küche, um den Koch zu fragen, was sie mit dem Gast machen soll, kurz darauf hängt sie am Telefon und dreht uns ihren stämmigen Rücken zu, und dann legt sie auf, Niemand zu sprechen, und tuschelt mit ihrem viel jüngeren

Kollegen hinter dem Tresen, der kommt mit zwei Glas Martini auf uns zu, er beugt sich dicht an Franzens Ohr und fragt, ob es okay wäre, wenn wir an dem unmöglichen Tisch hier zwei Minuten warteten, bis er die Leute rechts am Fenster abkassiert habe, die wären schon beim Digestif, die würden gleich gehen, das sei zwar kein Tisch mit Bank, aber immer noch besser als der hier. Der Kellner entschuldigt sich in aller Form, dass Franzens Reservierung im Treiben untergegangen sei, er hebt eine Braue mit Blick zur Klotür, er habe dem Chef mehrmals gesagt, dass sie ihren Gästen diesen Tisch unmöglich zumuten könnten, der erinnere ihn an den Tisch für den Teller vom Reinigungspersonal, manchmal stinke das hier volle Kanne rüber aus dem Herren-WC, tse tse tse, aber der Chef lasse den Tisch für den Notfall stehen, weil sie insgesamt so wenig Platz hätten, erst recht seit der Empfehlung im Tipp, und außerdem auch fürs Personal, falls die mal eine Pause brauchten, er zwinkert und nickt rüber zu der forschen Stämmigen, auch wenn die manchmal keine Pause verdient hätten.

Die Leute am Nebentisch schauen verstohlen zu, wie sich die Angelegenheit entwickelt, der Kellner zieht oberfreundlich zwei Hocker unter dem Tisch heraus und lächelt mich auffordernd an, ich will nur jetzt den Franz nicht wieder verärgern, ich kenn doch den Franz, der bringt es fertig und packt mich am Ärmel und zerrt mich aus dem Laden, alles schon da gewesen, auch wenn man so mit seiner Ex nicht umzuspringen hat, mit seiner Frau auch nicht, weiß ich weiß klar klar klar, jedenfalls warte ich lieber mit dem Setzen, ob der Franz nach meinem Jackenärmel greift oder nicht, ich halte mich da raus, klären Sie das unter sich, die Gentlemen, der Franz mustert einen Moment lang die Tischplatte, sodann den Kellner prüfend, sein Blick streift mich, meine möglichst unbeteiligte und latent ungeduldige Visage, der Franz atmet durch, setzt ein angeschafftes Lächeln auf, schürzt die Brauen, ob der Kellner Berliner sei, will er wissen, und lässt sich anmerken, dass er sich das nicht vorstellen kann bei derartigem Zuvorkommen, der junge Mann lacht verstehend auf und gibt zu, dass er erst seit zwei Monaten in der Stadt sei zum Studieren, und dass er ursprünglich aus der Nähe von Freudenstadt komme.

Na so was, plärre ich dazwischen, Aus dem Schwarzwald, wenn das kein Zufall sei, und fange eine kleine Unterhaltung mit dem Kellner an über unseren Bauernhof im Südschwarzwald, den wir demnächst verkaufen müssen, weswegen wir uns heute hier versammelten, der Herr dort und ich, und der Kellner sagt, er kenne die Ecke um den Schluchsee in- und auswendig, seine Tante wohne dort, im Gegensatz zu uns war der Kellner oft in dem Stausee baden und Tretboot fahren, vor allem natürlich als Kind, aber so lange sei das gar nicht her, er vermisse das schon sehr, die Berge, die Bäume, obwohl Berlin ja eine grüne Stadt sein soll, sagt der Kellner, der Franz zieht sein Jackett aus, weil ihm im Eifer des Gefechtes heiß geworden ist, jaha, der Franz ist in der Tat im James-Bond-Anzug zum Rendezvous erschienen, mit weißem Hemd, ungebügelt, lass mich raten, immer noch der Goldrand aus Schweiß und verlebter Haut am Kragen, und ohne Schlips, James Bond nimmt Platz, ich könnte schwören, wir haben schon wieder beide latent das Gefühl, der Franz und ich, dass da das Mysterium die Finger im Spiel hat.

Früher waren mir solche Auftritte vom Franz peinlich, ich persönlich hatte eher die Tendenz, in ähnlichen Situationen einzulenken und dann halt ergeben neben dem Klo zu speisen mit meiner Begleitung, und, nebenbei bemerkt, darüber nicht besonders glücklich zu sein, weder über die Pesthauche aus dem WC noch über meinen Kleinmut, diese automatisierte Bereitschaft, den anderen das Leben so angenehm zu machen wie nur möglich, koste es, was es wolle, koste es dich wie gesagt Schwaden von Männerpipi über deinen Spaghetti, nach über zehn Jahren mit Zwei Atomkraftwerken habe ich dazugelernt, ich schätze es, dass sich etwas bewegen lässt, wenn du für deine Rechte das Maul aufmachst, selbst wenn es mal ausnahmsweise nur um dich geht, um deine Zeit hinter dem Postschalter, oder wenn es sich bloß um den Platz am Fenster handelt, den du in zehn Minuten oder einer Viertelstunde oder einer halben oder okay einer Dreiviertelstunde in unserem Fall, einnehmen darfst mit deiner Begleitung, der Franz wiederum schwärmte immer, ich sei Sein schlechtes Gewissen, als ob das ein Kompliment wäre, sonst habe er keins, hat der Franz gesagt, nur dich, Katze. Also ich weiß nicht.

Diesmal bei unserem ersten regelrechten Date nach der Trennung sind die hausgemachten Tortellini ein Traum, der Franz ist gleich ungemein in Fahrt und ich nach ein paar Schlucken Wein einigermaßen schlagfertig und vor allem zum Lachen aufgelegt, mir hat der Martini schön zugesetzt, kurz hab ich den Verdacht, für Sekundenbruchteile bloß, dass der Streit mit der zickigen Kellnerin und der Aperitif aus dem Nordschwarzwald inszeniert waren, von James Bond höchstpersönlich, bei dem musst du auf alles gefasst sein, aber den Quatsch hab ich gleich wieder vergessen, der Franz kann und will nicht fassen, dass ich seine letzten Briefe nicht gelesen habe, hab ich aber wirklich nicht, ich schwöre, er bezieht sich dauernd darauf, ohne dass ich O ja und Ja klar beisteuere, ich schwör dir, Franzl, ich habe seit

mindestens zwei drei vier Wochen keinen Brief mehr von
dir geöffnet, ich soll dem Franz versprechen, ihm die intakten Umschläge vorzuführen, und er wundert sich, dass ich
die Briefe behalten habe, genau wie Corinna, was das nun
wieder zu bedeuten habe, und ich werde rot und rasch
wieder normalfarben, hoffe ich, ich erkläre mir das so, ich
habe diese Dokumente aufbewahrt, falls ich mich im Alter
von neunzig Jahren einmal langweilen sollte, das komme
vor, dann nämlich, eines grausigen Nachmittags im Herbst,
werde ich das Gefrierfach öffnen und sie auftauen lassen
und knacken, einen nach dem anderen, Tag für Tag, und
mich an den daran geknüpften Erinnerungen erbauen, ganz
gleich, ob sie gezeichnet sind oder seitenweise Buchstaben.
Da ich seine Post nicht kenne, hat der Franz umso mehr das
Bedürfnis, mir ausführlich zu schildern, was es mit Brigitte
auf sich gehabt hatte, mit Betonung auf dem Plusquamper-
fekt, er hatte sie gehabt, denke ich, düdeldüdeldü, ich bin
auch erst so dämlich, ihn dazu zu ermutigen, beziehungsweise merkt der Franz nicht, dass das ironisch gemeint war,
nur zu, dass die viel zu jung für ihn gewesen war, stöhnt der
Franz, also doch, dass die nach dreimal Treffen ihn dauernd
auf Partys mitgeschleift hatte, zu ihren Kumpels von der
Arbeit, dass die ihn ständig zu Koks und nachher auch noch
Ecstasy überreden hatte wollen, der Franz und die Drogen,
imagine, dass er irgendwann die Gespräche zwischen ihr
und ihren Kumpels so was von sattgehabt hatte, weil es da
einfach um nichts und wieder nichts gegangen war, nichts
als Klatsch und Plattitüden über die Kollegen und die Zulie-
ferer, was ihm, dem Franz, alles völlig am Arsch vorbei-
gegangen war. Ich lass das über mich ergehen, die Tortellini
sind es wert, bis mir einfällt, dass ich ja vom Franz was
gelernt haben wollte, wie erwähnt, und ich sage, He Franz

wart mal, ich will das gar nicht wissen, das Brigittekapitel, wenn das in den Briefen steht, bin ich heilfroh, dass ich sie nicht gelesen habe, dann kann ich sie getrost wegwerfen, da werde ich auch in hundert Jahren keine Freude dran haben, ich sage, Die reinste Zeitverschwendung, du kannst mit deiner Brigitte anstellen, wozu du Lust hast, Franz, das geht mich nichts an.

Eben das ist in seinen Augen der springende Punkt, und das müsse ich ihm bitte glauben, das sei passé mit Brigitte, absolut bedeutungslos, so was von längst vorbei, er wolle mit nichts und niemandem Dinge anstellen auf dieser Welt als mit mir, Ausrufezeichen, das habe er geschrieben in seinen Briefen, darum gehe es ihm jetzt schon seit vier fünf Wochen, er liebe mich, wenn ich das unbedingt hören müsse, jawohl, er liebe mich, es sei ihm schlecht gegangen, extrem schlecht, jetzt habe er sich erholt, ich habe doch immer von Zeit gesprochen, Zeit, die wir brauchen, Zeit, die wir uns geben, die Zeit sei um, Punkt. Das ist süß, dem Franz fällt gar nicht auf, dass er mich mit seinen Punkten überspringt, ich bleibe leichten Herzens, ich bin überhaupt nicht sauer, ich denke, Mensch da reden wir über Brigitte und Konsorten, und ich fühle nichts, null Promille, Franz hat recht, die Zeit ist um. Wie er sich selbst die Sachen im Mund herumgedreht hat, der Franz, er hatte um Zeit gebeten, er hatte die Geduld mit sich selbst verloren, nicht ich.

Als nächsten Programmpunkt will der Franz alles über meinen Lover, den Straßenmusikanten, wissen, jetzt sei ich dran, die Karten auf den Tisch zu legen, ich passe, mir missfällt, wie der Franz über Carlo redet, als wäre offenkundig, dass es sich hierbei um keinen ernstzunehmenden Konkurrenten handele, schon allein wie der Franz sich das Wort

Straßenmusiker auf der Zunge zergehen lässt, als handele es sich um ein Schimpfwort, ich kann mir genau vorstellen, wie Bernd Bericht erstattet hat, good looking latin lover, im Netz gerade mal zwei Einträge plus ein verwackeltes Video eines Liveauftritts in einer Bar, in dem vor lauter bad billig quality nicht zu erkennen ist, who the fuck vorne am Mikro steht, entsprechend unterirdisch der Sound, ich sage, Er spielt gut, denn ich weiß um Franzens Faible für Leute, die ein Musikinstrument beherrschen, das beschäftigt den Franz jetzt eine Weile, er verschlingt fast den ganzen Salat, den wir eigentlich teilen wollten, und ich lenke zaghaft ab, wir müssen schließlich über Frommholz reden, Dazu sind wir hier, sage ich, zurück zum Geschäftlichen, und der Franz schluckt und legt seine Gabel weg und verkündet feierlich, er habe beschlossen, mir die Hälfte des Kauferlöses zu über-lassen, Frommholz sei nun mal unser beider Schatz gewe-sen, da habe der Ottmar schon recht, und schließlich hätte ich auch den geilen Kaufpreis ausgehandelt mit den Ham-burgern.

Wow, das haut mich um, damit hab ich zuletzt gerechnet, nicht dass ich direkt käuflich wäre, aber wer den Franz kennt und seine innige Beziehung zum Geld und seine komischen althergebrachten Ängste vor der totalen Verarmung, die mir als Beamtentochter stets fremd waren, wer jahrelang mit angesehen hat, wie der Franz seine Einnahmen und Aus-gaben gegenrechnete und sich alle vier Wochen in eine neue kleine oder eine giganteske Panik hineinsteigerte betreffend naher Zukunft und insgesamt gefährdeter Existenz, ganz gleich, wie glänzend seine Comics sich verkauften, wie ihn seine Fangemeinde feierte und wie sein Konto stand, wer ihn ein jedes Mal geduldig beraten hat und ein bisschen ausgelacht und dadurch beruhigt, der weiß, was ein solches

Angebot für einen wie den Franz bedeutet, für einen wie den Franz läuft das ungefähr auf das Gleiche raus wie ein Heiratsantrag, einem wie dem Franz kommt so was im Leben eigentlich nicht über die Lippen, weder, Willst du die Hälfte von Frommholz einkassieren, noch, Willst du mich zum Mann nehmen Katze so sprich mir nach, Ja. Sie dürfen den Kerl jetzt küssen, cleverer Schachzug, Bernd, Franzl, alle Achtung, I am impressed.

Als der Franz nach dem Dessert wieder von Diesem Musiker anfängt und partout hören möchte, dass die Geschichte zwischen Carlo und mir keine Chance hat, da leg ich dem Franz eine Hand auf den Arm und lächele sanft, Wenn du ihn unbedingt kennenlernen willst, dann komme ich zur Unterzeichnung und bring ihn mit, das hat er sowieso angeboten, und der Franz stutzt, ob er sich jetzt vorstellen muss, wie dieser good looking Straßenmusiker und seine Ex normale Gespräche führen, was bislang in seiner wilden Phantasie keinen Platz hatte und was dem Franz, glaub ich, viel schlimmer nachgeht als die Vision vom gehirnerschütternden, fremdgängerischen Sex, und er schluckt wie vorhin, als er sein großzügiges Angebot aussprechen musste, und murmelt, Okay, hinten hoch wie zu einem Fragezeichen, was mich übrigens sehr für ihn einnimmt, der Franz, der so selten keinen Punkt setzt am Ende seiner Sätze, kein Ausrufezeichen, der Franz, der ungern zugibt, dass er Fragen hat ans Leben, selbst wenn sein Dasein zu einem einzigen Sinnrätsel aufgeblasen ist, zum Abschied sieht er entsprechend erschöpft aus und blass um die Nase, aber vielleicht liegt das auch an den Jakobsmuscheln, mir ist am nächsten Morgen noch flau davon.

ALLE DOKUSOAPS AUF EINEM HAUFEN

Nur so aus Spaß, sagt er, als er mich abholen kommt, er hat von einem Kumpel ein Auto geliehen, einen langen dunkelblauen Chevrolet, der sonor summt vor dem Start und dessen Dachluke sich mit Hilfe einer Kurbel öffnen lässt und dessen Aschenbecher überquillt und dessen Autoradio zugleich ein Kassettenrekorder ist und der ein Kasseler Kennzeichen trägt, weil das den Halter billiger kommt, im Handschuhfach fliegen handbeschriebene Musikkassetten rum mit Liedern drauf, die der Kumpel einst vom Hörfunk überspielt hat, wir fahren abwechselnd maximal hundertzehn, wir brauchen fast neun Stunden für die Diagonale, was mich angeht, ich könnte den Rest meines Lebens in diesem Wagen verbringen und Mixmusik aus den Achtziger Jahren hören, und dabei wäre es mir fast egal, wer auf dem Beifahrersitz sitzt.

Als wir in Frommholz einfahren, macht die Keilbach-Schmittel große Augen, sie steht in ihrer rotblaubraunkarierten Kittelschürze zwischen den Bohnensetzlingen im Gemüsebeet und reckt den Hals, da der Oldtimer an der Bushaltestelle hält und in die Einfahrt vor unserem Haus zurücksetzt, die Edeltraud bleibt auch stehen auf ihrem Weg zur Kirche, die Edeltraud ist die ledige Schwester vom Moosbacher und damit Schwippschwägerin vom Bürgermeister aus Rutzlingen, falls ich recht informiert bin, sie sperrt die Kapelle neben unserem Hof jeden Tag für ein paar Stunden auf und abends wieder zu, sie räumt die Gebetbücher auf nach der Messe am Donnerstagabend, und sie schippt den Schnee aus der Einfahrt, wenn es sein muss, die zarte, alte Frau, mit der Edeltraud hab ich oft ein paar freundliche Worte über das Wetter gewechselt, einmal vor ein paar Jahren hab ich bei der Edeltraud geklingelt und sie um vier frische Eier von ihren Hühnern gebeten, weil bei der Frieda niemand aufgemacht hat, der Hubert war im Wald, die Frieda beim Friseur, und die Edeltraud hat mir damals gleich sechs Eier aufgedrängt und welche von ihren eingekochten Mirabellen obendrein, bei der Edeltraud hat es nach einem dieser köstlichen Mittagessen gerochen, an der Wand über der Küchenbank hing ein Bild der Mutter Maria mit dem Jesuskind zu ihren Füßen, dessen Rahmen von einer roten Lichterkette gesäumt war, die Edeltraud wartet nun ungeniert ab, wer gleich aus dem Auto steigt, sie erkennt mich nicht, da ich eine neue gigantische Sonnenbrille trage und einen fremden Mann im Schlepptau hab, einen langen schönen Dunkelhaarigen mit sehr blauen Augen, die Edeltraud wartet, dass wir sie nach dem Weg fragen oder nach den Hausbesitzern, ich winke rüber, Hallo Edeltraud, rufe ich, und die beiden Weißhaarigen zucken zusammen, da das ja ich bin, die sie kennen, die Edeltraud fasst sich zuerst und nickt, murmelt ihr Hallo in der abfallenden großen Terz und beeilt sich, hinkend in der Kapelle zu verschwinden, ohne Carlo weiter fragend anzustarren, die Keilbach-Schmittel wendet sich rasch ihrer Gartenarbeit zu, nachdem sie mit der Harke zurückgewinkt hat, zur Begrüßung und zugleich als Drohung.

Es ist still, nach dem großen Brummen bergab und -auf und um die vielen Kurven, von denen mir ganz anders wurde, in den verschiedenen Tonlagen der Automatikgangschaltung und der pausenlosen Musik aus dem Kassettenrekorder fällt mir das noch mehr auf als sonst, die ungeheure Ruhe, hier, hör mal, da ist nichts, nichts, nur hin und wieder ein sanftes Klicken vom Eindringen der Harke von der Keilbach-Schmittel ins Erdreich bei den Bohnenstauden, sonst nichts.

Ich weiß sofort, es war ein fundamentaler Fehler, Carlo herzubringen beziehungsweise mich auch noch von ihm in dem schicken Schlitten herkutschieren zu lassen, nur um ihm meinen Schatz zu zeigen, also Frommholz, den Bauernhof, was hat ein Chevy aus dem Jahre Schnee hier zu suchen, ich würde das Kapitel am liebsten löschen, neu schreiben und mit dem Franz hier ankommen in unserer treuen grauen Familienkutsche, aber die Zeit habe ich nicht, Zeit vergeht bekanntlich alle naselang und lässt sich nicht eben mal um achthundert Kilometer zurückdrehen, reine Nostalgie, trotzdem, vom Gefühl her, nur damit Sie im Bilde sind, dass ich jetzt mit Carlo auf unserem Berg vor dem geliebten Bauernhof stehe, da stimmt ganz fundamental was nicht, mir ist richtig schlecht davon, am besten habe ich den Schlüssel vergessen und kann Carlo Frommholzens Innenleben nicht präsentieren, bloß habe ich den schweren Hausschlüssel vorgestern extra beim Franz abgeholt, zweitens hab ich ihn mir vorhin auf der letzten Raststätte gut sichtbar um den Hals gehängt, drittens, wer käme ohnehin sogleich angerannt mit dem Zweitschlüssel, kaum dass er von dem Malheur Wind bekäme und lange bevor ich den Carlo überredet hätte, unverrichteter Dinge weiterzudüsen ins Rheintal, wo wir ein Hotel reserviert haben, wer, der Ottmar natürlich, keine Frage.

Die Einfahrt ist noch mit Sägespänen gesprenkelt, neben dem morschen Briefkasten liegt ein Feuerzeug, rot mit weißen Punkten wie ein Fliegenpilz, letzten Herbst habe ich den perfekten Fliegenpilz im Wald entdeckt, ich hab gedacht, der sei aus Plastik wie das Feuerzeug da, weil er so glänzte, aber der war echt, riesig, kreisrund und knallrot mit neunzehn weißen Flecken, ich hab sie gezählt und gedacht, den würde ich dem Franz gerne zeigen, so was Schönes, als Gegengift zur Weltuntergangsstimmung, ich war, glaub ich, erbost losgelaufen in den Wald, geschafft und mit so Problemknoten im Kopf nach einem dieser zermürbenden Streits, die zu nichts führen, und wie fast immer im Wald auf nagelneue Gedanken getroffen, gute, frische, belebende Gedanken, Hoffnung für zwei, kein Wunder, an der Gabelung nach Urbach hatte ich mich ein paar Meter in die Büsche geschlagen, um zu pullern, ich hab da im Unterholz gehockt, Hose runter, als plötzlich ungelogen keine zwei Meter neben mir ein Fuchs vorbeihuscht, ich heb den Kopf, er wendet den seinen, wir starren uns an, er mindestens so erstaunt über die Gegenwart der anderen wie ich, na ja, worauf will ich hinaus, solche Begegnungen machen mich immer randvoll froh, und dann wenige Minuten und Schritte danach dieser Fliegenpilz am Wegrand, tja, das war ein toller Tag, trotz all der Schwierigkeiten, die wir längst hatten, ich kam voller Waldfeenenergie nach Hause gerannt, sauerstoffgebläht und nassgeschwitzt, ich hab schnell geduscht und uns, dem Franz und mir, einen Stapel Pfannkuchen gebacken, erst herzhaft mit Schinken oder Ziegenkäse, dann welche mit Zimt und Äpfeln aus dem Garten, und für ein paar Minuten haben der Fuchs und der Fliegenpilz tatsächlich auf den Franz abgefärbt. Ja, so war das.

In den folgenden Tagen habe ich immer wieder mal hübsche Fliegenpilze gesehen, ich hab dem Franz auch welche gezeigt, falls wir zusammen spazieren waren, war wohl gerade

Fliegenpilzzeit, aber das ist natürlich nicht mehr dasselbe gewesen, klar nicht, ich sage zu Carlo, Guck mal das Feuerzeug sieht aus wie ein Fliegenpilz, und frage mich, ob Carlo in seinem Leben je einen echten Fliegenpilz gesehen hat, ob es die in seinen heimatlichen Wäldern überhaupt gibt, ach, mir ist kotzübel, wenn Sie es genau wissen wollen, mir ist zum Heulen und Übergeben, was soll bloß aus mir werden, ich würd lieber nicht jammern, ehrlich, ich kann das gar nicht ausstehen, so Gezeter, und ich hätte zu gerne zwischendurch mal eine wirklich gute Meldung zu überbringen, aber soll ich Sie deswegen belügen, wenn einem so elend zumute ist wir mir gerade, da müssen wir durch, und es kommt noch ärger, ja taha, ich bücke mich nämlich nach dem Ding da, dem Mädchenfeuerzeug, und just da passiert es, muss von der Verspannung herrühren durch das lange Sitzen im Chevy und überhaupt die ganze innerliche Verkrampfung, jedenfalls schießt es aus der Hüfte beziehungsweise dem linken Oberschenkelmuskel bis rauf ins Genick, ich kreische auf, und ehe ich mich versehe, kauere ich auf allen vieren am Boden und wage nicht, mich auch nur einen Millimeter zu bewegen.

Carlo hält es zunächst für ein Begrüßungsritual, er steht tatenlos über mir und glotzt runter, dann kommt er auch auf alle viere und blinzelt mich treuherzig an und wedelt mit dem Schwanz und bellt und schleckt mir übers Gesicht, und ich verzieh nur die Augenbrauen und trau mich nicht mal mehr, die Sprechmuskulatur zu betätigen, weil jedes Mü an Gewichtsverlagerung einen höllischen Schmerz durch die Wirbelsäule ins Gehirn peitscht, stöhnend mit halb geschlossenem Mund versuche ich Carlo klarzumachen, dass m ich m m mich m n n noo n nicht m ahhh regen kahaaaaaaa kann, dass er bitte den Schlüssel von meinem Hals nehmen solle, hintenrum das Haus aufsperren, ohne unsern Igel aufzustören, gucken, ob in Franzens Studio das Telefon auf Station liege, sonst hätten wir schlechte Karten, es sei denn, Carlos Handy habe hier draußen Empfang, haaaa halt, Stopp, Warte, das möge er bitte erstens checken, mein Apparat ist leider abgeschaltet, und ich habe nicht das Bedürfnis, der Gauloiseswerbung den Eingangscode zu verraten. Carlo hat keinen Empfang, null Balken, Carlo kapiert, dass ich fürchterliche Schmerzen erleide und einen Arzt anrufen will, oder wenigstens den Ottmar, wie soll ich auch Carlo den Weg zur nächsten Apotheke erklären, Carlo versucht mir aufzuhelfen, wenigstens halb, zumindest bis auf den Briefkasten gestützt, Komm Piccolina, aber ich kann nicht, lass, la aaaaaaaaah hu hu hu Hilfe, nicht anfassen, fuck off the Letterbox, ich erwähnte bereits, wie stabil die ist, nämlich durchgefault, loslassen, lass los, ahhhh oh ächz stöhn maunz flenn, nee, nein, weinen geht auch nicht, weil das den Brustkorb und ah uhhhhh die Bauchdecke durchschüttelt, okay, okay, ooookay, ich halte still, ich denke nach, es muss eine Lösung geben, für a ahhh alles gibt es sch sch still schschließlich eine Lösung, ich ich oh ich hab ein Déjà-vu, meinen letzten Hexenschuss hatte ich vor zehneinhalb Jahren, oder elfeinhalb oder neun, am Abend, bevor wir Frommholz gekauft haben, zwei Tage vor Weihnachten, flugs noch im alten Jahr, weil die Regierung ab Januar die Eigenheimzulage einzufrieren gedachte, wir waren zum zweiten Mal hergekommen, der Franz und ich, dieses Mal mit zuverlässiger Straßenkarte der Region, haben zum zweiten Mal Manfreds Wohnung belegt, haben mit der Erbengemeinschaft, dem Ottmar seinen Eltern, Tanten und Onkels, Kaffee getrunken, Fotoalben gewälzt, unheimlich viele selbstgebackene Kuchen und Plätzchen und selbstgeschlagene Sahne auf dem Küchentisch vom Ottmar seiner

Mutter, die illustre Runde, die wir ins Herz schließen wollten und die uns ums Verrecken gern haben sollten als neue Bewohner ihres Elternhauses, jeder von den knorrigen Alten hatte einst auf der Ofenbank seinen Stammplatz gehabt, der Jüngste, dem Ottmar sein Vater, ganz zuoberst, wo die Luft am schlechtesten wird, wo sich die Wärme mit den Pupsen der Geschwister zum unbekömmlichen Schlafmittel zusammenballt, die verwitwete Tante auf der Holzbank, bei der Lampe am Fenster, weil sie schon immer eine Eigenbrötlerin war und ihre Ruhe brauchte zum Lesen, zu siebt in einer Stube, Prost auf deine Ruhe, Tantchen, zack waren wir beim Du, auf die Zukunft, auf Euch, nein Euch, auf Uns, der Selbstgebrannte zum Anstoßen, Holundergeist, diesmal hatten wir vorher groß bei Lidl eingedeckt, der Franz und ich, Schampus, Klöße, einen Rehbraten, Eistorte, um den Kauf unseres Bauernhofs gebührend zu feiern und auch ein bisschen Weihnachtsstimmung zu importieren in Manfreds sterile Bude aus Pressspan im Eicherustikalimitat, als wir spätabends immer noch viel zu satt von den Torten in trauter Zweisamkeit vor unserem Reh saßen und das Glas hoben, ist es geschehen, der Franz musste mich am nächsten Tag zum Notar tragen.

Heute ist es wieder kurz vor Vertragsunterzeichnung, ist das nicht seltsam, ist das ein Zeichen, diesmal knie ich zwischen Sägespänen und Grasbüscheln in unserer Einfahrt, zum Glück durch den Chevy abgeschirmt vor den wenigen neugierigen Blicken des Weilers, zu allem Überfluss allerdings von Wellen des Brechreizes geschüttelt, ich wäre überzeugt, für den Rest meiner Tage auf allen vieren an diesen Flecken Erde gefesselt zu sein, wäre nicht vor neun bis zehn Jahren ziemlich dasselbe passiert in der umgekehrten Situation, ich bin derlei Interpretationen nicht mal abgeneigt, Fakt ist aber, denke ich der Nüchternheit halber, das ist schlichtweg alles ein bisschen viel für mich Katze, und tja, muss ich halt wieder zum Notar geschleppt werden von irgendeinem starken Mann.

Obwohl ich es immerhin innerhalb einer halben Stunde bis an die Hintertür geschafft habe und eigenhändig aufsperre, indes Carlo drei Zigaretten aneinander entzündet oder Joints, ist ja auch egal, und drinnen nach dem Telefon suche, das natürlich nicht auf Station liegt, bravo Franz bravissimo, danke Brigitte, obwohl ich Carlo auf allen vieren für das Leben auf dem Bauernhof notunterweise, drüben das Klo, unter der Plane der Fernseher, daneben die Fernbedienung, da ich dringend sogleich einen Spaziergang brauche und er keine Lust hat mitzukommen, vorher unter der Spüle ächz das Wasser aufdrehe und auf dem Dachboden den Boiler einschalte, und ein Kirschkernkissen in den Backofen schiebe, obwohl ich folglich bis auf die zwölffache Entschleunigung durchaus lebenstüchtig erscheinen mag, fühle ich mich den ganzen Abend, selbst draußen an der Luft im holden Wald, wo ich langsam wieder in die Senkrechte finde, sogar in der Badewanne und nachher auf dem Bett mit den heißen Kirschkernen, als hätte der Alois mir ins Genick geschossen, selbst am nächsten Morgen noch, da ich lospirschen will zu einem sentimentalen Abschiedsspaziergang, derweil das Haus noch schläft und schnarcht, und aber in meiner physikalischen Unbeholfenheit einen Heidenlärm veranstalte und Carlo wecke, der so gerne im Bett eine mit mir rauchen würde, viens là Piccolina, wir rauchen eine, was so gar nicht mein Fall ist, puh nee nicht um die Uhrzeit, heute schon gar nicht, sogar nach dem kurzen Gang in Flipflops und Bademantel die Straße rauf und runter halten die Schmerzen in Rücken und Bauch unverändert an, und als ich heimkomme, durch die Hintertür, in unseren Flur, heim in die Küche, und dauernd flüstere, dass ich heimkomme, heim, dass ich heute zum letzten Mal heimkomme, auch wenn wir faktisch sicher noch dreimal hin und her werden düsen müssen, der Franz und ich, zwischen Berlin und hier, bis wir unseren Krempel entwirrt, neu sortiert und entsorgt haben, da ich Kaffee koche und eine Packung H-Milch in der Kammer finde und eine angebrochene Schachtel Milchreis mausesicher im Einmachglas auf dem Küchenschrank und gedankenverloren Milchreis anrühre mit Zimt und Honig und gegen das flaue Gefühl anflüstere vom Heimkommen, heim, da überkommt mich endlich eine erlösende Woge, und ich will mich schnell über das Waschbecken beugen und vergesse, dass ich schnell ja zur Zeit gar nicht bin, der Schmerz jagt hinterher, und ich kotze die halbe Küche voll inklusive Arbeitsfläche, Schutzfolie, Boden, Fensterbank, Fensterscheibe und Spülstein. Eine Faust ins Kreuz gestemmt, betrachte ich die Bescherung, das ist seltsam, ich bin fast ein bisschen stolz, auch wenn es eklig stinkt, es geht mir erheblich besser, jawohl, allerdings nur für ein paar Sekunden, dann kommt der nächste Schwall, leider exakt in dem Augenblick, da ich geduckt in der Küchenkammer nach dem Wischmopp suche, der sich seit der Überschwemmung im Heizraum befinden muss oder beim Plumpsklo, wo auch immer, hier ist der nicht, zwischen den Eimern, Ersatzklorollen, verrosteten Mausefallen, würg und schlotz.

Ich höre ein Lachen aus der Wand, erst denke ich, das war Carlo von schräg obendrüber, immer noch im Bett mit seiner Gauloise, aber es war kein Mensch, das war die Wand, ich schnappe nicht über, das ist keine meiner Theorien, die Wand kichert, vermutlich lässt sich das sogar ganz simpel physiologisch erklären, durch einen Luftzug zwischen Styropordämmung, Holzskelett, den uralten Schindeln und den Eternitplatten, auch wenn es vorhin draußen eher windstill war, auf jeden Fall wird da leise gegluckst, nicht böse, keine Häme, eher kindlich, freudig, versehentlich, wieso sollte ich mir so was ausdenken, na ja, vielleicht behält man derlei besser für sich, mag sein, ich werde den Kerlen nicht davon erzählen, weder noch, ich halte die Klappe, ich halte die Luft an, lausche, das Lachen löst sich in der Breite auf wie eine Welle, die am Strand gelutscht hat, entfernt sich, um sich zu sammeln, bäumt sich auf, kommt zurückgeschwappt, sprudelnd, zischend, sich verlierend, die Decke quietscht, knarrt, Carlo steht auf, ich muss die Kotze wegwischen, kann mich aber ja kaum bewegen, hebele auf umständlichste Art die Fenster von Küche und Stube auf, einen Putzeimer vor mir herschiebend just in case, es geht kaum ein Lüftchen, wie gesagt, Carlos verhaltene Schritte, die von der Hausakustik zum grotesken Trampeln verstärkt werden, sobald er innehält, ist das Kichern wieder da, leise und deutlich, auch in der Stube, rundherum in der Hausaußenwand über dem gemauerten Teil.

Carlo zieht sich an, ohne sich zu waschen, gestern Abend hat er auch nicht geduscht, mit seinem hübschen bedhead steht er gleich in der Küchentür, verzieht den Mund statt ihn mir für einen Morgenkuss darzubieten, besser so, ich stütze mich am Küchenblock ab, an dem rußgeschwärzten Steher, wo einst die Wand zum Esszimmer war und jetzt die Vollholzarbeitsfläche glänzt wie frisch geölt, ich nicke sachte Richtung leerer Kotzeimer, Der kam zu spät, grinse entschuldigend, wobei mir ein dünner Speichelfaden das Kinn runterläuft, ich bitte Carlo, mir ein bisschen Zeit zu lassen, um das Chaos zu beseitigen und Frühstück zu machen, Geh eine rauchen oder besser fünf, bis wir wieder appetitlich sind, die Küche und ich, schlage ich vor und erkenne an Carlos Miene, dass er zögert, das Angebot anzunehmen, schließlich kennen wir uns erst seit ein paar Wochen, da muss man nicht scharf drauf sein, des anderen Magensäure aufzuwischen, andererseits, wenn nicht jetzt, wann dann, die Frau ist schwer behindert, Carlo wirft sein Hemd aufs Fernsehsofa, nimmt mir den Eimer ab, braucht ein bisschen, bis er die Mechanik des Wasserhahns begriffen hat, füllt Warmwasser ein, eine Menge Spülmittel dazu, schaut sich nach einem Wischer um, und während wir gemeinsam im Bad wenigstens ein paar Lappen finden, kocht in der Küche die Milch über, was haben Sie anderes erwartet. Merde, schimpft Carlo und stellt das Gas ab, und ich übersetze, Scheiße Scheiße Fuck, und er nimmt mich trotz der ange- trockneten Kotze an meinem Hals in den Arm und streichelt meine komischen Haare und ist warm und kuschelig und riecht entfernt carlotisch und zugleich wie ein ungewasche- ner Mann nach einer langen Autofahrt und ein paar Ziga- retten, und wenn ich nicht solche Schmerzen hätte beim Be- wegen, würde ich den Typen auf der Stelle zwischen Schutz- folie, angebrannten Reiskörnern und meinem Mageninhalt am Küchenboden vernaschen. Carlo hilft mir später Haare waschen, Hosen anziehen und Schuhe, Carlo ist schon in Ordnung.

Die Hamburger haben sich fein gemacht, er trägt einen grauen Dreiteiler, sie ein weinrotes Kostüm und hohe Stiefel, dadurch kommt sie mir heute noch viel größer vor und ein bisschen älter als neulich, die Kinder hocken im Wartezim- mer des Notars auf den Stühlen und mampfen die Kekse des Notars, sie reichen mit den Füßen noch nicht bis auf den Boden, jedenfalls der Bub, ich begrüße allesamt mit einigem

Hallo, als würde ich mich unheimlich freuen, sie wiederzusehen, ich mache Witze darüber, dass ich mich kaum bewegen kann, hua hua hua, ich halte mich mühsam aufrecht und immer in der Nähe des Papierkorbes auf, auch wenn der aus mehr Löchern besteht als aus Korb. Die Hamburger wollen meinem Ex erzählen, wie chaotisch und amüsant meine Hausführung war und wie sehr sie sich nichtsdestoweniger auf unseren Bauernhof freuen, auf das neue Leben, auf ihren ersten Sommer auf dem Berg, und Carlo findet eine Weile den Absprung nicht, bis ich vorsichtig eine Hand an seinen Arm lege, der hier sei gar nicht mein Ex, Verzeihung, mein Ex habe Verspätung, was sonst nicht seine Art sei, der junge Mann hier habe mich bloß hergefahren, weil ich mich alleine nicht getraut habe mit dem Rücken, mein Ex müsse jeden Moment eintreffen, toi toi toi, es sei denn, er habe sich im letzten Moment umentschieden har har, die Hamburger lachen bereitwillig über jeden noch so traurigen Witz, zweimal werden wir von der Sekretärin hereingebeten und müssen passen, da Franz noch fehlt, der eigentliche Eigentümer, ich versuche, ihn telefonisch zu erreichen, eine Dame erklärt, dass das zur Zeit leider nicht möglich sei, temporarily not available, Carlo bietet an, uns allen was zu essen zu besorgen, Pizza oder so, weil die Kinder quengelig werden und es langsam auf halb zwei zugeht, da wollten wir längst beim Chinesen sitzen und einen Pflaumenwein auf den Handel trinken mit den Hamburgern, die hatten das vorgeschlagen, sie wollten uns einladen und noch ein paar organisatorische Sachen besprechen, Fristen, Möbel, Gewährleistung, drei Bauersleute in Anzügen werden vorgelassen, den einen kenn ich, das ist der Pfunder Moritz, ein entfernter Cousin oder Großneffe vom Ottmar, wenn ich mich nicht irre, der fährt immer die Loipen nach mit dem Gemeindepflug, den hab ich mal gebeten, uns die Einfahrt ein Stück freizuräumen, dass wir wenigstens das Auto in Sicherheit bringen können, da waren wir kurz vor Weihnachten bei Tiefschnee angekommen, Dreimeterwälle vor den Haustüren, wo es Lawinen vom Dach geweht hatte, der Pflug bog gerade unten am Weiher auf die Hauptstraße ab, ich im Spurt hinterher, in Turnschuhen durch die Dunkelheit über die gefrorene Fahrbahn, da ich als Frau viel bessere Chancen hab bei den Käuzen, während der Franz versucht hat, sich von Hand durch die Schneemassen hinterm Haus einen Durchschlupf zum Schlüsselloch freizuschaufeln. Es lief darauf hinaus, dass uns dem Ottmar sein Großneffe mit seiner Höllenmaschine nicht nur die komplette Einfahrt bis zur Garage hoch räumte, sondern auch noch mit Spitzhacke und Schaufel eineinhalb Stunden lang half, die Berge vor den Türen abzutragen, vorne und hinten, sonst wären wir wohl erfroren oder verzweifelt zurückgefahren nach Berlin in unseren Turnschuhen.

Gegen halb drei kommt der Notar aus der Mittagspause zurück, er wirft uns einen fragenden Blick zu, er lacht nicht, als ich versuche, Franzens Benehmen durch den Kakao zu ziehen, den Hamburgern ist inzwischen auch der Humor vergangen, der Notar sagt, dass er kurz nach drei einen Außentermin habe, er wisse nicht, wie lange das daure, er könne nicht sagen, ob er uns vor Feierabend noch dazwischenkriege, die Hamburgerin verweist auf ihre von weither angereisten Kinder, der Notar schüttelt den Kopf, sagt, Was soll ich machen, an mir liegt es itte, tuschelt mit seiner Sprechstundenhilfe, sie reden über Termine am nächsten Tag, der Notar verschwindet in seinem Büro, Carlo kommt vom Klo, er hat da drin heimlich das Fenster geöffnet, um einen Joint zu rauchen, jetzt kriege er es nicht mehr zu, raunt er mir zu, Shit, ich muss mich schon ziemlich konzentrieren, um nicht im

Stehen einzuschlafen, die Kinder liegen im Schoß ihrer Mutter, der Bub hat seinen Daumen im Mund, das Mädchen zupft an seinen Ponyhaaren und erzählt seiner Mutter irgendwas von den Brüdern einer Mitschülerin, um zehn nach drei steht plötzlich der Ottmar vor uns, den Elfmederjohnny im Schlepptau, er sagt, der Franz habe sich auf der Fahrt vom Zürcher Flughafen, wo ihn der Ottmar abgeholt habe, dreimal übergeben, der Franz sitze unten im Auto, der habe ihn hochgeschickt, um zu schauen, ob er überhaupt noch raufkommen muss, anrufen habe der Franz nicht wollen, die Hamburger alarmieren die Sekretärin, in die Kinder kommt Leben, der Bub fährt auf und lässt seinen Daumen fallen, die Sekretärin betätigt die Freisprechanlage, der Ottmar guckt mich erschrocken an und sagt, Du bisch auch ganz grün im Gesicht, die Jakobsmuscheln, denke ich und entschuldige mich sehr kurz und treffe zum Glück die Kloschüssel und nur ein ganz bisschen den Rand von der Brille, die frische Luft im WC tut gut, aber etwas schwindelig ist mir immer noch. Als ich zurück in den Flur schleiche, steht der Franz vor mir und sieht aus wie ich als Zombie, er trägt eine Hose vom Ottmar, die ihm etwas zu kurz und um die Hüften zu weit ist, ein blauweißgestreiftes Hemd vom Ottmar, weil er seine Sachen vermutlich vollgekotzt hat, und sein James-Bond-Jackett mit nassen Flecken am Ärmel, der Ottmar gibt sich redlich Mühe, die Situation zu entspannen, der Elfmederjohnny legt den Hamburgern wie versprochen einen handgeschriebenen Kostenvoranschlag für die Verwandlung der Räucherkammer ins Luxusbad vor, die Hamburger blühen auf, der Bub fängt an, mit den Kugelschreibern des Notars Fußball zu spielen, bis ihn der Freund seiner Mutter am Arm packt, ein kurzes Gezeter, bis die Mutter eingreift und ihren Sohn auf den Schoß nimmt und ihren Freund verdammt vorwurfsvoll anguckt.

Der Franz und mein Lover haben sich dagegen glaub ich noch keines Blickes gewürdigt, wieso auch, Carlo steht weit abseits von uns in der Nähe der Sekretärin, die hin und wieder zu ihm aufsieht wie so eine Vorzimmerdame aus der Seifenoper, wenn eine Gauloiseswerbung reinkommt und erklärt, Anspruch auf das Erbe zu haben, der Notar kommt im Mantel aus seinem Büro, einen Koffer unterm Arm wie zur Verteidigung, er nickt uns bierernst zu, registriert, dass wir mehr als einer sind, verspricht sich zu beeilen, ist aus der Tür, bevor irgendwer widersprechen kann.

Der Franz schüttelt endlich den Hamburgern die Hände und bittet wortkarg um Entschuldigung, der Ottmar und der Elfmederjohnny bestreiten sämtliche Unterhaltung inklusive der Instruktionen für die Sekretärin, die mit dem Ottmar seiner Frau in die Grundschule gegangen isch, und die bitte den Chef auf seinem Außentermin anrufen soll und ihm sage soll, dass des hier dringend sei, dass des Vorrang habe, die Leute seien ekschdra aus Hamburg und aus der Hauptstadt eingefloge und müschte heut Abend noch zruck, und für eine Magenverstimmung könne ja keiner was, bis der Ottmar sich abrupt zu mir umdreht, just in dem Moment, wo dem Franz sein einer Finger wie zufällig meine Handaußenseite gestreift hat, und ich denke, der Ottmar hat das im Augenwinkel mitbekommen, der hat seine Augen und Ohren ja allerorts, und der Ottmar zeigt auf mich, reckt den Hals, lacht taha und ruft, Jetzt weiß ich, woran du mich erinnersch, ich sähe aus wie die Regina an dem Tag, als sie ihm gesagt habe, dass sie ihr erschdes Kind erwarteten.

Einen Moment lang sagt keiner was, alle gucken mich an, der Nachwuchs glotzt auf meinen Bauch, als wäre der neuerdings ausgebeult, wie gesagt, keiner sagt was, mir ist das ziemlich peinlich, ich denke, ich werde mal wieder purpurrot mit weißen Flecken wie das Feuerzeug, das immer noch oben auf dem Berg in der Hauseinfahrt liegt, der Ottmar merkt jetzt erst, wo rein er uns geritten hat, und faselt lauter wirres Zeug von der Geburt seines Ersten, wie er da mit in den Kreissaal musste, weil die Regina es so gewollt habe, weil die Regina nun mal zu Hause bei ihm die Hosen anhabe, die andere Mutter lächelt wissend, und ihr Freund war bei der Geburt ihrer Kinder nicht dabei, der Elfmederjohnny will auf das Luxusbad zurückkommen, Carlo scharrt mit den Füßen, dem wird das jetzt doch zu bunt, und der Franz fragt dicht an meinem Ohr, obwohl er genau weiß, obwohl er doch den Beweis dreifach erbracht hat in Ottmars Auto, dass die Jakobsmuscheln schuld sind, der Franz fragt, Bist du schwanger kann das sein, und ich zucke trotzig die Schultern, als sei das das Letzte, das den Franz was anginge, der Franz packt daraufhin meinen Oberarm und drückt ihn ziemlich fest, Kann das sein, sagt er, Sag.

Der Ottmar guckt gespannt rüber, dem quellen gleich die Augen aus den Höhlen, er kommt näher, ganz nah ran, dass ich sein Aftershave riechen kann, riecht okay, Machschanteschd, sagt er, indem er das Satzende in die Höhe zwingt, und schaut mich vielsagend an, dann den Franz, dann wieder mich, er nickt eindringlich, väterlich, ritterlich, wiederholt das Mantra, Machschandteschd, schaut Zustimmung heischend zum Johnny rüber, der sich da raushalten will, zu Carlo und den anderen Fremden, wendet sich wieder an uns, lautstark und intim zugleich, Ha ja machschanteschd, wie willsch du das sunschd rausfinde.

Ich gehe tatsächlich einen Test machen beziehungsweise wir, der Franz kommt mit, genauer gesagt ist es der Franz, der mich zur Apotheke schleift und dann zum Drogeriemarkt, weil wir, wie er meint, jetzt mindestens eine Stunde Zeit haben und er sichergehen wolle, Was sollen wir hier rumhocken und Däumchen drehen, hat er die anderen gefragt, während Die Zwei Atomkraftwerke den Betrieb aufnahmen, Carlo hat er der Einfachheit halber weiter ignoriert, Carlo ihn jetzt aber nicht mehr, wie der Franz beim Notar die Tür aufgerissen hat und mich ins Treppenhaus schob und fast die Treppe runterschubste mit seinem Elan, da hat Carlo erst ihm und dann mir so einen Blick zugeworfen, eine Mischung aus Verwunderung, Bewunderung und ja, mh pardon, Mitleid vermutlich. Und ein wenig Amüsement, kein Wunder, Carlo war, glaub ich, ziemlich bekifft.

Der Franz kauft vier verschiedene Schwangerschaftstestpäckchen, als ich damit beim Notar klingeln will, packt er mich wieder so viel zu fest am Oberarm und zerrt mich weiter, was weh tut, sehrsehr spinnst du Franz, denn die Wirkung der Schmerztabletten hat längst nachgelassen, der Franz steuert mich quer durch die Fußgängerzone bis runter an den Rhein, den ein trister Fußweg säumt, hier und da eine Bank, ein paar Büsche, in die manövriert mich der Franz und wendet sich ab und sagt, Los, aber ich kann mich schlecht bücken wegen des Rückens, der Franz muss mich festhalten, das hätte er sich im Traum nicht träumen lassen, dass er mal mit seiner Frau und Ex am Vater Rhein in einem Gebüsch hockt und ihr hilft, auf den Teststreifen zu zielen.

EENE MEENE MUH

Ich höre Elisabeth über uns leise fluchen, Mann autsch, weil sie die Streben des angebauten Balkons nicht von den Zwischenräumen unterscheiden kann, in denen es sich leicht mit den Blockabsätzen verhakt, Susa gibt ihr aus dem Hintergrund Tipps, dass sie sich zum Beispiel einfach am Geländer entlanghangeln soll, kein Gewicht auf die Fersen undsoweiter, Elisabeth hat aber keine Lust auf wohlmeinende Ratschläge, schon gar nicht von Susa, dabei sah es zunächst so aus, als habe Susa die Arschkarte gezogen, tja, wie das Leben so spielt, Elisabeth nämlich trägt das rosafarbene Minikleid mit Nietengürtel, Plüschärmeln, ausgestelltem Rockteil und weißem Gouvernantenschürzchen, nicht Susa, dazu schwarze Netzstrapse, Schnürstiefel bis zum Knie, Elisabeths Haare sind zu dicken langen Zöpfen geflochten, Schleifen an den Enden, die farblich perfekt zu denen an den Strumpfhaltern passen und zu Susas CindyausMarzahndress, tja, das sollte eine Überraschung sein, ist bloß nicht zu sehen, weil sich die Dämmerung wie gesagt längst in tiefschwarze Nacht verwandelt hat, wir sind so was von im Verzug, es ist weit nach elf, endlich, da, ich erkenne wieder Elisabeths Schemen über der Brüstung, puh na endlich, dann los, jetzt du, aber der Kerl vor mir rührt sich nicht, ich tippe ihm sachte auf die Schulter, der macht keine Anstalten, die Kellertreppe hochzueilen, am Ende ist er unter dem schwarzen Schal eingepennt, sähe dem Franz ähnlich, ich knuffe ihn in die Rippen, He, jault er, Was denn, und ich flüster, Du bist dran, und er zischt, Ja ja verdammt, und Elisabeth wiederholt leicht entnervt, Nur weiß ich nicht, warum Sie stottern, und dann langsam und überdeutlich, Ist Ihre Phantasie von Gicht geplagt, und ich flüster, Frahanz dein Einsatz, und will schon der Elisabeth ein Zeichen geben, einfach darüber hinwegzuspielen, aber die Frieda kommt mit ihrem Textbuch auf die Terrasse runtergelaufen und sagt, Also bei Nacht kann ich it mehr lese, beim beschde Wille it, und ich nochmal, Du bist dran, Franz, und die Susa drängt sich neben die Elisabeth an die Balustrade in ihrem Neonanzug und flüstert dem Franz vor, So geht's nicht, wart, ich selbst, und der Franz murrt, Nee danke, und ruft so laut, dass es alle hören können bis rauf zum Unterstand der Ziegen, So lang ihr kein Licht macht, geht hier gar nix, ich brech mir doch nicht freiwillig die Haxen, woraufhin ein allgemeines Be- und Entschuldigen ausbricht, wer jetzt auf wessen Zeichen nicht reagiert hat, ungefähr zum dritten Mal an diesem Abend, toi toi toi, Zeter und Mordio, bis ich raufhaste in die Einfahrt ans Pult unseres Oberbeleuchters und Soundmixers Ottmar, und dort niemanden vorfinde, jedenfalls den Ottmar nicht, weil der laut Aussage vom Hubert aufs Klo isch, weil der wohl dachte, er sei erschd in einer halben bis Dreiviertelstunde wieder dran, ich schieb also ein paar Regler rauf und rüber, bis wir etwas Licht haben, trete vor in einen Kegel, lade vorsichtshalber die Schuld auf mich, damit alle mal die Klappe halten, und schlage gerade vor, an welcher Stelle wir nochmal einsetzen, da erschallt von fern, genauer gesagt vom Himbeerbusch oben auf der Kuppe, das Trompetensignal, und die Gascogner Kadetten alias die Frommholzer Blaskapelle in umgenähten Uniformen der Fuchsberger Freiwilligen Feuerwehr rücken über den Hügelkamm vor mit Schlachtmusik, die Instrumente vor den Bauch geschnallt, allen voran Manfred mit der Tuba, und stürmen alles übertönend durch Düsternis und Kuhkacke auf die Zuschauertribüne zu, was ihnen vermutlich nicht klar ist, da, wie gesagt, kaum Licht ist und die Podeste heute Abend während des zweiten Aktes erst aufgebaut wurden.

Zum Glück ist das Spektakel, dem Sie soeben beiwohnen, nur die Generalprobe, und es bringt gemeinhin Glück, wenn bei der Generalprobe einiges in die Hose geht, andererseits ist heute Abend bis jetzt so gut wie gar nichts nicht schiefgegangen, was mir schon zu denken gibt, auch wenn ich einen erstaunlich kühlen Kopf bewahre, kommt nämlich erschwerend hinzu, dass die Proben der letzten zwei Tage wahrlich nicht im Geringsten als Hauptproben gezählt werden können, Durchläufe mit Technik inklusive von wegen da lachen ja die Hühner. Einen Teil der Geräte wie HMI-Scheinwerfer, Nebelmaschinen, echte Kutsche mit lebendigen Pferden undsoweiter kriegten wir erst im letzten Moment gesponsert und bekommen wir entsprechend spät geliefert, genauer gesagt heute Morgen oder mit ein bisschen Glück morgen Mittag wenige Minuten vor der Technischen Einrichtung, dafür gratis dank Bernds genialer PR-Arbeit, ich sag ja, manchmal taugt der Junge zu was, zweitens hat Susa, die ursprünglich die Roxane spielen sollte und schon vor Wochen entsprechend angekündigt wurde in der Regionalpresse, dank Bernd, dann aber von der Seifenopernproduktionsfirma nicht genügend Tage zum Proben freibekommen hat, und hat sich aber auch nicht getraut, komplett abzusagen, insbesondere mir nicht, weil ich ja nun mal schwanger bin und mich nicht allzu sehr aufregen soll unter den Umständen, und sich aus ebendem Grund von Bernd hat breitschlagen lassen, die Dienerin von Roxane zu spielen, was sie insgeheim total ankotzt, ehrlich mal, wozu wird man Fernsehstern, wenn man bei den Lowlowlownononobudgettheaterproduktionen der Freunde nicht die Hauptrollen abgreift, Susa also hat allein schon mit ihrer Ankunft auf dem Berg für ziemlichen Wirbel gesorgt und uns dadurch im Endspurt die arme Elisabeth verunsichert, die doch schon vor Probenbeginn mit den Nerven runter war, unter anderem weil sie sich mit ihrem Babysitter überworfen hatte, diese Berliner Biologiestudentinnen aber auch mit ihren Honorarvorstellungen, die hielt sich wohl für unentbehrlich, tjaha weit gefehlt bei einem Trotzkopf wie Elisabeth, bloß stand die kürzlich verwitwete und schon seit längerem arbeitslose Theaterdiva plötzlich mit unbetreuten zweijährigen Zwillingen in der Hofeinfahrt, wäre die Frieda nicht eingesprungen, ich weiß wirklich nicht, die Frieda war bis jetzt insgesamt der rettende Engel, in mehrerlei Hinsicht, auch wenn sie natürlich keine Zeit mehr hatte, sich, wie ursprünglich eingeteilt, neben dem Soufflieren um das leibliche Wohl der Mannschaft zu kümmern, das mussten wir vorerst haken, in den ersten Tagen gab es morgens, mittags und tief in der Nacht nach den Proben unsere berühmten Speckbrote, und die Regina hat mir ab und zu ein Stück Apfel oder Gurke in den Mund geschoben als Vitaminzufuhr für den Kleinen. Dass es ein Er wird, ist längst beschlossene Sache, im anfänglichen Enthusiasmus haben die Schauspieler mit dem Elfmederjohnny nachher das Geschirr weggespült, also die Holzbrettchen und die Messer, sowas funktioniert freilich nicht über Wochen, eines Tages braucht der Mensch wieder etwas Warmes in den Bauch, und schließlich vergeht ihm die Lust, nachts um halb zwei noch das Geschirrhandtuch zu schwingen, wo war ich stehengeblieben, Elisabeth ist Cyranos Cousine Roxane, die naturschöne Susa stiehlt ihr als Dienerin noch im grässlichsten Jogginganzug die Schau, erst recht seit ich Susa gebeten habe, ihren Part auf Schwäbisch zu liefern, ein altbewährtes Heilmittel zur Auflockerung, wenn gar nix mehr geht, Spiels mal in deinem Heimatdialekt, normalerweise würd ich ihr das jetzt langsam, aber sicher wieder austreiben, aber langsam ist nicht, weil morgen Abend Premiere ist, außerdem hat Susa bei den Jungs von der Blasmusik derart gepunktet mit ihren schwäbischen Einwürfen, nicht zu vergessen, wir spielen eine Komödie, dass ich eher versucht bin, ihr zu erlauben, hin und wieder an der Rampe beziehungsweise an der Stufe zum ehemaligen Gemüsebeet während der Umbaupausen nach Lust und Laune zu extemporieren, bis zu diesem Umschwung hatte sie allerdings mit ihrer Suche nach der Figur dermaßen den Betrieb aufgehalten, dass wir fast nicht registriert haben, wow, jetzt red ich schon von mir und meinem Bauch in der ersten Plural, dass also unserem korpulenten Hauptdarsteller, dem zumindest in Theaterkreisen einigermaßen berühmten Herrn Soundso, dermaßen der Hals schwoll, dass er nicht mehr sprechen konnte, gestern vor der Probe hab ich ihn eigenhändig zum Doktor chauffiert, nur um mir von diesem Blödmann von Landarzt anzuhören, dass der Herr Soundso die nächsten vier Tage kein Wort sprechen dürfe und die darauffolgenden zwei Wochen nur mit Fenchelhonig auf den Stimmbändern rausgehen, wenn ihm sein Organ lieb sei und sein Beruf etwas bedeutete. Im Nachhinein bin ich mir ziemlich sicher, dass unseren verehrten Hauptdarsteller völlig zu Recht die Panik gepackt hat angesichts der Probensituation, meiner komischen Gelassenheit und Ottmars Sprüchen ständig, dass sell und sell und sell gar kei Problem si.

Standen wir mir nichts, dir nichts ohne Cyrano da, keine Ahnung, ob Ihnen das Stück was sagt, jedenfalls macht es überhaupt keinen Sinn, unserem hochbegabten, stumm-gestellten Hauptdarsteller eine Fremdstimme zu verleihen, wie sie das am Theater heutzutage halten in ähnlich dramati-schen Fällen, da steht dann ein Schauspieler am Bühnenrand und spricht synchron zu den Gesten des stimmkranken Kol-legen ins Mikro, grundsätzlich mag ich solche Effekte sogar, na klar, schicke Sache, nur beim Cyrano de Bergerac, da macht es keinen Sinn, wahrlich nicht, da kommt uns das Publikum komplett durcheinander, ehrlich, das funktioniert nicht, wir sind am Arsch, wenn Bernd nicht binnen weniger Stunden Ersatz rankarrt, einen Darsteller, der mit der Rolle vertraut ist und zufällig Lust hat, hier ab morgen für kaum ein Geld mitzuspielen, bis dahin läuft der Franz die Stationen mit dem Textbuch im Arm ab und liefert den Kollegen ihre Stichworte. Vorausgesetzt, er hat genug Licht zum Lesen.

Bevor wir nun die Koreanerin mit zwei Taschenlampen be-waffnet den Hang hinaufschicken, um unsere kriegerischen Blechbläser, die mit körperlichem Einsatz der Susa um die Wette imponieren wollen, vor den Holzpodesten und dem Stahlgestänge zu warnen, sollten wir womöglich klären, was in der Zwischenzeit geschah, Susa und Elisabeth löchern mich nämlich auch schon abwechselnd in jeder freien Minu-te und Mittagspause und Kaffeepause und Zigarettenpause und Denkpause, wie das komme, dass der Franz und ich wieder ein Paar seien, Wie kannst du dem Mann vertrauen, will die Susa wissen, Woher nimmst du die Sicherheit, dass der nicht sofort ins nächste Loch stürzt, wenn ihr demnächst zu dritt seid oder die seine Comicserie absetzen.

Am Tag des Notartermins war ich ungefähr in der neunten Woche schwanger, der Ottmar hatte es prophezeit, drei von vier Tests im Busch belegten es, ich hatte zu null Prozent damit gerechnet, obwohl ich mir so was in der Art jahrelang gewünscht hatte, und zwar wie. Im Gegensatz zum Franz. Und ja, entsprechend Friedas Vermutung war diese Disharmonie in existentiellen Fragen schließlich zumindest mit ein Grund gewesen dafür, dass ich mir die Trennung vom Franz einigermaßen hübschreden konnte, auch wenn mein hübscher neuer Gefährte nicht gerade die Sorte Mann war, mit der du dir vorstellst, an Franzens statt eine Familie zu eröffnen, Hereinspaziert les enfants, welches Pillchen hättet ihr denn gerne, von den blauen, mais bien sûr kein Thema.

So. Dem Franz war umgehend klar, wo der Hase läuft beziehungsweise wessen Sperma sich in meine Eierstöcke verlaufen hatte, nämlich seins, was auch mir nach reiflicher Überlegung, wieder und wieder, am ultrawahrscheinlichsten vorkommt, der Carlo hat nämlich bei aller entfachten Leidenschaft immerzu vorbildlich auf das Verhüten von Konsequenzen geachtet, im Gegensatz zu mir, ich hatte sträflich die Nase voll davon, war auch nicht besonders in Übung in derlei Anwendungen, schon gar nicht in Kombination mit mittelweichen Drogen, wenn du mich fragst, an jenem Abend oder Morgen in Frommholz ist es geschehen, was ist schon dabei, da wir zur Tatzeit von Rechts wegen verheiratet waren, der Franz und ich.

Eene meene muh und aus war Carlo, das ging sehr flott, und zwar folgendermaßen, der Franz half mir nicht nur widerstrebend beim Pinkeln und danach in die Hosen und wieder aus den Hosen, als die Luft rein war, für den nächsten Test, weil ich es nicht glauben konnte und der Franz ganz und gar sichergehen wollte, mein lieber Sohn, nur zu deiner Information, Ähnlichkeiten mit den deine Winzigkeit betreffenden Fakten sind, wie soll ich sagen, rein zufällig und nicht beabsichtigt, gib einen Scheiß drauf, not a dime, wie dein bekloppter Onkel zweiten Grades Bernd sagen würde, Schau zum Beispiel, kein Mensch pinkelt dir vier Schwangerschaftsteststreifen nacheinander voll, das ist total übertrieben, wo gibt's denn so was, ich kann jedenfalls nicht nach Belieben pullern im Stop und Go, du etwa. Siehste. Um der Glaubwürdigkeit willen hab ich immerhin einen Test negativ ausfallen lassen, das war der, bei dem ich ums Verrecken nicht mehr genug Urin zusammengetröpfelt hab, der Franz wollte schon losrennen zum nächsten Supermarkt, Wasser kaufen oder Limonade, Oder hast du Lust auf Sojamilch oder irgendwas anderes perverses Ekliges, und noch eine Ladung Tests, diesmal auch von den billigen welche, aber ich hab den Kopf geschüttelt und gesagt, ich könne im Moment nichts zu mir nehmen, und hab mich zur Bekräftigung über zwei der Streifen am Boden übergeben.

Den ersten hatte ich wohlweislich in der Hosentasche verstaut, warts ab, den klebe ich dir in dein Fotoalbum, mein Sohn, mein kleiner Hosenmatzelschatz, der noch nicht mal die Größe eines Gummibärchens hatte zu dem Zeitpunkt, ja, warte, und dann hab ich mir eine Bank gesucht, um aufs Wasser zu schauen, den Allvater Rhein, und nachzudenken.

Ich habe sehrsehr viel nachgedacht und wurde immer konfuser davon, dann habe ich aufgehört zu denken, weil ich kotzen musste, ja so war das, dann hab ich zum Franz gesagt, er dürfe jetzt wieder sprechen, wenns sein müsse, und Die Zwei Atomkraftwerke haben wie so oft viel zu viel Energie vergeudet, völlig umsonst, denn ich hab doch gar nicht richtig hingehört, ich hab sozusagen nach innen gelauscht, mir war seltsam zumute, selig zugleich und ein bisschen elend, und mit einem Mal war ich ganz sicher, wo ich hingehöre beziehungsweise wir.

Nämlich nach Frommholz. Mein erster mitteilungsbedürftiger Gedanke nach all dem Gepuller war daher, dass wir ganz schnell den Handel absagen müssen, komme, was da wolle, jetzt hab ich mal zur Abwechslung den Franz am Ärmel gezupft und zum Notar manövriert, die Hamburger waren entsprechend sauer, aber zugleich auch ein wenig gerührt, sie jedenfalls, die toughe Nudel, schließlich hat sie auch eines schönen Tages vor ein paar Jahren erfahren, dass da in ihrem Innern was sprießt, was später mal nicht sie persönlich sein würde, sondern ihre Große, und dann, ein paar Jahre drauf, gleich nochmal was Kleines, der Bub, sodann hat sie sich von ihrem Mann getrennt oder umgekehrt, und ihren Freund kennengelernt, den mit dem Zopf und den Sandalen, der sich mit den Sprösslingen zu arrangieren versucht. Die Frau wünschte mir zum Abschied Glück und alles Gute und eine schöne Schwangerschaft pe pe, ihr Freund hatte Mühe, seinen Ärger zu verbergen, was natürlich auch daran liegen mochte, dass er in Gedanken bereits am Steuer saß auf der vollkommen überflüssigen Rückfahrt längs durch die Republik, mit zwei Gören im Heck, von denen immerzu eines mörderisch Hunger hat, während das andere sich nicht anschnallen will und damit droht, gleich in den Kofferraum zu kacken, und zwar was für einen Haufen, so einen dermaßen gigantisch großen dampfenden Kackhaufen wie bei Pampels Musen, seinem Lieblingscomix, mindestens mit einem Durchmesser von vier Metern, das kannst du dir gar nicht vorstellen, Freund seiner Mama.

Dann war da noch das Problem mit Carlo und Carlos Langsamkeit, sprich, ich weiß nicht, ab welchem Zeitpunkt bis zu Carlos Gehirn durchgesickert ist, dass seine Liebschaft véritablement ein Kind erwartete, Carlo hatte sich, glaub ich, in den paar Stunden beim Notar so zugedröhnt wie selten zuvor und niemals hernach, rien ne va plus, Kleinstädte haben bekanntlich weit gefährlichere Nebenwirkungen als Dörfer, Wiesen oder der Wald. Bei eingefleischten Stadtneurotikern wirken Kleinstädte schon in geringen Dosen verheerend, Carlo lehnte mit aufgerissenen Augen an der Wand im Wartezimmer und guckte durch uns durch, der Einfachheit halber der Wirklichkeit entronnen, vielleicht wollte er auch den Blick aus dem Klofenster vergessen, die dicht gedrängten Dächer der zwei bis dreistöckigen Häuser aus den Fünfziger Jahren zwischen Fluss und überfüllter Hauptverkehrsader.

Ich wäre sie am liebsten los gewesen, beide auf einen Schlag, Carlo und auch den Franz, um erneut nachzudenken, aber Carlo hatte den Wagen, und der Franz war ungefähr so anhänglich wie Corinnas letzter Dackel, nicht Doktor Schiwago, der überübernächste, so ein klitzekleiner, den du in der Clutchbag oder deiner Zigarettenschachtel transportieren kannst, ohne Scheiß, unglaublich winzig, das Vieh, kleiner als ihre Katzenjüngsten und so was von verschossen in Corinna und ihre Stiefeletten, aber bleiben wir bitte schön bei den Tatsachen, die da wären, der Franz hat uns in Carlos geliehenem Chevrolet zurück nach Frommholz gefahren, das Fliegenpilzfeuerzeug war wie vom Erdboden verschluckt, ich tippe auf Schulkinder, die Küche muffelte immer noch nach Siewissenschon, der Franz wollte sofort mit scharfen Sachen ran, aber ich hab das verboten, weil das unschuldige Wesen in mir drin keine giftigen Dämpfe ver-

trage, klar klar, wer weiß, ob sich bei dem grade die Lungen-
flügel ausbildeten, Carlo hat sich in sage und schreibe Dem
Kinderzimmer in Franzens altem Schaukelstuhl aufs Ohr
gelegt, rücksichtsvoll, als hätten wir nicht die Nacht zuvor
gezwungenermaßen zusammen im Billigehebett verbracht.

Achso, der Ottmar hatte angeboten, uns mitzunehmen nach
Frommholz beziehungsweise uns heimzubringen, den Franz
und mich, das Wort Heim hat er sich genüsslich auf der
Zunge zergehen lassen, fast schon schadenfroh, als habe er
mit dem Bauernhof ein geheimes Abkommen laufen, Ich
kann euch schon mit haaaiiimnähme, sell isch gar kei Problem, aber dann hätten wir Carlo allein mit dem Chevy nach
Berlin schicken müssen, in seinem Zustand keine brillante
Idee, auch wenn ihm das nichts ausgemacht hätte, am Ende
wäre er am Ufer des Mittelmeers gelandet im Gegensatz zu
uns damals vor vielen Jahren an jenem verheißungsvollen
Nachmittag, hätte die Fähre nach Korsika genommen, ohne
seiner Mutter Bescheid zu geben, hätte wie sein Bruder
keinen Fuß mehr aufs Festland gesetzt, und die Pakete mit
den Zigarettenstangen stapeln sich vor seiner Wohnungstür
in Berlin.

MÉNAGE À TROIS

Carlo schlief sechzehn Stunden am Stück, der Franz ist ohne seine Erlaubnis mit dem Chevy zu Lidl gefahren, typisch Franz, aber wehe, jemand leiht sich unsere olle Berliner Kutsche aus, ohne zu fragen, weh dem, der Franz hat die gesamte Rückbank des Chevy vollgekauft mit Lebensmitteln, als wollte er wochenlang eine ganze Kompanie durchfüttern, wir waren alle nicht besonders hungrig, ich schon gar nicht, er hat halt wieder maßlos übertrieben, hat dermaßen den jovialen Hausherrn und werdenden Vater raushängen lassen, dass Carlo im Traum nicht auf dubiose Gedanken gekommen wäre, nur dass Carlo die markantesten Auftritte schlicht verpennt hat, der Franz hat nämlich nicht nur Spaghetti Bolognese gekocht, er hat sich freiwillig erboten, mich auf meinem ersten Waldspaziergang als Muttertier zu begleiten, was heißt erboten, aufdringlich bis zum Gehtnichtmehr war der, kein Wort vom Rasenmähen oder Osthangsensen, dabei wäre ich an dem Tag ausnehmend gern alleine losmarschiert.

Ich war heilfroh, als ich am nächsten Morgen aufwachte und die andere Bettseite leer vorfand, von draußen plong plong plong, auch Pingpong genannt, das Geräusch des weißen Balles auf der Tischtennisplatte, die die Männer aufgebaut hatten, von da an spielten sie pausenlos, ein Match jagt das nächste, um die Ehre oder etwas Ähnliches, was Männer halt so machen, sie kämpften bis zur totalen Erschöpfung, wenn er gewonnen hatte, ließ der Franz Carlo den Vortritt unter der Dusche, wenn nicht, ließ er das Duschen ausfallen, zum Essen schauten wir Franzens alte Videos, damit wir uns nicht unterhalten mussten, keiner machte Anstalten, das Feld zu räumen, vor dem Schlafengehen saßen wir manchmal noch eine halbe Stunde zu dritt auf der Bank vor dem Haus, dachten uns Namen für die Mitglieder der Igelfamilie aus, reichten eine von Carlos Tüten rum, ich musste passen, logisch, und zählten Sternschnuppen, das ging etwa zweieinhalb Tage so.

Ich redete in der Zeit eine Menge mit dem Haus, drinnen, wenn ich nicht grade spazieren war oder nach den ersten Fußtritten tastete, die noch Monate auf sich würden warten lassen, das Gekicher in der Vorratskammer hatte aufgehört, ich kann mir das auch wirklich eingebildet haben, schon klar, bei Schwangeren gehören Wahrnehmungsstörungen bekanntlich zum gutem Ton, der Riss neben der Treppe klaffte allerdings inzwischen so ungeniert weit auf, dass man vom Erdgeschoss aus durch zwei übereinanderliegende Spalten bis hoch ins Dachgebälk lugen konnte, einmal sah mich der Franz da stehen, raufglotzen und Sachen murmeln, als ich ihm bei der Gelegenheit den Effekt vorführte, und auch noch die Sonne schien und dadurch der eine von den vier Glasziegeln auf unserem Dach durch den Riss blitzte wie eine Erleuchtung, da hat der Franz endlich zugegeben, dass das Haus in Bewegung ist, dass es aus den Fugen war, womöglich kippte, dass wir es stützen mussten und dass es sich hierbei nicht um eine meiner verstiegenen Theorien handelte, verdammt, das hat mich schon sehr für ihn eingenommen, für den Franz, das war eine ganz neue Seite.

Carlo ist nicht einmal spazieren gewesen die ganze Zeit, er war nur draußen zum Tischtennisspielen, sonst lag er auf seinem improvisierten Bett vor dem Fernseher und machte sich über die Bildqualität von Franzens antiquarischen Videokassetten lustig, am dritten Tag hat Carlo gefragt, ob wir mitfahren wollten, er müsse zurück nach Berlin für einen Gig, bis dahin hatten wir die Stadt und den Ernst des Lebens erfolgreich ausgeblendet, der Franz antwortete kurzerhand in meinem Namen, dass wir hierbleiben wollten, in der Wildnis, er und ich, dass wir uns über ein paar Dinge klarwerden müssten, zum Abschied spielten die Jungs eine letzte Partie Tischtennis, ausgelassener denn je, als wäre beiden durch die bevorstehende Abreise Carlos eine Last von den Schultern genommen, sie versuchten, mich zu einer Runde Rundlauf zu überreden, aber ich hatte Sorge, mir den Bauch an den Kanten der Tischtennisplatte zu stoßen, mächtig übertrieben, I know, aber ich hatte erst vor drei Tagen erfahren, dass da in mir was vor sich hin gärte.

Bevor er abfuhr, küsste Carlo mich auf den Mund und grinste und sagte, Alors pass auf dich auf Piccolina, und strich mir etwas unbeholfen die Härchen aus der Stirn wie im Film die Mutti dem Kind am ersten Schultag, viel Spaß in der Höhle des Löwen, die Geste beinhaltete sein dankbares Einverständnis mit der Tatsache, dass Hosenmatzelschatz vom Franz abstammt, Carlo stieg aufs Gas, der Franz kam aus dem Haus, hob die Hand, legte den Arm um meine Schultern, merkte, wie unangebracht mir das vorkam, nahm ihn wieder weg, wieder so eine Art vom Franz, die mir in den letzten zehn, zwölf, dreizehn Jahren völlig vorenthalten worden war, nahm tatsächlich den Arm von meiner Schulter und machte eine flotte Bemerkung im Stil von, schade, dass mein Liebhaber weg sei, mit wem er jetzt Tischtennis spielen solle, wo ich mir dermaßen in die Hose machte mit meinem Heiligtum von Bauch.

Wär das Haus nicht gewesen, Frommholz mit seinen vielen Nischen der Erinnerung an unsere Zeit, pralle Sommer, schneeweiße Winter, goldener Herbst, gemeisterte Misslagen, gemeinsame Gelage vor dem Fernseher, mit seiner Ofenwärme, überhaupt seiner ganzen Menschlichkeit, ich weiß nicht, ob ich dem Franz nochmal eine Chance gegeben hätte, who the fuck knows. Da hockten wir ohne Auto mit massig Vorräten im Kühlschrank auf unserem Berg, wie vom Schicksal erfunden, Sodele bitte sehr, jetzt setzt euch mal miteinander auseinander, ihr Kampfdackel, Ottmar kam nach dem Rechten sehen, hocherfreut über Carlos Abreise, Frieda bot an, uns Sachen vom Bauernmarkt mitzubringen, Äpfel, Gemüse, oder ein paar Eier könnten wir haben von ihren Hühnern. Das ist übrigens mit das Beste an Frommholz, dass du rasant auf das Wesentliche reduziert bist, essen, trinken, ein bisschen Bewegung an der frischen Luft, und dass du ein Kind erwartest. Ich erwartete ein Kind. Du erwartest ein Kind vom Franz, korrigierten der Franz und das Haus unisono. Achso, das sollte ich nicht unterschlagen, dem Franz seine Briefe hatte ich gelesen, alle miteinander, nachmittags bei Schummerlicht im Kinderzimmer, während die Jungs draußen Tischtennis spielten, wozu hatte ich sie sonst hergeschleppt, dem Franzlfranz seine wortscheuen Briefe, plong plong plong, die er mit F unterschrieben hatte, Dein F, for ever yours F, love F, Ich liebe dich, dein F, wenn ihm da mal nur nicht mein Cousin Bernd die Feder geführt hatte, wenn wenn wenn und wenn schon. Ich liebe dich Punkt dein F Punkt.

In der Manier mehrerer Atomkraftwerke war der Franz gedanklich auch in Berlin längst wieder zu mir gezogen, er hatte seine Matratze neben meine gelegt und ein frisches Laken über beide gespannt, als hätte da nie das Gerippe frei gelegen, der Franz plante wie wild den Umbau des Wohn- und Esszimmers zum Wohn- und Kinderzimmer, er schlug mir Namen für seinen Thronfolger vor, mehrere pro Tag, alles Männervornamen, gleich der erste gefiel mir am besten, auf den wird es wohl hinauslaufen, aber er wird vor der Geburt nicht preisgegeben, und wenn die Elisabeth noch so nachhaltig bohrt.

Was stell ich mit dem Franz an, die letzten paar Seiten hat er sich ganz anständig aufgeführt, nicht wahr, männlich und sachte und ist wirklich über seinen Schatten gesprungen, zumindest was die Hilfestellung im Gebüsch und das freiwillige Kücheschrubben angeht, und seine rührende Übelkeit am Morgen des Notartermins aus telepathischer Solidarität, dazu die Briefe, die früher oder später das Gefrierfach gesprengt hätten und die ich frisch gelesen habe, die charmante Art, mittels deren er meinen Liebhaber aus dem Bauernhof vergrault hat, seine Hände sind zaghafter denn je, Franzens Hände sind nicht nur schöne starke Zeichnerhände, es sind so Hände, die gewohnt sind, sich zu nehmen, was ihnen angeblich zusteht, da wird nicht lang gefackelt, im Moment aber, da kommen die immerzu zaghaft rangetastet, im Energiesparmodus, och und da bleiben sie eben ganz unauffällig auf meinem Knie liegen, ob die Lady das gestattet, und wenn sie nicht verjagt werden, kraulen sie erst das eine Knie und dann das andere zur ausgleichenden Gerechtigkeit, ich sollte hinzufügen, dass meine Knie, auch wenn sie vielleicht nicht hernach aussehen, hocherogene Zonen beherbergen, jaha die Dinge sind nicht, was sie scheinen, so und wenn sie immer noch geduldet werden auf den

Knien, dann arbeiten sich dem Franz seine Hände jetzt Fingerbreit um Fingerbreit vor Richtung kleines Paradies, und sollte ich in dem Moment, da sie ungefähr auf Höhe von, also sagen wir mal vier, fünf Zentimeter vor dem Ziel angelangt sind auf allen Fünfen, die Beine überschlagen, dann zuckt die sonst so forsche Hand zurück und kommt wie zufällig auf meinem Bauch zu liegen, der, wie gesagt, bis heute noch nicht merklich angeschwollen ist, dann tun die Hände eine Weile sehr interessiert an meinem Innenleben, ja wer wächst denn da, kribbel krabbel, schräg seitlich runter vom Bauchnabel, das ist übrigens auch so eine Zohohoho-hooooone, mh pardon, na ja, und dann, aber erst eine Vier-telstunde später oder zwei, und wenn sie nicht gestorben sind, dann krabbeln sie noch heute Richtung bügelloser BH, das war eine meiner ersten Anschaffungen, nachdem ich erfahren hatte, wie guter Hoffnung ich war, ein ultrabeque-mer supernotsexy Büstenhalter aus dem tristesten aller Angebote in der Sportabteilung im Kaufhaus in der Kleinstadt am Rhein, was übrigens die Gelegenheit ist, noch schnell als Ablenkungsmanöver eine Lanze für Berlin zu brechen, be-züglich des Angebots an Büstenhaltern, da kann Frommholz und Umgebung zum Beispiel mitnichten mithalten, auch und vor allem nicht, wenn der statt gemütlich gar erotisch sein sollte oder wenn es etwa um spezielle Farben von Woll-knäueln geht für die selbstgestrickte Babydecke und seine erste Mütze, in Berlin, im Supermarkt um die Ecke, da kennzeichnen sie dir den rohmilchfreien Käse mit dicken Stickern für Kurzsichtige, und sie führen die kuriosesten Biotees, zu jeglicher Stimmungsschwankung einen, jedem das Seine.

Carlo war abgereist, Franz kam rangewanzt, auf Händen, ich wollte meine Ruhe haben, und Frommholz war, glaub ich, einfach nur erleichtert, eines Nachts hat es einen großen Seufzer getan, und wenn ich mich nicht irre, ich kann mich auch irren, aber wenn nicht, und der Franz empfand es ganz ähnlich, nicht so extrem wie ich, aber zugegebenermaßen ein bisschen, vielleicht wollte er aber auch nur eine schwangere Frau nicht enttäuschen, seine Frau und Exfrau und Gleichwiederfrau mit seinem Samen unter der Haut, wenn ich mich also nicht irren sollte, war der Spalt im vorderen Flur nach dieser denkwürdigen Nacht, in der nichts weiter geschehen war als ein bisschen zusammen Videogucken mit Knabberzeug vom Lidl und nachher im Bett ein harmloses Gelöffel mit der Stille aus dem offenen Fenster und ein bisschen kaltem Mondlicht an der Wand und auf Franzens Händen, knock knock, ja wer wächst denn da drin hallo hallo ist das der Hosenmatzelschatz, war wie gesagt, der Spalt geschrumpft, ein ganz klein wenig, kann doch sein, ja und nein, es ließ sich jedenfalls am nächsten Morgen nicht mehr ganz so mir nichts, dir nichts, bis zum Dachstuhl hoch sehen.

Wir lebten dort droben außerhalb der Zeit, abseits ihrer allgemeingültigen Gesetzmäßigkeit à la Erreichbarkeit und Tagespensum, Frommholzrhythmus mit leergelaufenen Handys, purer Luxus, mehrere Tage, Franz nennt es heute Wochenlang, aber es waren höchstens zwei Wochen, da würde ich nicht so großkotzig von wochenlang prahlen, einmal hatten wir über vier Stunden einen Stromausfall, so was schweißt zusammen, zweimal haben wir das Auto von der Frieda ausgeliehen, um bei Lidl Nachschub zu besorgen, und für mein Innenleben Zeug aus dem Reformhaus, auf das ich dann keinen Appetit bekam, Tofupaste und so Quatsch, über den der Franz nur gemeine Witze riss, der Franz mähte den Rasen, und ich erntete die ersten Kräuter zum Trocknen,

Minze und Majoran für die Ewigkeit to be honest, ich benutze die so gut wie nie, die stehen bloß mehr oder weniger dekorativ in dem Pfunder Eugen seinen Einmachgläsern oben auf dem Küchenschrank und zerstäuben eines Tages, wenn unsere Nachfahren die Deckel lösen.

Wir rissen jeden Tag, sobald die Sonne rauskam, sämtliche Fenster auf, damit der Frühsommer Frommholz trocknete bis auf die Unterhose, wir kümmerten uns um unser Riesenbaby und freuten uns auf den Gummibär, solange er unsichtbar war, ich ersann Um- und Ausbaupläne, falls dieses Jahr ein Honorar reinschneien sollte, endlich das Bad im ersten Stock, damit ich mit dem Baby nachts nicht die schmale Treppe würde runtermüssen, dazu ein vom Wohnbereich separates Atelier in der Scheune für den Kindsvater, damit der Franz sich zurückziehen würde können werden, solange die Mutter mit ihrem kleinen Liebling Hosenmatz Sohn ums Zähneputzen verhandeltete, wo das Haus doch so hellhörig war, oder ihm zwanzigmal dieselbe Strophe von Weißt du wie viel Sternlein stehen vorsingen würde täten, weil sie keine Zeit gefunden würde hätten, die anderen auswendig zu lernen.

Eines Nachmittags hatte ich den Elfmederjohnny zum Speckbrot geladen, um meine Hirngespinste auf die solide Grundlage seiner Preislage zu stellen, und er machte mir ein bombiges Angebot für beides inklusive, das ich mir trotzdem nicht leisten konnte, jedenfalls nicht ohne dem Franz seine Unterstützung, der Franz befand sich jedoch noch dermaßen in der Werbungsphase, sprich, der wollte mir um jeden Preis gefallen, dass er mir, statt einfach das verfluchte Geld lockerzumachen, das Lied vom werdenden Vater sang, der sich unbändig auf seinen Nachwuchs freue und schon ganz gespannt sei auf unsere Gespräche von wegen Zähneputzen und Co., ein Separée brauche der Franz nicht, der Franz mit seinem Lebenstempo war dann ja auch beinah persönlich beleidigt, dass sich mein Bauchumfang in unseren zwei gestohlenen Frommholzwochen um kein Mü veränderte, was würde der Franz erst für einen Flunsch ziehen, wenn er feststellte, wie lange so ein Werdling brauchte, um seinen ersten Zahn zu entwickeln.

Der Franz ließ sich endlich mit der Hilfe vom Elfmederjohnny breitschlagen, wenigstens bei den Kosten fürs Bad etwas zuzuschießen, der Johnny meinte, den Rest, das mit dem Extraanbau könnten wir uns den Sommer über in Ruhe durch den Kopf gehen lassen, vor dem Herbst könne er seine günstigen Arbeitskräfte sowieso it mobilisiere. Im Gehen machte der Elfmederjohnny noch so eine Randbemerkung, dass er sich ursprünglich ja den Sommer habe freihalten wollen wegen unseres Theaterspektakels, aber das wär ja abgeblasen, verständlicherweise, schad seis scho, und ich bekam gleich ein schlechtes Gewissen, weil dem Elfmederjohnny dadurch womöglich lukrativere Aufträge flöten gegangen waren als unsere lächerlichen Schrittfürschrittzimmerfürzimmerrenovierungen, aber das meinte er nicht, der Elfmederjohnny sagte, er habe im Winter ein paarmal das Stück gelesen gehabt, im Winter habe man hier oben ja reichlich Zeit für derartige Vergnügungen, ein richtig gutes Stück, sagte der Elfmederjohnny, sunschd würden ihm Theaterstücke ja schnell fade, aber unseres, der Cyrano, Hut ab vor dem Monsieur Rostand, das habe wirklich Klasse, Und Tempo, fiel ihm der Franz ins Wort, und dann standen wir wieder eine halbe Stunde lang neben dem Elfmederjohnny seinem Wagen und erzählten uns von brillanten Ideen für die Umsetzung des Bühnenstücks auf der Südterrasse, der Johnny hatte sich zum Beispiel überlegt, dass zur Balkonsszene, in der der hässliche Cyrano zum ersten Male dem feschen Christian nicht nur seine Verse, sondern auch seine Stimme leiht, um der Angebeteten zu huldigen, die echte Nacht hereingebrochen sein sollte, dass wir demnach den Vorstellungsbeginn so hätten legen sollen, dass es ab dritter Akt sechster Aufzug draußen stockdunkel war, und nicht mal das Publikum den Schwindel gleich durchschaute. Irgendwann musste der Elfmederjohnny wirklich los, trotz aller Ereiferungen, den Esel füttern, bevor der den ganzen Weiler zusammenbrüllte, er stieg ins Auto und winkte und sagte, Wir sollten uns überlegen, ob wir nicht fürs nächste Jahr nochmal so einen Antrag einreichen wollten, also er, der Elfmederjohnny, wäre auf jede Fall wieder als Bühnebildner dabei, und der Ottmar habe neulich beim Bier auch so was durchblicken lassen.

Was der Ottmar, der Elfmederjohnny und ich nicht ahnten, der Franz hatte komplett vergessen, das Projekt beim Ministerium oder der Europäischen Union abzublasen, das erklärte er mir jetzt kleinlaut und zu Recht voll der Sorge, dass ich ihn Zitat Jetzt schon wieder Zitatende mit Missachtung strafen werde, weil wir Fördergelder blockierten, die den anderen, den ernsthafteren, unzerstritteneren Kunstschaffenden beim Verwirklichen ihrer Träume, beim Austoben ihrer Ideen und LebenindieStrukturproblemzonebringen geholfen hätten, so ein Idiot, richtig peinlich war mir das, voll wütend wurde ich, da hätten wir mal wieder bis in die letzte Konsequenz bezeugt, wozu die klassische Blondine in rosa Gummistiefeln taugt, zu nichts und wieder nichts, außer dass der Mann den Kopf verliert, sich seiner Verantwortung entzieht und vergisst, der Europäischen Union abzusagen, bravo Franz, bravo bravissimo Brigitte, ich musste mir vor Ärger die Füße vertreten, sonst, sonst, ich rannte in den

Wald und war schon nach wenigen Metern völlig außer
Atem, dass mir die Lungen schmerzten, übel war mir auch,
nur ohne direkten Brechreiz, ich stapfte durch den Wald und
bog grollend bei der Gabelung mit den fünf Wegen in eine
Richtung ab, die ich noch nie zuvor genommen hatte, all die
Jahre nicht, nicht mal im Winter, wenn die Wege verdammt
schwer zu erkennen sind, und die auch nicht beschildert
war, weil es sich um gar keinen rechtmäßigen Schwarzwäl-
der Wanderweg handelte, sondern bloß um die von Wald-
arbeitsfahrzeugen plattgefahrene Verbindung zur nächsten
Holzfällerlichtung, also eine zweispurige Sackgasse, mir war
rein gar nicht nach Umkehren zumute, ich wollte weiter, lief
querwaldein, irgendwann steil den Hang runter, das beste
gegen Wut ist meiner Meinung nach sowieso SichimWald-
verirren, ich habe das öfter praktiziert und jedes Mal gute
Laune davon bekommen, klar, nachher war der Franz manchmal ein bisschen in Sorge, weil es später geworden war als
sonst, aber auch das kann einem ja Mut machen, dass da
einer ungeduldig auf einen wartet mit Spaghetti Bolognese,
und meinen roten Wangen und der damit gepaarten Fröhlichkeit, da ich taha unbeschadet wieder nach Hause zurückgefunden hatte aus dem dusteren Wald, ohne Brotkrumen
oder Wichtelmänner, konnte er nie lange böse sein.

Jedenfalls kraxelte ich an dem Nachmittag eine Böschung
voller Blaubeersträucher rauf, die mir irgendwie bekannt
vorkam, hier hatten wir öfter Pfifferlinge gesammelt, wenn
ich mich nicht irrte, der Franz und ich, dann dürfte die
Kreuzung nach Urbach nicht weit sein, doch die Kreuzung
kam nicht in Sicht, genauso wenig wie Urbach selbst zwischen all den hohen Bäumen, nicht mal irgendein Hin-
weisschild fürs Wasserschutzgebiet oder so was, ich hab nur

plötzlich in der Ferne ein Wiehern gehört und mich vorsichtshalber in die entsprechende Richtung vorgearbeitet, Sonne war nicht durch die dichten Wipfel, entsprechend schlecht war es um die Orientierung bestellt, jedoch wo Pferde sind, befinden sich meist auch Menschen in der Nähe oder von Menschen angelegte Wege, und darum frage ich mich, wie das passieren konnte, wie konnte das passieren, ohne dass ich merklich wenigstens einen dieser Wege gekreuzt hätte, es war wie verhext, mit einem Mal stand ich direkt hinter dem Alois seiner Hütte oben am Waldrand, von Pferden keine Spur, und mein Herz klopfte vor Anstrengung bis über den Hals hinaus, ich erschrak massiv, wie laut mein Herz klopfte, bin ich krank oder was, bis ich begriff, dass das gar nicht nur mein Herz war, sondern auch die Axt vom Alois, der auf der kleinen Terrasse neben dem Haus Scheite spaltete, gleich da hinter dem lose in der Verankerung schaukelnden Stück Jägerzaun und dem umgedrehten Blechzuber, keine sieben Meter von mir entfernt.

Kein Schwein konnte das vorhersehen, mich eingeschlossen zugegebenermaßen, woher auch, Hänsel und Gretel ahnten schließlich auch nicht, dass ihre Schnitzeljagd bei einem echten Lebkuchenhaus enden würde, mit Zuckerguss, Gummibärchen und Smarties dran, bloß weiß ich nicht mal, was ich jetzt hier soll oder will, hinter dem Alois seinem Haus, mit doppelt Herzklopfen, keine Spur von Lebkuchen, dem Alois seinen Ruf rehabilitieren etwa, wozu, jede Geschichte braucht einen Antagonisten, mir ist auch übrigens gar nicht nach einem Gespräch mit dem Alois zumute, außer Puste mit Dreikäsehoch im Bauch, der soll mal schön weiter sein Holz hacken und dazu rhythmisch schnaufen, der Alois, als hätte er nicht alle Tassen im Schrank oder einen Männerkopf unter dem Beil, der soll am besten bitte überhaupt gar nicht merken, dass ich mich hierher verirrt habe, in seinen Wirkungskreis, in Schussweite, wenigstens wusste ich auf einen Schlag, wo ich mich befand, ich brauchte eigentlich nur da vorne rechts am Jägerzaun entlang, ohne dass der Alois Notiz nähme, dann über zwei Kuhweiden, am Keilbach-Schmittel seinem Unterstand vorbei, noch eine Weide, und dann das felsige Stück Abhang runterkraxeln bis zum letzten Vorsprung zur Straße, das kannst du springen, null Problem, sofern du über einigermaßen haltbare Knie verfügst und, achso, keinen Hosenmatzelschatz mit dir rumträgst.

Tja. Das Leben war schon ein wenig komplizierter geworden mit so einem Mitesser in den Eingeweiden, ich jedenfalls machte mir durchaus mehr Gedanken als zuvor, wo es langging, was dem gut tat, was seiner Wirtin wohltun würde undsoweiterundsofort, auch wenn ich das dem Franz gegenüber vehement abstritt und immer möglichst die lässige Frohgemutmutti raushängen ließ, flexibel, abenteuerlustig. Oh, ich glaube, jetzt hab ich's, jetzt weiß ich, warum ich hier gelandet bin, beim Alois, mit dem vielen Herzhämmern, unschlüssig, welcher Weg wohl der beste sei, zurück ins Dickicht oder rechtsrum den Hang runter, mir sollte hier und jetzt siedendheiß bewusst werden, dass mein Leben im Begriff war, sich von Grund auf zu verändern, wie die Leute sagen, Dein Leben wird sich komplett verändern, hu hu hu, als wäre das so schrecklich ungewöhnlich, als wäre nicht eine Trennung, eine neue Arbeitsstelle, ein Umzug, oder plötzlich keine Arbeit mehr, ein neuer Partner aus Korsika oder der Verlust eines geliebten Verwandten, als wäre all das nicht auch eine Wendung in deinem Leben um hundertsechsundsiebzig Grad, wer will denn ständig so weitermachen wie bisher, wer.

Dennoch, nehmen wir mal an, ich steh da hinter dem Alois seiner Hütte und seh ihn die Axt schwingen, jedenfalls die Hälfte davon seh ich, der Teil, wo die Axt einschlägt oder wenn er sich aus dem Bild beugt, um ein neues Scheit auf den Hackklotz zu stellen oder die Hälfte vom alten, ist von der Hütte verdeckt, der dunkelbraunen, fast schwarzen Bretterwand, dem Alois sein blaukariertes Baumwollhemd ist nass in der Mitte vom Rücken, ein keilförmiger Schweißfleck bis zum Hosenbund hinunter, und der Alois seufzt jedes Mal wie beim Geschlechtsverkehr, wenn er sich nach dem Holz bückt. Ich spiele für den Bruchteil einer Sekunde mit dem Gedanken, den Alois anzusprechen, ihn in eine harmlose Plauderei über das nette Wetter zu verwickeln, unter anderem, damit ich beim nächsten Igel nicht mehr an den Alois denken muss, aber dann fällt mir ein, dass ich mich ja neuerdings für zwei fürchte, und voilà, da überlegst du dir die lächerlichsten Mutproben doppelt und dreifach, auch wenn die ganze dämonische Aura, die sich um den Alois rankt, zu hundertvierzig Prozent aus Gerüchten und bösartiger Spekulation besteht und du das ganz genau weißt, auch wenn der Alois in Wahrheit vielleicht einfach nur ein Sonderling ist, der die Einsamkeit liebt und mit Haustieren nichts anfangen kann. Wäre ich allein gewesen auf meinem Spaziergang, vielleicht hätte ich es gewagt, ehrlich, auch wenn sich das jetzt zu widersprechen scheint, es gibt solche Tage, da traust du dir alles zu, sogar ein Gespräch übers Wetter, sogar mit dem Waldschrat.

Wie würde es sich damit aber erst recht nach der Menschwerdung des Gummibären verhalten, was würde ich wagen mit einem Zwerg an der Hand, fragte ich mich mit einem Mal, allerdings ohne diese gottverdammte Panik, die dir die Leute suggerieren, sobald sie erfahren, du kriegst ein Kind, selbst Bernd, take care, baby, dein Leben ist nicht mehr dein Leben, your life won't be yours anymore, I can tell, Bernd, der, glaub ich, nur um Franz zu imponieren, zusätzlich zur Kleinfamilienvilla mit verstopftem Swimmingpool am Stadtrand ein WG-Zimmer in Kreuzberg genommen hat, falls es auf Arbeit zu spät wird, dass er da nicht jedes Mal noch eine Dreiviertelstunde rausfahren muss, mach mir doch nichts vor, Bernd, mach dir nichts vor, du erschrickst doch bloß vor dir selbst, dass es dir in deinem Haus im Speckgürtel so sehr behagt. Ich dachte schlicht, okay, mein Leben wird ein wenig anders werden, das ist okay, Moment, das ist mehr, Zentrale an Gebärmutti, das ist supergeil, wie die Koreanerin sich ausdrücken würde, juhu, yeah, nur wer weiß, dachte ich, wann ich das nächste Mal Zeit und Lust und etwas Geld und Nerven übrig haben würde, in Frommholz ein Freilufttheaterstück auf die Beine zu stellen, rechne mal, ganz sicher nicht im kommenden Jahr, wenn der Werdling noch nicht mal alle Jahreszeiten kennengelernt hat, im Jahr drauf hab ich ihn dann gerade erst an die Kita gewöhnt, auch nicht ideal, wieder einen Sommer später, da werde ich vehement ans Geldverdienen denken müssen statt ans Geldzumfensterrauswerfen, weil ich mit der Babypause doch einigermaßen in Vergessenheit geraten sein werde, Aquise Aquise Aquise, kein Grund zur Panik, wie gesagt, jedoch Anlass genug, die Konzeptionsvorschläge vom Elfmederjohnny nochmal rasch Revue passieren zu lassen.

Plötzlich hatte ich es so eilig und platzte fast vor überschüssiger Atomenergie, dass ich versehentlich quer durch dem Alois sein Grundstück gelatscht bin, wie das hier auf dem Berg üblich ist, eigentlich werden hier nur die Gemüsebeete umzäunt zum Schutz vor den Rehen, gewissermaßen Luftlinie Richtung Bushaltestelle, der Alois ist ziemlich erschrocken, zumindest hat das Gestöhne aufgehört, und er hat mir verdammt lange nachgeschaut, ich hab mich ja mehrmals umgedreht, um zu überprüfen, ob er mir hinterherkommt, als ich weit genug weg war, hab ich sogar die Hand gehoben und ihm zugewinkt, tschüs Alois, hab ich gerufen und bin in Trab verfallen, was bergab nicht empfehlenswert ist, beim letzten Stück, da an dem kleinen felsigen Abhang, hab ich mich auf allen vieren runtergehangelt und bin nur die letzten eineinhalb Meter gesprungen, da wird dem Gummibär schon nicht das Frühstück hochgekommen sein, ich bin im Laufschritt die Straße runter, am Weiher vorbei, an der Kapelle hab ich schon angefangen, dem Franz seinen Namen zu rufen, Franz, hab ich gehechelt, Franz, und ob er das Ministerium schon angerufen habe, ins Haus bin ich gestürzt, in dem Franz sein Studio, wo er am Zeichenbrett stand und eine Frau mit kurzen Haaren und Gummibär unterm T-Shirt zeichnete, sein nächster Liebesbrief, nahm ich an, Franz, hast du das Ministerium schon angerufen, und er hat mich ziemlich perplex angesehen, Welches Ministerium, Das Ministerium und die Europäische Union, hab ich gekeucht, Achso, hat der Franz gesagt und sich mit diesem typischen Pokerface abgewandt, um sich schnell eine Notlüge auszudenken, weil er das nämlich garantiert schon wieder vergessen hatte, selbst wenn sein Liebesbrief genau diese Übeltat wiedergutmachen sollte, versteh einer den Franz, aber just da bin ich ihm doch schon um den Hals gefallen, Wir machen das, hab ich geschrien, Ich muss das machen, bitte bitte, wir machen den Cyrano, ja, Franz, sag ja, wer weiß komm, sag ja, wir sagen den Europäern zu, komm wir schreiben dem Mysterium einen Brief.

So war das. Ist das Antwort genug.

HAPPY OHNE ENDE

Achtzehn Uhr vierund-
vierzig, wenn um mich herum das Chaos ausbricht, werde
ich ein Fels, ich laufe zur Hochform auf, ich bin ganz ruhig,
sogar mein Puls drosselt runter, so ein Typ bin ich, ich bin
ein Haus, ein Steinhaus, der Franz kommt schon zum dritten
Mal in Kostüm und Bademantel aus der zur Darstellergar-
derobe umfunktionierten Bauernstube geschossen, um mir
die Hölle heißzumachen, Es ist Viertel nach, wie lang willst
du die Leute noch warten lassen, was meinst du, was die für
eine beschissene Laune kriegen, wenn wir nicht sofort anfangen, hauen die Ersten wieder ab. So ein Typ ist der Franz.
Bernd hat den Franz überredet, uns wenigstens die Premiere
zu spielen, er hat auf die Schnelle keinen Ersatzmann für
unseren verstimmten Hauptdarsteller gefunden, und der
Franz war saukomisch als Cyrano während der Generalprobe, gerade, wenn er den Text nicht wusste, hat er absurdeste
Ausflüchte erfunden und das ganze Team zum Lachen gebracht, inklusive des ehemaligen Hauptdarstellers, übrigens
mit ein Grund, warum wir gestern dreieinhalb Stunden
Überlänge hatten, es ist bekanntlich jedoch ein anderes Paar
Schuhe, bei einer Generalprobe Narrenfreiheit zu genießen,
als tags drauf für den Ernstfall zu übernehmen. Ich hab dem
Franz erlaubt, auch die Premiere mit Text in der Hand zu
spielen, Wir machen vorher eine kurze Ansage wegen der

Stimmbandentzündung, kein Mensch wird an einem Text-buch Anstoß nehmen.

Aber den Franz hat nachts noch der Ehrgeiz gepackt, weil er sowieso ahnt, dass er die anderen Vorstellungen auch spielen muss, nach zwei hat der Franz sich hingehockt, da war ich noch mit dem Johnny, dem Ottmar und den frisch einge-troffenen Fünf-KW's am Probeleuchten, und hat angefan-gen, den Text zu büffeln, den er inzwischen seit vier Wochen mehrmals täglich mit anhören musste, und sich mit einem seiner wasserfesten Zeichenstifte die wichtigsten Stichworte in die Handflächen zu schreiben. Als die Koreanerin das mitbekam, hatte sie die kongeniale Eingebung, dem Franz alle freiliegenden Körperteile und das gesamte Kostüm mit Eselsbrücken und Aktanfängen vollzukritzeln, Unterarme, Fesseln, sogar das Gesicht samt Nasenfake, meinste, die bitten ihre Regisseurin mal um Erlaubnis, die beiden saßen bis ins Morgengrauen an ihren Versen, die Koreanerin steht halt auf Tattoos, was willste machen, die wurde hier jeden zweiten Tag von irgendwem auf ihre Schultern und Waden angesprochen, vor allem die Regina hat sich eingehend in-formiert, ob das nicht weh getan habe, wie viele Stunden das gedauert habe, wo man so was am besten machen lasse, ich bin mir ziemlich sicher, wenn der Wahnsinn hier überstan-den ist und die Regina mal wieder an was anderes denken darf als Kuchenbacken und Linseneintopf für dreißig Leute, dann rennt sie mir nichts, dir nichts ins nächste Tattoostu-dio, und der Ottmar und die Kinder kriegen beim Abend-essen vor Staunen den Mund nicht mehr zu.

Ich mach mir keine Sorgen um unser Publikum, dass denen fad wird oder die Geduld flöten geht, warten wir noch ein wenig, wenigstens, bis mein Bruder angekommen ist, die

Eltern sind schon da, mit ihren Freunden aus Kassel, die haben sich gleich die besten Plätze reserviert, zweites Podest, dritte Reihe, genau in der Mitte, dort hat meine Mutter auf Ottmars Anweisung hin ihren apricotfarbenen Blazer und Vaters Strickjacke über eine ganze Bierbank ausgebreitet, jetzt stehen sie mit den Kasslern und dem Ottmar an der Getränkebar unter dem Plakat mit dem Emblem der Europäischen Nation und unterhalten sich über Ottmars Knie.

DJane Corinna könnte ewig so weitermachen, sie hat sich mit ihren drei Plattenspielern und vier Kisten voller Schallplatten oben in der Scheuneneinfahrt eingenistet und beschallt die Kuhweide mit Großstadtgroove, das hat sie vor zwei Jahren für sich entdeckt, nachdem ihr die Lust am Tabledancen vergangen ist, da rückten Jüngere nach, bildschöne Frauen aus Neuseeland, die sogar Kurse in Burlesque geben, seither sammelt Corinna altes Vinyl, egal, welche Richtung, gerne auch Volksmusik, Na logisch, her damit, hat sie dem Manfred gesagt, sie wird den Sound sowieso mit ihren feinen Nadeln zum krass neuen Hörerlebnis pürieren.

Von mir aus müssen wir gar nicht spielen, Franz, ich bin rundum zufrieden, so ein Typ bin ich halt, Proben haben mich immer viel mehr inspiriert als dann die Vorstellungen, und sieh nur, die Leute plaudern so fröhlich, alle haben sich auf ihre ganz persönliche Art fein gemacht, sogar die Kinder tragen ihre liebsten Sandalen mit Nietenapplikation oder Markenturnschuhe und weiße Socken. Frieda war richtig ein bisschen sauer, dass ich sie gebeten habe, statt des rosafarbenen ein schwarzes Oberteil anzuziehen, damit sie als Souffleuse im Scheinwerferlicht nicht auffällt, dabei hatte sie sich extra eine Woche vor der Premiere eine neue Bluse zugelegt, und heute Vormittag war sie beim Friseur, schau, alle wirken sie so erwartungsfroh, fast alle, alle bis auf den Franz, die Menschen wollen einen schönen Abend miteinander verbringen, ist das nicht famos, sobald wir beginnen, werden sie zur Masse unseres Publikums verschmelzen, keiner wird sich mehr um jene Perlenkette scheren, die feschen Strähnchen, das beste Hemd, zögern wir den Beginn noch ein bisschen hinaus, wenigstens bis mein Bruder da ist, by the way ja taha darf hier in der Tat von Masse die Rede sein, Ansturm zumindest, die Premiere ist doppelt so voll, wie wir Sitzplätze haben, und die ersten vier Aufführungen sind bereits ausverkauft, wer hätte das gedacht, ich sage nur Bernd, Bernd kommt gerade gemessenen Schrittes auf mich zu, legt mir eine Hand um die Hüfte wie der Kindsvater persönlich, und raunt mir ins Ohr, Wie wärs schon mal mit ner kleinen Ansprache Cousinchen, pf, ts, chen, dabei ist der Bernd fast sieben Jahre jünger als ich oder fünf oder acht.

Aber sieh nur, Bernd, Cousinchen, wie stolz die Leute sind, noch eine Premierenkarte erwischt zu haben, wie privilegiert sie sich fühlen, erhoben, erhaben, als wäre es von Anfang an nur darum gegangen, den Hotzenwäldlern einen Anlass zu geben, sich zu treffen, nachdem das Weiherfest schon im dritten Jahr ausgefallen ist, lassen wir sie noch ein wenig palavern und den lauen Abend genießen, das Bier ist noch kühl, die Limo kitzelt am Gaumen, später, nach der Vorstellung, ach in der Pause schon, da tut Krethi und Plethi doch bloß noch der Hintern weh, der Rücken, die Knie vom langen Sitzen, sie werden Blähungen haben von den Fruchtsäften, die sie gerade schlürfen, und von den Fürzen, die sie die ganze Zeit über unterdrückt haben, ihre Wimperntusche wird verlaufen sein, der Lippenstift ausradiert, sie werden im Programmheft nach der Pause gesucht haben, mehrere Male auf ihre Uhr gelinst haben, wann sie wohl endlich wieder eine rauchen dürfen, wann wir mit dem langatmigen Liebesgesäusel im dritten Aufzug zu Ende kommen, sie werden sich aufregen über die Schlangen vor den Toiletten, die Männer werden vor dem Dixiklo auf dem Hubert seinem Grundstück einen unauffälligen Schlenker machen und in dem Franz seine Büsche pinkeln. Jetzt aber, in Erwartung geht es ihnen blendend, sie sind angenehm erregt, bunt auf der Wiese verteilt, fächern sich Luft zu mit deinem schicken Programmheft, Bernd, sie sind noch so gespannt auf alles, wer möchte diese Stimmung mutwillig zerstören, sie blicken umher, wen von den Beteiligten sie kennen, aus dem Fußball, vom Stammtisch, aus dem Bus, sie schielen nach den Tattoos und den Piercings der Koreanerin, die mit ihrem iPod in den Ohren fragt, wann ich gedenke in die Maske zu kommen, sie vermeiden so niedlich offensichtlich, in die Fenster unserer Bauernstube zu starren, ob nicht irgendwo unser Star aus der Seifenoper zu sehen ist, aber aus dem Haus kommt nur wieder der Franz angeschossen, ich sehe schon, er ist kurz davor, hinzuschmeißen, der Franz erleidet gleich einen Nervenzusammenbruch, ist ja gut, Franz, ich winke ihm schon von weitem beschwichtigend zu, ist gut, ich lasse den Bernd den überkochenden Franz zurück ins Haus eskortieren, der soll sich seine Hitze für den Cyrano aufsparen, und eile rüber zu Corinnas Plattentellern, greife mir das Mikro und begrüße unser Sehr verehrtes Publikum, insbesondere den Bürgermeister aus Rutzlingen und die Sponsoren, die mir der Bernd auf einem Zettel notiert hat, dann erzähle ich meinem Bruder eben den Anfang nach.

Die Elisabeth achtet sehr genau darauf, wer am meisten Applaus bekommt, nämlich die Susa und der Franz, eindeutig, dabei war in meinen Augen die Elisabeth die Offenbarung des Abends, die Elisabeth hat von vorne bis hinten eine Hammerperformance hingelegt, was auch die Koreanerin bestätigt, aminogeil, ihr Auftritt hat ja überhaupt unserem Gezappel erst eine Richtung verliehen, davor, das ganze Intro, das war furchtbar, holprig und viel zu scheu und keiner hat gelacht, wir waren ja alle noch nicht an die volle Wiese gewöhnt, der Franz sprach erst so leise, dass die Frieda ihm versehentlich mehrmals ins Wort fiel, weil sie meinte, er hätte gar nichts gesagt, und nachdem ich ihn darauf hingewiesen hab, dann eine Weile viel zu laut, da fürchteten wir alle, oh my god, wenn der Cyrano so weiter brüllt, ist dem Franz seine Stimmritze auch gleich im Arsch, meine Wenigkeit hat, fürcht ich, zu Beginn dauernd versucht, auf Biegen und Brechen die Heiterkeit von der misslungenen Generalprobe wiederzubeleben, aber der halbe Hotzenwald auf deiner Kuhweide versammelt ist wie gesagt ganz ein anderes Kaliber als die paar Bühnenarbeiter gestern von der Freiwilligen Feuerwehr, die ja vor dem Aufbau der Tribüne schon mindestens das dritte Bier intus hatten und die sich nicht eingekriegt haben allein schon über das Phänomen Hosenrolle, und dann, weil ausgerechnet die Regisseurin den tumben Beau spielt, da hatte ich nachher prompt ein kleines Autoritätsproblem, vielleicht hab ich mir das auch nur eingebildet, mh egal, als heute Abend mit circa vierunddreißig Minuten Verspätung die Roxane im Saal erscheint, apropos Saal, übrigens phantastisch, wie der Elfmederjohnny unsere weißgetünchte Hausfassade verzaubert hat, der hat die oberen Fenster bis auf das mit dem Balkonvorbau abgehängt und mit Hilfe von Franzens skurrilen Riesendias je nach Szenerie abstrakte Räume an die Wand geworfen, extrem preiswert by the way, nur fürs erste Bild brauchten wir ein aufwändiges Bühnenbild, jedenfalls, wenn wir pünktlich angefangen hätten, weil der beste Diaprojektor bei prallem Tageslicht einpacken kann, ich greif den Gedanken nochmal auf, ja doch, Achtung, als heute Abend mit ehrlich gesagt fünfundvierzig Minuten Verspätung die Roxane im Saal erscheint, da hält plötzlich der ganze Kuhfladenhügel die Luft an, Elisabeth sieht nicht nur fantastisch aus als Mangaprinzessin, und mutmaßlich mutmaßen einige Zuschauer, dass es sich bei der Schönsten im ganzen Land, Spieglein Spieglein an der Wand, natürlich um unser Soapsternchen handeln muss, muss, und erkennen sie so gar nicht wieder aus dem Fernsehen und sind dessentwegen so ergriffen, aber ich halte vehement dagegen, dass die Elisabeth halt mal einfach ein waschechtes Theatertier ist, sprich, die hat das gewisse Etwas, die hat Präsenz, die Elisabeth ist eine der wenigen, und erst recht in unserem bunt zusammengewürfelten Ensemble aus Stadtlandfluss, die ihr Handwerk versteht und auf der großen Bühne eine frappierende Aura entwickelt, die größte Fernsehdiva kann auf den Brettern, die die Welt bedeuten, wie ein Schluck Wasser rüberkommen, so richtig erklären lässt sich das nicht, zum Glück ist die Susa auch meilenweit davon entfernt, vom Schluck, im Gegenteil, die Susa erntet in ihrem Cindyausmarzahnfummel mit den Kissen vorne und in den Hüften fast jedes Mal, wenn sie den Mund aufmacht, Szenenapplaus, die hat doppelt Heimspiel, ist täglich über Kabel in eurem Wohnzimmer, und dann babbelt sie auch noch den Dialekt von gleich nebenan, ach komm, Elisabeth, mach dir nicht so einen Kopf, die Leute haben doch keine Ahnung, die klatschen nicht um der Gerechtigkeit willen, die applaudieren nach Lust und Laune, bei den Knallchargen fällt es denen immer um ein paar Grad leichter, dazu auch noch Bravo zu schreien und auf zwei Fingern zu pfeifen, wer weiß das besser als du.

Die absoluten Abräumer des Abends sind die Damen und Herren von der Blasmusik, ihr Auftritt als Gascogner Kadetten mit Gegenlicht und Nebelmaschine über den Hügelkamm, wenn man bei unserem Hausberg überhaupt von Kamm sprechen kann, ist ganz großes Kino, bei der Premiere kommt auch das Startsignal zum richtigen Zeitpunkt, während nämlich unten am Haus der Unsympath vom Dienst, Graf Guiche, die Liebenden, in dem Fall Elisabeth und mich, noch vor unserer Hochzeitsnacht auseinanderreißt, um mich und den Franz, also Cyrano, in den Krieg zu schicken, setzt oben bei den Himbeeren bereits ganz zart die Musik ein, erst nur Querflöten und Klarinetten, und die Leute nehmen das gar nicht richtig wahr, die speichern das unbewusst ab nach dem Motto, Horch, was schallt denn da zufällig so hübsch aus der fernen Schweiz herüber, oder dass die Rutzlinger heute Probe haben im Gemeindesaal, ausgerechnet heute, aber kaum hat Cyrano seiner Angebeteten versprochen, auf ihren Liebsten achtzugeben in den Kampfeswirren, und das Licht fadet weg, da setzen auf dem Keilbach-Schmittel seiner Weide volle Pulle die Blechbläser ein, und aus dem überirdischen Liebesduett aus Holz wird eine markerschütternde Schlachtmusik mit Pauken und Trompeten, mindestens fünf Posaunen, Tuba und Triangel, dem Manfred seine Frau hat alle Nebelmaschinen rechtzeitig in Gang gesetzt, der Ottmar blendet die Scheinwerfer auf, zauberisch wabern bläuliche Schwaden über die Bergkuppe, in denen erst groteske Schatten tanzen, bis in Reih und Glied die Bläser mit ihren schillernden Instrumenten auftauchen.

Allein für diesen Moment hat sich der Aufwand gelohnt, die vielen schlaflosen Nächte, die Zweifel zwischendurch, ob ich nicht mir und dem Hosenmatz viel zu viel zumute, ob der

auch brav in die Länge und Breite wächst, wie sich das
gehört, ich bin doch während der Proben kaum zum Essen
gekommen, die Regina hat irgendwann begonnen, mir den
Eintopf oder ihre Leberwurstbrote hinterherzutragen, und
dann ist sie so lange neben mir stehen geblieben, bis ich alles
mit Stumpf und Stil aufgefuttert hatte, damit ich es nicht
wieder im Eifer des Gefechtes irgendwo liegenlasse, von mir
hat ja dauernd irgendwer irgendwas wissen gewollt, auch
zwischen den Proben, wie gesagt, die Elisabeth dauernd mit
ihren Fragen betreffend Der Franz und ich, Die Versöhnung,
Das Vertrauen, gegen Ende mit der Susa im Duett, dann
kam ständig der Bernd mit seinen Pressefuzzis vom Regio-
nalteil und hat uns Interviews aufgezwungen, den Haupt-
darstellern, dem Johnny und mir, erst als die Susa übernommen hat, waren die zufrieden, beherrscht doch die Susa
den Flirt mit den Medien bis zur Schamlosgrenze, oder der
Ottmar hatte irgendeine Hiobsbotschaft parat, nur um uns
zu verdeutlichen, wie souverän er aber alles im Griff hatte,
weil sell gar kei Problem sei, zum Beispiel eben die Geschichte mit den Podesten für die Zuschauertribüne, die
wurden plötzlich noch am Nachmittag der Generalprobe bei
irgendeinem vorgezogenen Erntedankfest in Schlagmichtot
gebraucht, und seine Kumpels von der Feuerwehr hatten
aber am Vormittag der Premiere keine Zeit, die aufzubauen,
weil das ein Samstag war, und die samstagvormittags immer
ihre Kinder beim Fußballspielen anfeuern müssen so ungefähr, der Ottmar hat dieserhalb vorgeschlagen, dass die
Kumpels die Podeste einfach am Abend vorher während
unserer Generalprobe beziehungsweise in der Pause nach
dem dritten Akt aufbauen, das ginge flott, hat der Ottmar
behauptet, Die habe das an die hundertmal gemacht, da sitze
jeder Handgriff, nur dass wir halt vor Mitternacht nicht

auch nur annähernd bei jener Pause angelangt waren, und so wurden die Kumpels mit Bier bei Laune gehalten, bis ich grünes Licht gegeben hab, die Podeste mitten im zweiten Aufzug zu errichten.

Ich mag endlich den Franz küssen, der Franz und die Susa sind aber umringt von einem Haufen von der Moni ihren Schulfreundinnen, die wollen unbedingt ein Autogramm von der Susa und dem Franz seine Nase anfassen, hihihi, die Moni hat den anderen nämlich gesteckt, dass sie den Hauptdarsteller voll gut kenne und dass der in Wirklichkeit gaaanz andersch aussehe, und jetzt haben sie vermutlich eine Wette am Laufen, wer sich traut, dem Franz den Zinken aus dem Gesicht zu reißen.

Und nun raten Sie mal, wen ich auf einmal da drüben bei den Tannen stehen sehe, im Halbdunkel vor dem Eingang zum Schweinestall, mit dem Ottmar und dem Elfmederjohnny, eine Flasche Bier in der Hand, falsch, doch nicht meinen Bruder, ach was, der hat es gar nicht hergeschafft, über die Berge zu den sieben Zwergen, der hat der Mama gesimst, dass sein Sohnemann Fieber bekommen hat und sie es nächstes Wochenende probieren, na auf den hätten wir lange warten können, nee, Folgendes, der Alois ist da, das haut mich um, den hab ich gar nicht kommen sehen, ich könnte schwören, er trägt dasselbe blaukarierte Holzfällerhemd wie neulich beim Brennholzmachen, und wenn ich mich nicht irre, hat er eben dem Ottmar auf den Arm geklopft und gelacht.

Gelacht. Der Alois. Mir fällt jetzt erst auf, dass ich den Alois noch nie auch nur hab sprechen hören, nur die Leute über den Alois, dabei sieht der Alois, wenn er lacht, fast nett aus, bisschen unbeholfen vielleicht, der Alois guckt die ganze

Zeit entweder auf den Boden in denen ihrer Mitte oder auf seine Bierflasche oder so bis zum Hemdkragen hoch vom Ottmar oder dem Elfmederjohnny, auch wie er lacht, tut der Alois denen nicht in die Augen sehen, jetzt stoßen sie ihre Bierflaschen gegeneinander, und der Alois nickt mit so einem anerkennenden Zug um den Mund, ich wüsste zu gerne, was die drei bereden, ob es etwa um den Auftritt der Blaskapelle geht, die Susa, das Bühnenbild oder was weiß ich, den bevorstehenden Öhmd, die letzte Mahd im Jahr.

Wir werden es nicht erfahren, denn endlich hat sich mein Franzl Franz durch das Corps der Monifreundinnen eine Bresche geschlagen und ist allen weiteren Beifallsbekundungen zum Trotz bis zu mir durchgedrungen, er hakt mich unter und zieht mich schnurstracks an meinen stolzen Eltern, der Hofeinfahrt, Corinnas DJ-Pult, den Hecken und dem Herrenklo vorbei in dem Hubert seine Garage, hinter den Traktor, er legt mir beide Hände auf die Schultern und sagt, Gut gemacht Katze, und ich grinse und boxe ihm in den Wattebauch und murmel, Selber saugut, und dann knutschen wir bis zum Umfallen, nee Quatsch, nur so paar Minuten, bis mir aufgeht, dass Corinna gerade im Begriff ist, mit ihrer ambitionierten zwölftonartigen Metropolenmucke die schönste Premierenstimmung zu versauen, nix wie hin, wir bitten zum Tanz.

Wenn Sie immer noch denken, na toll und die Moral, da macht er ihr ein Kind, und schon ist die Welt wieder in Ordnung oder was, tja, was soll ich darauf erwidern, war je die Welt in Ordnung, frage ich Sie, hatte nicht stets das Chaos oberste Priorität, auch in unseren Herzen und Affenhirnen, mit knapp vor vierzig, sind wir da nicht längst ans Restrisiko gewöhnt und ist nicht eine überstandene Krise, auch wenn es haarscharf war, worst case, einiges mehr wert, als alle Beteuerungen von ewiger Treue und I love you so niedlich mit ihren verdächtigen Halbwertzeiten, so rechtfertige ich mich jedenfalls gegenüber Susa und Elisabeth, ich hab es nochmal wissen wollen, von dem Franz. Natürlich haben die drei positiven Schwangerschaftstests eine Kettenreaktion sondergleichen ausgelöst, klarer Fall, und die Tatsache an sich oder die Herren Hormone haben bei mir eine schier endlose Glückssträhne vom Zaun gebrochen, die hält immer noch an, so dass der Franz neulich sagte, wenn er geahnt hätte, wie gut ich davon draufkomme, pah, da hätte er mich doch viel früher geschwängert, als läge so was allein in dem Franzl Franz seinem Ermessen, da lachen ja die Hühner. Ich bin gleichwohl überzeugt, dass im Grunde Frommholz, das Projekt, unser ultrariskantes Spätsommeropenairtheaterfestivalspektakel auf dem Südhang uns erst so richtig wieder zusammenschweißen wird, nachdem der Franz in Berlin mir nichts, dir nichts seine Sachen zurück in die Wohnung gestellt hat, wir sind so Typen, wir brauchen Projekte, wir arbeiten gerne zusammen, das klappt meistens ganz gut mit der Arbeitsteilung, auch wegen der unterschiedlichen Temperamente, Fräulein Phlegma trifft Die Zwei Atomkraftwerke, klar, und gewissermaßen ist so ein heranwachsender Sohn auch nichts anderes als ein besonders aufregendes Projekt.

Ach sehen Sie, der Vorhang fällt, dabei würde ich Ihnen gar zu gerne den Fortgang der Premierenparty in allen schillernden Details schildern, zum Beispiel wie schnell die Bratwürste alle sind oder wie meine Eltern sich auf meinen Befehl hin ein Herz fassen und einen flotten Walzer aufs Parkett legen, damit die anderen sich endlich trauen zu tanzen, oder die von der Blasmusik, wie die irgendwann gestrichen die Nase voll haben von Corinnas Abba meets

Underground und einfach die Instrumente zücken und ein paar schmissige Schlager der Folklore donnern, oder wie die Susa ständig umringt ist von einem vor Charme und Schenkelgeklopfe sprühenden Männerschwarm, wie sie mit dem Witzbold an der zweiten Tuba zwischendurch für fast eineinhalb Stunden verschwunden ist, und Sie erinnern sich vielleicht, die Susa ist verheiratet, nur dass ihr Mann gerade in New York weilt, oder wie der Franz und die störrische Hebamme an der Getränkebar anstoßen, und die Hebamme vorschlägt, dass wir unseren Zwerg hier zur Welt bringen, auf dem Berg, sie könne uns mindestens zwei gute Kliniken empfehlen, die gerade mal eine Stunde entfernt lägen, bei Schnee mit Ketten vielleicht eineinhalb, wobei das erschde Kind ohnehin viel zu lange auf sich warten lasse, Na danke prost Mahlzeit, wie meine Mutter das keine besonders prickelnde Idee findet wegen der Infrastruktur oder wie der Ottmar sich das Mikro schnappt und eine Rede auf unseren Bürgermeister aus Rutzlingen hält, einfach so aus dem Stehgreif, weil wir dem schon sehr sehrsehr viel zu verdanken hätten, wie so gegen drei die Zwillinge von der Elisabeth plötzlich barfuß im Nachthemd auf der Wiese stehen als Sterntalerchen, weil die Fenster vom Kinderzimmer halt gnadenlos Richtung Festwiese ausgerichtet sind, wie der Franz die beiden auf den Arm nimmt und wild im Kreis herumwirbelt, um der ganzen Welt inklusive Mond zu beweisen, was für ein großartiger Vater er sein wird, wie der Elfmederjohnny mitten ins Gespräch vertieft über das Kreuz auf dem Hügel stolpert und der Länge nach hinknallt, seither steht es noch schräger als zuvor, wie die Hebamme den Johnny mit dem Pfunder Eugen seinem Erstehilfekoffer verarztet, ihm Jod aus dem Jahre achtzehnhundertvier auf die Stirn tupft, wie der Manfred sturzbetrunken noch im Morgengrauen nicht nach Hause gehen will, bis der Ottmar und der Johnny ihn in die Mitte nehmen, all das würd ich Ihnen durchaus lang und breit erzählen, auch zum Beispiel, dass der Mann von der Susa sich am Telefon oben an der Grundgrenze all ihre Abenteuer en detail schildern lässt und gar nicht stinkig ist, sondern im Gegenteil, oder wie die Elisabeth durch die Schlagzeilen, die wir machen, thank Bernd, ein Vorsprechen in Freiburg ergattert und Saarbrücken an den Nagel hängt, da das tatsächlich klappt mit dem Engagement in Corinnas Lieblingskleinstadt, o mein Gott, und dem Ottmar seine Reaktion auf der Regina ihr erstes Tattoo, das hätten Sie sehen sollen oder oder wie Susa ein paar Tage nach meiner Geburt, beziehungsweise seiner Geburt, nach Frommholz kommt und mir mit dem Gustav hilft, als wäre ein Engel vom Himmel gefallen, wir werden nämlich den Rat von der Frommholzer Hebamme beherzigen und das Kerlchen im Tiefschnee entbinden, ja hey, wenn das kein Kapitel für sich wäre, vom Wochenbett auf der Baustelle, der Johnny hatte doch mit dem Bad noch nicht mal angefangen, als wir angereist kamen mit meinem Dickwanst, Mensch, ja, aber das Ende ist da, mir bleibt nur noch, in aller Kürze zusammenzufassen, was die Fakten sind.

Fakt ist. Brünstige Igel hören sich an wie der Wahnsinnige auf deinem Autodach, bleib cool, zweitens freu dich nicht zu früh, dass du toll verhandelt hast, und drittens sind Mittlebenskrisen wie Lebensmittelskandale, das geht schneller vorbei, als du glaubst, auch wenn es arg lang dauert, kaum hast du den Kühlschrank desinfiziert, hast du vergessen, wieso eigentlich, und wenn Sie mich fragen, es lohnt sich nicht, wegen ein paar Maden im Hackfleisch gleich das Haus zu verkaufen, Frommholz sieht das exakt genauso, drei zwei eins null Black.

INHALT